ŒUVRES FACÉTIEUSES

DE

NOËL DU FAIL.

—

TOME I.

Il a été tiré de cette édition
2 exemplaires sur peau de vélin.
10 — sur papier de Chine.
50 — sur papier vergé fort.

ŒUVRES FACÉTIEUSES

DE

NOËL DU FAIL

SEIGNEUR DE LA HERISSAYE,
GENTILHOMME BRETON,

Revues sur les Éditions originales et accompagnées
d'une Introduction, de Notes et d'un Index philologique,
historique et anecdotique,

PAR J. ASSÉZAT.

TOME I.

PROPOS RUSTIQUES DE MAISTRE LEON LADULFI,
BALIVERNERIES OU CONTES NOUVEAUX,
CONTES ET DISCOURS D'EUTRAPEL (CHAPITRES I A X).

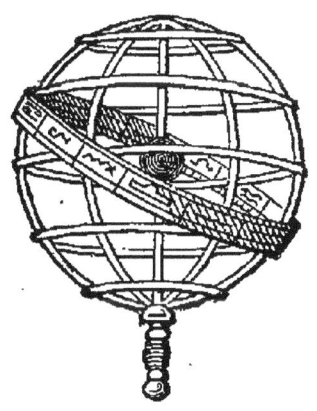

PARIS
PAUL DAFFIS, ÉDITEUR-PROPRIÉTAIRE
DE LA BIBLIOTHÈQUE ELZEVIRIENNE
7, rue Guénégaud

M DCCC LXXIV

INTRODUCTION.

La seule édition complète des œuvres dites facétieuses (il en a produit d'autres qui ne le sont guère) de Noël du Fail est celle à laquelle donna ses soins, en 1842, un jeune bibliographe, fort estimé de Quérard dont il était compatriote et dont il portait les prénoms: Joseph-Marie Guichard. C'est un volume compacte faisant partie de la *Bibliothèque d'Élite* que publiait alors Charles Gosselin. Ce libraire, avec l'aide de Guichard et de M. Paul Lacroix, donna, l'un des premiers, des réimpressions consciencieuses et à prix modérés de nos anciens conteurs. Il fraya ainsi la voie dans laquelle allait bientôt entrer notre regretté Pierre Jannet avec sa hardiesse et son habileté ordinaires. Mais le public n'était pas encore, vers 1840, fait à ces lectures de la vieille langue. L'édition de du Fail, entre autres, fut lente à s'épuiser. Elle ne l'était pas quand Gosselin quitta l'ingrat métier d'éditeur. Ce qui en restait passa, avec les clichés, dans les mains de M. Charpentier. Ces clichés ont servi jusqu'à ces derniers temps à des tirages multipliés portant tous la date de 1856 et qu'on peut reconnaître à ce mot : *balivernes* mis pour *baliverneries* sur le faux-titre et le titre composés à cette occasion. Il n'est cependant si bonne chose qui n'ait une fin. Les clichés eux-mêmes ne sont pas éternels. Ils s'usent et c'est ce qui est arrivé à ceux de l'*Eutrapel*. L'édition de J.-Marie Guichard n'est plus dans le commerce de la *nouveauté*. Elle a passé dans celui de la *bouquinerie*. On l'y trouve encore sans grand'peine ; on ne l'y trouvera bientôt plus que difficilement.

Il n'y aurait rien d'invraisemblable à croire que cette édition prétendue de 1856 a été lancée sinon contre l'entreprise de Jannet, au moins pour profiter de la vogue qu'elle ramenait à notre ancienne littérature. Dans les catalogues qu'il publiait alors et dans lesquels il exposait le plan de sa *Bibliothèque* (plan assez peu suivi du reste, au moins dans le détail), Jannet n'avait eu garde d'oublier du Fail. En le devançant on l'obligeait à attendre et il a tant attendu que son œuvre excellente a dû changer de mains, que lui-même a dû mourir avant que les promesses qu'il avait faites au public eussent été tenues.

Il serait cependant pénible de penser qu'elles ne le seront jamais. La *Bibliothèque elzevirienne* mérite de vivre. Elle le peut. Elle forme dès aujourd'hui une collection assez sérieuse et d'un ensemble assez imposant pour que tous les amis des bonnes lettres soient désireux d'en voir combler les lacunes. Son propriétaire actuel, M. Paul Daffis, semble l'avoir compris. C'en est au moins une preuve que cette nouvelle édition du charmant conteur qu'il nous a chargé de présenter au lecteur.

Noel du Fail, seigneur de la Herissaye, a fait peu parler de lui de son vivant. Caché sous un pseudonyme, vivant dans une province qui faisait à peine partie de la monarchie française, la Bretagne, il était inconnu des écrivains de son temps que, de son côté, il connaissait si bien. On manque donc de renseignements sur sa vie et tout ce qu'on en a dit jusqu'à présent se borne à ce qu'il nous apprend lui-même sur sa nomination de conseiller au Parlement dans la dédicace de son livre : *Mémoires recueillis et extraits des plus notables et solennels arrests du Parlement de Bretaigne* (Rennes, Julien Duclos, 1579, in-fol.) et à deux lignes de La Croix du Maine qui sous la date de 1584 écrit de lui que « s'il n'étoit détenu du mal des gouttes, qui le travaille et tourmente sans cesse, il feroit bientôt imprimer plusieurs beaux œuvres de sa façon ».

Comme on le voit, c'est peu. Il semble cependant que ce ne doive pas être tout. Il n'y a pas d'écrivain dans les œuvres duquel on ne puisse, en cherchant bien, retrouver, vaguement il est vrai, mais suffisamment quand il ne s'agit pas de reconstituer un acte de l'état civil, des traces des différentes situations dans lesquelles il s'est trouvé. En l'absence de renseignements plus précis qu'auraient pu nous fournir les archives de Rennes[1], brûlées lors du grand incendie de la ville en 1720, nous avons dû essayer cette tâche délicate en nous étayant sur les seules dates certaines que l'on connaisse.

La première est celle de la mort de du Fail. Elle survint en 1585. Il n'y a point de doute aujourd'hui sur ce point. L'édition de 1585 des *Contes et discours d'Eutrapel* parut à l'heure même où l'auteur mourait, sans qu'on puisse décider si ce fut par sa volonté. Elle porte immédiatement la mention : *par le feu seigneur de la Herissaye*, gentilhomme breton.

---

1. « Le terrible incendie de 1720 détruisit sans aucun doute les archives municipales et ecclésiastiques de la capitale de la Bretagne... il nous semblait cependant que l'hôtel de ville et le palais de justice avaient été préservés, et nous espérions que quelque registre ignoré aurait conservé la copie ou la trace des lettres patentes ducales en vertu desquelles avait pu s'établir la première imprimerie ; il n'en est rien malheureusement. » — *Dictionnaire de géographie ancienne et moderne* à l'usage du libraire et de l'amateur de livres, par un bibliophile (M. Pierre Deschamps).

La seconde date est donnée par le fait de la nomination de notre auteur comme conseiller au Parlement de Bretagne. « Or, dit-il, estant reçu conseiller en ladite cour l'an 1571 après avoir esté juge au siége présidial de Rennes, honorable compagnie et de valeur, par le temps de dix-huit ans, je n'eus rien de plus recommandable que de voir et feuilleter les arrests d'icelle cour. » (*Mémoires du Parlement de Bretagne.*) Conseiller au Parlement en 1571, juge au présidial en 1553. Voici de quoi nous assurer que de 1553 à 1585 du Fail resta, sauf des absences momentanées, dans sa province et nous pouvons dire dans sa ville natale.

Il est impossible, en effet, en le lisant de n'être pas frappé de la persistance avec laquelle reparaissent à chaque instant ses souvenirs de la capitale du duché de Bretagne. Ce n'est point une connaissance superficielle qu'il en a, c'est une science approfondie. Il sait toutes les légendes, toutes les habitudes du menu peuple de la « cohue » de Rennes ; il y a entendu parler le patois du « Puy du Mesnil » par les bonnes femmes « en plein champ de bataille d'injures » alors qu'il était encore écolier ; il est évidemment né de parents qui habitaient à tour de rôle la ville et leur terre de la Herissaye. Il est en outre désigné dans une courte poésie latine qu'on trouvera plus loin comme une gloire de Rennes.

Mais avant 1554 où était du Fail ? que faisait-il ? En 1547 avait paru son premier ouvrage, les *Propos rustiques*. Dans quelle ville ? à Rennes ? Non. A Paris, la seule ville qui, après Rennes, pouvait être choisie par lui s'il était resté dans la région où il était né et où il devait mourir ? Pas davantage. A Lyon. Or, à cette époque, pour se faire imprimer à Lyon quand on habitait la Bretagne il fallait des circonstances bien particulières. Or ces circonstances, si nous voulons bien les chercher, nous les retrouverons dans les récits que fait du Fail sous le nom d'Eutrapel ou même sous celui de Polygame, ses deux héros favoris.

Il ne faut pas croire qu'un conteur, un romancier fasse jamais autre chose dans ses ouvrages que donner ses propres pensées et ses propres impressions. Il est toujours subjectif, quoi qu'il veuille et pense. La seule chose qui puisse le tromper et tromper les autres sur ce point, c'est qu'il obéit successivement à l'une ou à l'autre de ses tendances. Comme l'homme n'est jamais tout d'une pièce, il partage ses diverses aptitudes, ses variables manières de voir et de sentir entre les personnages qu'il crée. Un penseur, comme du Fail, car il mérite mieux que le titre de conteur, fait une œuvre à peu près analogue à celle de Montaigne. Seulement au lieu de rester seul sur la scène, il se dédouble, se parle et se répond par la voix d'interlocuteurs qui tous ont un peu de son esprit et beaucoup de sa mémoire. Ceci admis, et je ne pense pas que personne de ceux qui réfléchiront me le vienne contester, nous pouvons recueillir les traces de cette mémoire aussi bien chez Polygame que chez Eutrapel, et il nous serait même permis, au besoin, de nous adresser « au vieil preudhomme » Lupolde.

Nous faisons remarquer dans une note du chapitre IV des *Contes* que le tableau fait par l'auteur d'une leçon d'Eginaire Baron à Bourges, en présence de « monsieur Lhospital, depuis chancelier de France », prouve clairement qu'il assistait à cette leçon. Or elle avait lieu, d'après lui, lorsque Lhospital se rendait aux grands jours de Riom, c'est-à-dire en 1546. Nous savons par du Fail que Baron, qui mourut en 1550, avait été son maître et son ami, comme son autre compatriote Duaren. Il n'est pas étonnant qu'il l'ait suivi à Bourges et nous comprenons dès lors qu'étant dans cette ville en 1546 du Fail ait pu choisir Lyon plutôt que Paris pour faire imprimer en 1547 son premier livre. Il suivait en cela l'exemple même de Duaren.

Nous pouvons aller plus loin. Du Fail connaît certainement Lyon. Il en parle *de visu* comme il parle de Paris, comme il parle d'Angers, d'Orléans, et de Poitiers, et tout autrement que quand il s'agit de Toulouse dont il parle aussi, mais sans la même assurance et sans y revenir à plusieurs fois. Poitiers, Orléans, Angers, Bourges, Paris, toutes facultés de droit où l'on s'explique sa présence pendant sa jeunesse d'étudiant. Pour Lyon, il y a une nuance ; on sent qu'il n'a fait qu'y passer. N'était-ce pas lorsqu'il se rendit en Italie.

L'éditeur anonyme des *Propos rustiques* (1732) cite particulièrement ce voyage en Italie. Peut-être n'avait-il pas d'autres raisons pour cela que celles que nous avons nous-même. Eutrapel revient à plusieurs reprises sur Turin, Venise et Milan. Il a vu tel livre « dans la Bibliothèque du Vatican ». Cela ne serait certainement pas suffisant si nous avions affaire à un écrivain moderne et nous douterions même pour du Fail malgré l'extrême bonne foi que pas un de ses lecteurs ne lui refusera si nous ne trouvions pas plus loin l'explication de ce voyage.

C'est au chapitre intitulé *Disputes entre Lupolde et Eutrapel*. Ce chapitre est une confession un peu forcée en couleur peut-être, mais certainement véridique au fond. C'est un récit de la vie d'étudiant d'alors qui ressemble terriblement à la vie d'étudiant d'aujourd'hui. Eutrapel y donne bien du fil à retordre à son honnête tuteur Lupolde, lui tirant des carottes (le mot est vieux, il a été employé en italien par l'Arétin), lui jouant cent tours et le mettant dans la nécessité de lui refuser tout crédit. Belle vie au « cabaret des Trois-Poissons au faubourg Saint-Marceau » ou bien au « tripot de la Caille » et comme on aurait bien empaumé le tuteur si le diable de valet auquel on demande : Maître Jean est-il là ? que fait-il ? n'avait pas répondu : Elle file ! Tant y a cependant qu'à bout de « finesse et de finances » il faut s'en aller

« aux bandes des gens de pied en Piedmont » où l'on a du mal « comme un jeune diable bachelier et botté. »

Cela ne suffit-il pas? Dans un des chapitres suivants Eutrapel raconte une aventure assez délicate qui lui arriva « estant soldat à Turin, lorsque le seigneur de Brissac y était Lieutenant pour le Roy (1551) ». En outre, à plusieurs reprises, ses compagnons l'appellent « capitaine Eutrapel ». Les dates s'accordent assez pour que nous puissions admettre sinon que du Fail a été soldat dans le vrai sens du mot, au moins qu'il a fait une courte apparition à l'armée de Piémont, quelque chose comme un volontariat d'un an, et que c'est là qu'il a appris si bien les termes du métier et peut-être la décision qu'il montre quand il fait bâtir sa maison des champs « pour tenir teste aux voleurs, envieux, et à l'ennemy, si Dieu le vouloit chastier en cette partie ».

Il faut pour ne pas trouver notre opinion trop aventurée se dégager quelque peu des impressions qu'on aurait pu conserver de la lecture de la très-jolie mais trop uniquement littéraire *notice* consacrée à du Fail par M. Guichard. M. Guichard n'a voulu voir dans son auteur que le brave homme des *Propos rustiques* et le prêcheur convaincu des charmes de la vie des champs. Il y a de cela dans du Fail et beaucoup. C'est par l'amour de la campagne qu'il commence et c'est par là aussi qu'il finit. Mais il n'y a pas que cela. Il n'a pourtant pas négligé de nous répéter à chaque instant qu'il était fantasque, avide d'apprendre, surtout ce qui n'était pas nécessaire à son état. D'un bout à l'autre de son œuvre il se vante d'être impatient de tout joug et de toute contrainte. Dès son second livre, les *Baliverneries* (1548), il est obligé de se défendre contre ses amis qui lui reprochent cette tendance à s'occuper « contre le naturel de sa tant grave et solide profession » de choses qui lui sont étrangères. « De ma part, dit-il, si faut-il que les meilleures heures (que j'ay disposé à mon principal estude) dispensées, je remue menage, je tracasse ». « Voulois d'avantage, ajoute-t-il, pour me rendre parfait jurisconsulte me bailler force livres de médecine en main » et il n'est pas éloigné de conclure comme l'ami qui lui faisait des reproches « à son horoscope le mouvement du ciel avoir esté tout irrégulier et de travers ». Dans les *Contes*, reviennent à chaque page des déclarations d'indépendance, des attaques on ne peut plus vives contre les habitudes de rapacité des gens de justice, dont il était cependant, et une critique de la vie mondaine basée bien évidemment sur l'expérience directe et non sur l'habitude des lieux communs.

Du Fail n'est pas, en effet, un de ces parvenus comme on en trouve déjà à son époque; il n'a pas acheté un office pour sortir de sa condition. Il est au contraire l'ennemi déclaré de cette vénalité des charges et ce n'est pas sans orgueil qu'il réclame maintes fois pour les seuls nobles le droit de rendre la justice, jugeant que tout va mal parce que les nobles restant dans l'ignorance, laissent usurper leur place par des gens de basse extraction, mais instruits. Ce n'est pas non plus pour rien qu'il se représente (*Contes*, XXVII) « comme nourri à la Cour des Grands » et comme ayant toujours « dit librement ce que bon lui sembloit et traité révéremment la grandeur du Roy et des princes auxquels s'ils le lui ont demandé, il n'a rien dissimulé. » Du Fail, noble, riche et libre, a donc pu, de sa naissance à 1553, suivre les habitudes de son temps, plus voyageur qu'on ne se le figure aujourd'hui, accompagner à un titre quelconque le duc de Cossé-Brissac en Italie et ne quitter ce pays que pour rentrer à Rennes au moment où la jeunesse allait le quitter.

C'est l'âge qu'il avait alors qu'il est difficile de déterminer. La jeunesse ne nous quitte pas toujours à date fixe. On peut cependant penser que lorsque du Fail devint juge au présidial de Rennes, il devait avoir dépassé la trentaine. Les *Propos rustiques* et les *Baliverneries* sont considérés par les poètes qui, suivant l'usage du temps, lui adressaient des sonnets ou des stances pour accompagner ses publications, comme les fruits de sa jeunesse. En le faisant naître un peu avant 1520, nous sommes en droit de le traiter vers 1550 sinon comme un « jeune bachelier », au moins encore comme un très-jeune écrivain et un jeune juge.

Ses rapports avec Baron, mort en 1550, à cinquante ans, confirment, pensons-nous, cette conjecture. Baron avait été son maître avant de devenir son ami. Cela s'accorde avec la différence de seize à dix-huit ans que nous supposons, et lorsqu'en 1584 Lacroix du Maine nous parle de la vieillesse tourmentée par la goutte du conteur, nous avons sous les yeux un homme de plus de soixante-cinq ans qui a tous les droits possibles à cette maladie des « otieux seigneurs, présidents, conseillers, etc. »

Il semble résulter en outre des discussions sur le mariage auxquelles se livre du Fail avec ses amis qu'il dut rester célibataire. Le dernier chapitre des *Contes* dit bien qu'il est prêt à se retirer à la campagne pour y vivre désormais loin des tracas, et son *alter ego* Polygame l'engage alors à faire « comme il l'a saintement desseigné et projetté : se marier à Damoiselle qui ait le soucy seulement faire des enfants et ce qu'il lui commandera ». Il est évident que ce dernier chapitre n'est le dernier que par ordre de matières et non par ordre de composition. Il clôt la série comme elle doit l'être par la retraite du conteur, mais ce n'est pas à l'heure où il allait mourir qu'il a pu penser à cette retraite et surtout à faire des enfants. C'est plus probablement lorsqu'il passa du rôle de juge à celui de conseiller. En 1571 il était déjà tard, il dépassait la cinquantaine, c'est pourquoi Polygame lui dit : « Puisque vous sentez de vouloir user et arrester le reste de vos ans bien cassez et endommagez à cette belle vie champêtre laissant toutes affaires publiques et populaires pour voir de plus près votre conscience, deportements passez et les contemplations divines : je le vous conseille, encore une fois. »

Mais la retraite du moins complète n'eut pas lieu. Quoi qu'il en dise, du Fail avait l'amour de son métier autant que celui des champs. Il vivait dans « son hostel de la Herissaye, » mais pensait toujours aux affaires. Aussi à peine conseiller du roi, il se rend à Paris, voit à trois reprises Louis de Rohan, prince de Guéméné, s'entretient avec lui des réformes qu'Henri III avait chargé le vicomte de Mejusseaume, gouverneur de Rennes, et le seigneur de Beauvais Bourg-Barré d'introduire en Bretagne où n'était établi que depuis 1555 un parlement permanent et dès 1577 il offre au prince « un petit échantillon et tablettes d'arrests » qui fut, dit-il, « tant bien reçu que l'imprimeur fut contraint le réimprimer encore une fois après la première édition et s'y remettoit de rechef pour la troisième » quand il y ajouta un second livre en 1579.

Ces deux éditions du premier livre des *Mémoires recueillis et extraits des plus notables et solennels arrests du Parlement de Bretaigne* n'ont été signalées jusqu'ici par aucun bibliographe. La phrase qui nous les fait connaître est tirée de l'*épître dédicatoire* du second livre « à nosseigneurs des trois estats de ce pays de Bretaigne ». Nous ne les indiquons pas dans le but de les faire rechercher des curieux. L'édition de 1579 suffit amplement à démontrer la puissance de travail de du Fail ainsi que le sérieux et la méthode qu'il savait mettre dans ces compilations purement techniques.

Quand on le voit parler gravement de : Prolongations de delai et premisse, de vacation et retention, de monitoire et substractions, de partage et preciput, de transaction et d'arrest au préjudice, de saisie sur saisie, de retraict en vertu de procure générale, on se prend à admirer cette nature vraiment solide que de telles occupations n'ont pu détourner de la culture des lettres et qui sait se délasser en moralisant joyeusement et honnêtement.

Car c'est là le vrai caractère de l'œuvre de du Fail et pourquoi nous n'acceptons qu'à notre corps défendant pour ses contes la qualification de facétieux. Il n'y a que ceux qui ne les ont pas lus ou qui n'en ont lu que certains chapitres qui peuvent porter un pareil jugement renouvelé d'Étienne Pasquier. Non, Eutrapel, quoiqu'il s'en vante, n'est pas un bouffon; non, du Fail n'est point « un singe de Rabelais » (Et. Pasquier, lettre à Ronsard), nous n'en voudrions pour preuves que la facilité avec laquelle le plus grand nombre de ses observations sur les coutumes de son temps ont passé sans paraître dépaysées le moins du monde dans les épîtres placées en tête de ses deux livres d'arrêts. C'est le même style châtié, un peu lent quand il est sérieux, plein de souvenirs des classiques. C'est le même fonds d'idées saines, justes et hardies. Hardies surtout.

Nous n'avons pas le droit de considérer du Fail comme un hérétique. Il tient à passer pour bon catholique et il fait montre, toutes les fois qu'il le peut et parfois même hors de propos, de son dévouement à la sainte mère Église. On trouvera au début des contes au chapitre *de la justice* et à la fin dans l'*Épistre de Polygame à un gentilhomme contre les athées et ceux qui vivent sans Dieu* de véritables sermons, pleins de citations des saints pères et des conciles. Croirons-nous, comme M. Guichard a été le premier à l'insinuer, que cet étalage de sa foi religieuse n'avait pour but que de faire passer ce qu'il y avait de trop libre dans certains autres chapitres et pour raison que la crainte d'avoir à subir le sort de Louis Berquin et d'Étienne Dolet? Pourquoi? Même dans ces chapitres, il n'y a pas d'hypocrisie de la part de notre auteur. Il n'y a pas calcul puisqu'il n'y a pas abandon de son idée dominante : la réforme ecclésiastique et judiciaire.

Que faisaient à l'Église les railleries contre les déréglements des moines, les bons contes sur les curés (voy. entre autres l'admirable récit qui ouvre les *Baliverneries*)? Elle était la première à en rire. L'Église sait bien que les hommes, même « razés », sont des hommes et la chasteté des moines n'était pas alors considérée comme une obligation éternelle, le moine pouvant quitter son métier pour se marier si bon lui semblait. Tout le monde était fort coulant pour ces peccadilles et on ne pensait pas à brûler ceux qui se bornaient à de telles critiques. Il fallait pour mériter le bûcher aller plus loin ; attaquer les sources de la foi et surtout toucher le chapitre des revenus ecclésiastiques. Or à chaque instant du Fail revient sur ce point. Il va chercher fort loin, jusqu'à Charlemagne, les armes dont il se sert ; il prend soin de s'appuyer sur d'anciens édits, sur des décisions de conciles, il use de précautions oratoires, mais il conclut nettement : « Quant à messieurs les gens d'Église, ce n'est à moy à en parler, sinon reveremment et avec modestie : mais il semble, veu leur grand et ample patrimoine et richesses qui ont été calculees et arrestees de nostre temps, se monter en ce Royaume, à douze millions trois cens mille livres de rente (qui doubleraient si l'on prenait l'estimation du present, sans les hospitaux et aumosnes) qu'ils devraient pour la decharge de leur conscience se reformer et reduire au vrai et legitime estat de leurs predecesseurs et rendre la tierce partie aux pauvres des lieux où leurs biens sont situez. Autrement y a danger, jà bien advancé par la permission divine que les laiz et seculiers n'empietent et se saisissent, comme ils font, de leurs biens, à faute à eux de resider, prescher, administrer les sacrements, nourrir les pauvres, du tiers du revenu ecclésiastique et faire tous devoirs chrestiens où ils sont obligez : sans s'arrester et s'amuser aux dispenses et permissions contraires, obtenues, Dieu sçait comment : lesquelles portent une apparence et couleur masquee et deguisee vers les hommes, mais une cruelle et sanglante condamnation à l'endroit de Dieu, comme disoit ce docte Seguier, estant lors Advocat General au Parlement de Paris. »

Cela est net, catégorique. Si du Fail n'a pas été au-delà et s'il n'a pas fait cause commune avec ceux de la religion prétendue réformée, il avait au moins la même opinion qu'eux sur certains points des plus irritants. Il demande comme eux la réforme des mœurs du clergé ; il veut la résidence des prélats sur leurs bénéfices; il calcule la part qui doit leur revenir dans l'argent qui leur est attribué et celle qu'ils doivent rendre aux pauvres ; il leur rappelle à chaque instant la simplicité de la primitive église et s'il n'abandonne pas avec éclat une religion entachée de tant de vices, c'est qu'il est de ces honnêtes gens qui croient la réforme possible sans schisme, par la seule force d'édits royaux soutenus par l'activité et la rigidité des Parlements.

Il est de cette forte école des juristes qui dans notre vieille France ont soutenu l'autorité royale contre les empiètements de la cour de Rome et du clergé. L'étude du droit romain les avait familiarisés avec cette idée que la justice est ici-bas le seul guide infaillible, qu'elle est seule capable de maintenir dans l'État la paix, la régularité et la concorde et que les choses de la religion comme les autres doivent rester soumises aux lois communes. Du Fail vante le chancelier Guillaume Poyet pour son ordonnance de Villers Coterets où « il rongna les ongles de si près à la puissance et jurisdiction ecclesiastique »; il est gallican, il eut été janséniste, et quoiqu'on ne puisse, comme nous en tombons d'accord, l'accuser d'hérésie déclarée, il en porte la semence au fond de son cœur. Il a eu trop de rapports avec son fameux compatriote François Duaren pour n'avoir pas quelque tendresse pour les protestants et c'est ce qui donne une grande force à ce mot qu'il lance en se souvenant de la parole de saint Paul, *oportet hæresis esse :* « Faut qu'il y ait des heresies, mais la difficulté gist à bien juger qui est l'héretique ».

Ajoutons, pour ne pas le présenter comme plus aventureux qu'il ne l'était en réalité, que de telles tendances il sentait bien le danger et que c'est sans doute pour cela qu'il a gardé par devers lui jusqu'à l'heure de sa mort le manuscrit des *Contes et Discours,* le retouchant, le remaniant, le polissant, le complétant. Il ne s'était enfin décidé à le confier à l'imprimeur que parce qu'il s'était assuré par la présentation de ses principales idées en tête de ses *Mémoires du Parlement* qu'il pouvait le faire sans trop soulever de colères. C'est prudence permise et dont étaient alors coutumiers bien d'autres que lui.

J'ai peut-être insisté trop longuement sur la partie qui me paraît être la principale de l'œuvre de du Fail, je n'ai cependant pas l'intention de vouloir faire de cet honnête conseiller un simple prédicateur de morale. S'il n'avait eu que cette qualité il eût été bien vite oublié. Mais j'avais besoin de réagir contre l'opinion erronée établie sur le seul nom grec d'Eutrapel et d'après laquelle on suppose ne rencontrer sous une telle enseigne que des « gaudisseries » grossières et des aventures graveleuses. Certes il y a du plaisant, du comique et du sel gaulois à foison dans les pages que nous jugeons dignes d'être réimprimées. Mais c'est un comique particulier très-naïf, très-bonhomme et qui ne peut offenser que les chastes oreilles de Tartuffe. Il y a des mots bien libres, me dira-t-on. Et dans Molière! répondrai-je. Ces mots étaient, dans la langue du xvi⁰ siècle, courants; ils ont vécu longtemps. Les plus gros sont encore dans le dictionnaire de Richelet. Supprimer les mots est-ce supprimer les choses? Et les précieuses elles-mêmes ont-elles pensé

INTRODUCTION.

à une élimination aussi complète? Que non! pas si ridicules. Consultez Armande.

Passons légèrement sur ce sujet qui pourrait mener loin et bornons-nous à protester contre cette phrase qu'il est désagréable de voir signée Sainte-Beuve, quand on aime Sainte-Beuve : « Les *Baliverneries* ou *Contes d'Eutrapel*, avec les *Ruses et finesses de Ragot, capitaine des gueux* sont des opuscules en prose de la force de Villon, de *Faifeu* ou des *Cent nouvelles* et dont la lecture peut procurer plaisir, sinon profit aux amateurs de littérature facétieuse qui pêchent volontiers en eau trouble. » Si l'énoncé même des titres des ouvrages ainsi jugés ne suffisait pas à prouver que le critique n'avait fait que les entrevoir lorsqu'il écrivit son *Tableau de la poésie française au XVIe siècle*, on se demanderait comment lui, si délicat, si fin, si perspicace, n'a vu que de l'eau trouble dans ce ruisseau qui court si gaillardement « es prés ». Lorsqu'il ajoute que « la série de ces petits-livres plus ou moins pantagruéliques (il en joint d'autres à ceux de du Fail, comme le *Moyen de parvenir*, les *Serées* de Bouchet, le Tabourot) lui fait l'effet d'une collection de tabatières rares et bizarres où ne se trouve plus la drogue première de maître François » il me semble avoir tout jugé en bloc, sur l'étiquette du sac, et pris comme la plus parfaite émanation de cette littérature le *Moyen de parvenir*.

Qu'il y a loin pourtant de ce ramassis indigeste de grosses farces à Tabourot, à Bouchet et surtout à du Fail. Bouchet si plein de détails intéressants, Tabourot si vraiment érudit, du Fail si artiste. Ce ne sont pas là de simples copistes, ce sont des écrivains de race, de la race dont était aussi Henri Étienne.

Ils avaient étudié les anciens. S'ils imitaient, c'étaient les Grecs et les Latins. Ils avaient une particulière admiration pour Plutarque, Macrobe, Athénée. Ils avaient appris de ces causeurs à condenser par chapitres la vie et les mœurs de leur époque. Ils faisaient pour l'avenir ce que le passé avait fait pour eux. Quoi qu'on en puisse penser, on ne connaît pas le xvi⁰ siècle si l'on n'a pas lu ces petits maîtres qu'a éclipsés la gloire de Rabelais et que le xvii⁰ siècle avait ensevelis dans un dédaigneux oubli.

Certes Rabelais est le héros de ce cycle de prosateurs, mais Rabelais n'est pas universel. Il n'a pas touché à tout. Sa satire est érudite et vigoureuse. Il a la plaisanterie énorme ; l'esprit, la malice, la force débordent chez lui, mais où est la grâce ? On apprend de lui des idées, mais peu de faits et sans les commentateurs qui se sont évertués à deviner ses énigmes on comprendrait à peine ses allégories. Il n'en est pas de même de ses successeurs. Leur langue est déjà notre langue. Les réformes orthographiques se sont succédé avec rapidité et c'est presque un texte du xvii⁰ siècle que nous retrouvons chez eux. C'est en même temps une tournure d'esprit plus moderne et ils sont prêts à nous dire bien des choses qu'on demanderait en vain au colosse, à l'*Homère bouffon*.

Chez du Fail ces choses sont surtout celles de la vie des champs. En 1547 ses *Propos rustiques* sont une véritable trouvaille. Rabelais a passé par là, mais il n'a pas tourné la tête du jeune gentilhomme breton qui, mêlé à ses ouvriers, les écoute « sans faire semblant de rien », pour « communiquer leurs propos au peuple ». L'amour de la nature lui souffle l'idylle, non l'idylle fade des poètes qui reprendront le sujet après lui, mais la vraie, celle qui sent et montre bien la « grâce » de pareilles naïvetés, dédaignées des nobles qui ne sont que nobles et des bourgeois qui se croient quelque chose.

C'est un livre à part que celui-là dans toute la littérature du xvi⁰ siècle et du Fail y a dépensé une extraordinaire habileté de metteur en scène. On n'a pas depuis rencontré un meilleur style descriptif que le sien. Ses petits tableaux sont achevés et dès les premières paroles que prononce un de ses personnages il se dessine aux yeux avec un relief parfait. Pour nous cette première œuvre est un chef-d'œuvre.

Est-ce à dire que ce qui suivit n'a plus de mérite? Loin de là. Seulement ce n'est plus le même. Dans les *Baliverneries* la personnalité de l'auteur commence à s'affirmer. Elle demande sa part et elle se la fait de plus en plus large dans les *Contes et discours*. Il en résulte un mélange plein d'originalité. Ce n'est pas la simple enfilade de nouvelles morales ou grivoises de l'*Heptameron*, des *Cent nouvelles* ou des *Joyeux devis*; ce n'est pas une suite de sérieuses réflexions et d'admonestations. Ce sont les deux tendances se montrant chacune à son tour, dans une mesure assez habilement calculée pour que les remontrances chagrines ne fatiguent pas l'attention du lecteur et que les libres propos ne l'emportent pas trop vite en lui faisant oublier qu'il ne s'agit pas seulement de baliverner.

L'épître dédicatoire des *Baliverneries* est explicite sur ce point. Du Fail avait dès ce moment (1548) le plan de son ouvrage dans sa tête et peut-être en avait-il composé plus que les quelques chapitres qu'il en publia alors. Pour nous les *Baliverneries* et les *Contes* sont d'un même jet. Les *Baliverneries* ont été lancées comme un ballon d'essai. Elles attirèrent à l'auteur, de la part de ceux de ses amis auxquels il avait communiqué son manuscrit, des objections auxquelles il répond dans l'épître « à son grand amy H. R. ». Il a beau dire qu'il sait ce qu'il fait, qu'il en comprend la portée et qu'il continuera quoi qu'on lui objecte, il va s'arrêter tout court après la publication des cinq premiers chapitres. On lui a fait comprendre qu'il avait à tirer parti de ses études de droit, qu'il était désormais voué à la magistrature. C'est aussi à ce moment que, suivant nous, il va en Italie. Il met le complément de son manuscrit dans sa poche et l'on n'entend plus parler de lui pendant quarante ans.

C'est pendant ce long silence qu'il a probablement

ajouté à cette première ébauche les parties graves que j'ai signalées plus haut. On verra par les dates disséminées dans le courant de l'ouvrage qu'il n'a pas dû cesser un seul instant de penser à l'œuvre de sa jeunesse et que la réputation que lui avaient donnée les *Propos rustiques* l'a souvent empêché de dormir.

Ces quarante années n'ont pas été consacrées aux seuls devoirs du juge et du conseiller. Du Fail a trouvé le temps de lire et d'annoter à son point de vue tous les auteurs ecclésiastiques. Il connaît à merveille les écrivains et les poètes de son temps. De même qu'il est le premier à faire en France l'éloge d'Albert Durer, de même il est le seul qui nous apprenne que la rénommée de Ronsard était telle que les joueurs de viole chantaient ses odes dans les rues de Rennes comme les gondoliers à Venise le poème du Tasse. Il était en relations suivies avec le grand bibliographe La Croix du Maine, et lorsque celui-ci nous annonce « qu'il avoit écrit une fort belle et docte histoire de Bretagne » il faut l'en croire et regretter que cette histoire n'ait pas été imprimée. Il avait encore, dit le même savant, « réduit en lieux communs tout le droit civil, à la suscitation de Eguinarius Baro et de François Duarin tous deux Bretons et ses amis particuliers ». Il n'en reste pas traces. Il en est de même d'un *Entrepède* qui, suivant M. de Kerdanet, auteur d'une *Biographie bretonne*, aurait été publié sous son nom en 1608. Ces pertes sont certainement regrettables, mais ce qui nous est parvenu explique suffisamment pourquoi, malgré les faux jugements d'une critique prévenue, du Fail n'a jamais été complètement mis à l'écart et a sollicité au XIXe comme au XVIIIe siècle l'attention d'éditeurs désireux de le remettre sous les yeux du grand public.

C'est que ses qualités comme écrivain ne sont ni médiocres ni communes. M. Guichard que nous aimons à citer à ce propos dit : « Noël du Fail conte les moindres anecdotes avec une ingénuité délicieuse ;

il se plaît à prolonger les récits dans une infinité de menus propos et n'est jamais plus à l'aise que quand il décrit curieusement quelque scènes champêtres. Le gentilhomme breton a des pages charmantes de style, de coloris, d'harmonie et qui, seules, suffiraient pour lui donner une place parmi les bons prosateurs du seizième siècle, au-dessus de Cholières, de Chappuys, de Guillaume Bouchet et tout près d'Henry Estienne. »
Tout cela est juste et vrai, j'y ai joint d'autres titres d'estime trop peu remarqués avant moi, j'en vais ajouter encore un autre que M. Guichard aurait dû être le premier à relever, comme compatriote du conteur.

Du Fail est Français, mais pour lui la Bretagne est la vraie France. Il aime par-dessus tout cette vieille terre où sont « les plus forts hommes, les plus forts chiens et les plus forts vins qu'on puisse voir. » Il vante la longue indépendance de sa province. Il s'exprime ainsi dans son « *Epistre* à haut et puissant messire Louis de Rohan » :

« Si faut-il cependant que je die ce pays et duché de Bretaigne estre dit à bon tiltre et enseignes la Province aussi entière et moins meslee et bigarree de sang et familles estrangeres qu'autre qui soit aux environs d'elle : ayant depuis unze cents ans en ça subsisté et soi tenue debout sans estre courue et pillee de ces peuples septentrionaux et allemans qui sont venus occuper les Gaules, Espagnes et Italie justement après la rupture et dissolution de l'Empire romain. »

On trouvera partout chez lui des traces de ce patriotisme et nous ne serions pas étonné qu'un futur éditeur plus heureux que nous découvrît, dans les relations de du Fail avec Louis de Rohan, avec le vicomte de Mejusseaume, avec Jean du Han, procureur général du roi, des marques d'une active participation à l'union encore bien faible à ce moment de la Bretagne et de la France. Notre conteur juriste a dû avoir sa part d'influence dans cette assimilation faite suivant les règles du droit et non par la conquête.

Je crois avoir dit à peu près tout ce qu'il est permis à l'heure qu'il est de savoir ou de conjecturer sur du Fail. On me rendra cette justice que je ne me suis point laissé écarter de mon sujet et que je n'ai pas profité de l'occasion qui m'était offerte de disserter sur l'origine des contes, sur l'état des esprits au XVI° siècle, sur l'influence des écrits de Rabelais et sur tous les hors-d'œuvre qui donnent à une *Introduction* l'importance d'une thèse. Je n'ai pas perdu de vue mon modèle et je pourrais m'arrêter ici s'il ne me restait à dire quelques mots sur les caractères de l'édition que l'on va lire.

Il est bon pour cela de commencer par relever la série des éditions précédentes en l'accompagnant de quelques annotations.

Le premier ouvrage de Noël du Fail parut d'abord sous ce titre :

Propos rustiques, de maistre Léon Ladulfi, champenois, Lyon, par Jean de Tournes, MDXLVII, petit in-8° de 100 p.; lettres italiques.

Cette édition est presque absolument introuvable. M. Brunet l'a possédée. Son exemplaire venait de la bibliothèque du président de Thou dont il portait les armes sur la reliure. Il l'avait payé 900 fr. à la vente du baron Jérome Pichon. Il a été vendu à la sienne 2,005 fr. en 1868. Nous ne savons quel en a été l'acquéreur. Nous n'avons donc pu le consulter. Nous croyons cependant être à peu près certain que l'édition de Lyon 1549 en est la reproduction exacte.

La seconde édition est intitulée :

Discours d'aucuns propoz rustiques, facecieux et de singuliere recreation, de maistre Leon Ladulfi, champenois, reveuz et amplifiez par l'un de ses amys, à Paris, par Estienne Groulleau, 1548, in-16, lettres italiques.

M. Larchey, de la Bibliothèque nationale, a bien voulu nous communiquer cette édition ainsi que la suivante. On en trouvera une description exacte dans le *Manuel* de Brunet qui signale les additions qu'elle contient. Il n'y a pas cependant que des additions. Il y a eu aussi des suppressions, comme on le verra dans nos notes.

Vendue 39 f. (Nodier) ; 79 fr. (Baudelocque).

La troisième édition reprend le titre :

Propoz rustiques, de maistre Leon Ladulfi, champenois,

avec cette mention :

Reveuz, corrigez et augmentez par luy mesme, Lyon, par Jean de Tournes, M.D.XLIX, in-16 de 187 p. chiffrées, lettres rondes.

On ne peut pas prendre au sérieux le mot *augmentés*. Les différences en ce sens avec l'édition de 1548 sont pour ainsi dire insignifiantes, tandis que les diminutions seraient fort notables (les deux derniers chapitres, la chanson de maistre Huguet). Les mots revus et amplifiés par l'auteur sont donc une simple ruse de libraire et cela confirme notre opinion que Jean de Tournes n'a fait en 1549 que reproduire le texte qu'il avait déjà donné en 1547.

Les éditions subséquentes reproduisent l'une ou l'autre des deux premières. Ce sont celles de Groulleau, Paris, 1554; d'Orléans, s. d.; signalée pour la première fois par le savant bibliographe Gustave Brunet (de Bordeaux) dans le *Bulletin du Bibliophile* de 1841, p. 473. Cette dernière comprend le commencement du chapitre XIV et finit avec la chanson de maistre Huguet, de la même ville, 1571.

A partir de cette date on voit paraître :

Les Ruses et finesses de Ragot, jadis capitaine des gueux de l'hostiere, et de ses successeurs. Avec plusieurs discours plaisans et récréatifs pour s'entretenir en toute honneste société. Paris, Jean Ruelle, 1573, in-16 de 88 feuillets en lettres rondes.

Malgré les suppositions diverses basées sur ce nouveau titre, il est aujourd'hui évident que ce n'est là encore qu'une réimpression nouvelle des *Propos rustiques*. La Monnoye en prétendant contre La Croix du Maine que ces deux ouvrages sont tout différents s'est trompé. M. Brunet a pu comparer et constater que c'était l'édition de 1548 moins le dernier chapitre. Seulement, il excuse La Monnoye d'une façon singulière en prétendant qu' « après avoir lu les *Propos rustiques* où Ragot ne figure nullement il a dû croire qu'un livre ayant pour titre les *Ruses de Ragot* devait être tout à fait différent. » Voilà bien les bibliographes ! ou plutôt les catalogographes comme les appelait Quérard. Ils comptent les pages, copient les titres, vérifient le nombre de lignes et les signatures et ne lisent pas. La vérité est que Ragot et les gueux de l'hostière remplissent dans les *Propos rustiques* tout un chapitre qui fait même disparate et qui, par cela seul, a dû appeler l'attention d'un libraire désireux de reproduire les *Propos*, mais sentant le besoin de piquer à nouveau la curiosité.

Une autre édition de Lyon, J. de Tournes, 1576, a le même titre.

Un chapitre entier a été, en outre, inséré dans les *Nouvelles* de Bonaventure des Periers, du vivant même de du Fail sans que celui-ci ait élevé la moindre réclamation.

On conçoit que la lecture de ce petit livre n'ait pas été bien active au XVII° siècle. Il faut donc attendre au XVIII° pour le voir reparaître. Cette réimpression faite par les soins d'un éditeur anonyme qui avait déjà publié les *Contes et Discours* porte la date de 1732. Elle contient en tête un avis fort simple ; elle est jolie et correcte et elle a acquis un prix qui sans être exagéré est déjà assez élevé. L'auteur, voulant sans doute éviter à ses lecteurs toute cause d'erreur, a choisi le titre complexe : *Discours* d'aucuns propos rustiques... ou les *Ruses et finesses* de Ragot, capitaine des gueux. Nous avons cru devoir suivre son exemple.

Le second ouvrage de du Fail n'a point été aussi souvent réimprimé. Ce n'était guère qu'une mince plaquette et, comme nous l'avons dit, un essai, le programme d'un ouvrage plus volumineux. La première édition est la suivante :

BALIVERNERIES ou Contes nouveaux d'Eutrapel, autrement dit Leon Ladulphi, Paris, imprimé par Pierre Trepperel, 1548, petit in-16 de 36 feuillets non chiffrés, lettres italiques.

De la même année est une autre édition plus complète, imprimée à Paris par Nicolas Buffet, près le collége de Reims, in-16 de 40 feuillets avec figures en bois. Quelques exemplaires portent sur le titre l'adresse d'Estienne Groulleau.

Ces deux plaquettes sont encore plus rares peut-être que la première édition des *Propos rustiques*. Aucune d'elles n'est à la Bibliothèque de l'Arsenal, si riche pourtant en cette sorte d'ouvrages. Il y en a une portée sur le catalogue de la Bibliothèque Mazarine, mais elle n'est plus sur les rayons. On ne les connaît pas davantage à la Réserve de la Bibliothèque nationale. On cite cependant la seconde comme ayant été vendue 200 fr. (Crozet); 210 fr. (Aimé Martin); 24 fr. 50 (La Bedoyère); 220 fr. (Nodier).

Une autre édition rare est celle de 1549, Lyon, Pierre de Tours, in-16 de 48 feuillets, lettres rondes, et puis plus rien. Il faut attendre jusqu'en 1815 et aller en Angleterre pour entendre parler de ce livret. La dernière fois qu'on le trouve imprimé à part, on voit, en effet, à la fin, cette mention : *Chiswick, de l'imprimerie de C. Whittengham*. C'est un in-18, papier vélin, imprimé, dit-on, avec des caractères d'argent. L'éditeur M. S. W. Singer a mis en tête un avertissement dans lequel il affirme qu'il a suivi avec un soin extrême la copie de Groulleau (1548) et une note dit que « cette édition des *Baliverneries d'Eutrapel*, tirée à cent exemplaires et imprimé (*sic*) à Chiswick, sur les bords de la Tamise, aux frais de trois amateurs de la littérature comique, se trouve chez M. Triphook, rue Saint-Jacques, à Londres. » Ce petit volume s'est vendu 19 fr. (Leber); 31 fr. (Nodier); 31 fr. (Veinant); 32 fr. 50 (Aimé Martin); 24 fr. (La Bedoyère); 85 fr. (Solar). Il y en a un exemplaire sur papier de Chine.

 C'est cette édition que nous avons suivie. La reproduction de M. Singer a certainement été faite avec une attention méticuleuse. Nous devons seulement ne pas oublier, à ce sujet, une remarque curieuse, autant pour montrer qu'on ne peut jamais affirmer qu'on a copié exactement un ancien texte que pour nous défendre ainsi des erreurs qu'on pourrait trouver dans le nôtre. Il s'y rencontre à chaque phrase le signe : &. Partout il est exactement traduit : *et*, sauf un passage où l'ouvrier anglais a mis *and*. Le correcteur anglais a laissé passer cela et les *trois amateurs de la littérature comique* ne se sont pas aperçus du comique de cette conjonction anglaise dans du vieux français ; tant il est vrai que le métier de correcteur comme celui d'annotateur et d'éditeur est le plus difficile de tous, en ce qu'il demande de celui qui l'exerce une abnégation complète et une abstraction qui réduit sa propre personnalité à néant.

 Le troisième ouvrage de du Fail porte, comme nous l'avons dit, le texte de :

MÉMOIRES recueillis et extraits des plus notables et solennels arrests du Parlement de Bretaigne, divisez en trois livres. Rennes, Julien Duclos, 1579, in-folio.

 Nous avons déjà fait remarquer qu'en 1577 avait paru seul le livre premier. Une épître à Jean du Han qui contient déjà tout ce qu'il y aura dans les *Contes* au sujet de la justice et du dédain des gentilshommes pour la robe, mériterait d'être reproduite. Elle prouverait au moins que nous n'avons pas fait la part trop large à l'élément sérieux dans la pensée de du Fail. Elle se termine ainsi : Ecrit à notre hostel de la Herissaye, ce premier jour de fevrier 1576. Le même ouvrage contient en outre un *Discours sur la corruption de notre temps*, en vers, qui a disparu des éditions subséquentes. Il est signé de l'anagramme : *le fol n'a Dieu*, qui est aussi la signature des *Contes et discours*, et est adressé comme l'épître à :

>Du Han, l'oracle saint non de nostre Bretaigne
>Mais de tout l'univers que cet ocean baigne.

Nous donnerons ce discours à la fin de notre second volume.

Une édition du même ouvrage parut in-4° en 1653, chez Jean Vatar, Paris et Rennes, augmentée par Sébastien Durand. Elle est dédiée à monseigneur François Loisel..., conseiller du roy en ses conseils d'Etat et Privé et président au Mortier en son parlement de Bretaigne. La dédicace commence ainsi :

« Le temps ayant rendu aussi rare qu'exquis le recueil d'arrests de monsieur du Fail-Herissaye... »

C'est sous cette même forme que le nom de l'auteur est reproduit dans toutes les autres parties du livre.

Il y eut une troisième édition sous ce titre :

Les plus solennels arrests et réglemens donnés au Parlement de Bretaigne, recueillis par Noël du Fail, avec les annotations de Mathurin Sauvageau, revus, corrigés et augmentés par Michel Sauvageau, son fils. Nantes, Jacques Mareschal, 1715-16, 2 vol. in-4°, et Rennes, Jos. Vatar, 1737.

Nous sommes arrivés à la dernière publication de notre auteur dont Brunet ne donne pas le titre exact, que voici :

Les Contes et discours d'Eutrapel, par le feu seigneur de la Herissaye, gentil-homme breton. A Rennes, par Noël Glamet, de Quimper-Corentin, 1585, in-8°.

L'importance de ce titre est considérable puisqu'il donne la date de la mort de du Fail et l'assurance que les *Contes* sont une œuvre posthume. Il est permis cependant de supposer que l'auteur a revu ses épreuves. La date de 1585 est citée dans l'avant-dernier chapitre et nous croyons que les quelques additions (que nous signalons en leur lieu) qu'on remarque dans les éditions subséquentes avaient été indiquées par lui, comme devant être fondues dans le texte par la suite; travail qu'il ne lui a pas été donné de faire.

Ces éditions contiennent en outre une épître de l'imprimeur au lecteur dans laquelle on trouve un éloge mérité de l'auteur des *Contes*, rapproché de Rabelais et de Tabourot, « scientifiques gausseurs ». Nous nous bornerons à en donner les dates : 1586, 1587, 1597, 1598, 1603 et enfin 1732 (2 vol. in-12). L'une d'elles (1587) est d'Anvers, chez Jean Natoire. Leur prix varie beaucoup suivant la condition de l'exemplaire. La première édition s'est vendue 60 fr. (Nodier) ; 210 fr. (Solar) ; 255 fr. (Radzivill, 1866).

Nous en avons fini avec les éditions anciennes des œuvres séparées ; il nous reste à dire un mot de celle de M. Guichard, la seule qui jusqu'ici donne les trois ouvrages facétieux de du Fail, dans leur ordre et avec des annotations et une étude sur le conteur. Elle ne manque pas de mérite, comme nous l'écrivait M. G. Brunet, mais nous devons le dire, elle a un défaut capital, qui pouvait être une qualité en 1842, mais qu'il fallait absolument corriger en 1874. Elle est imprimée avec l'orthographe moderne. La seule chose que M. Guichard ait conservée de l'orthographe ancienne est la forme *oi* pour *ai*. Cela lui donne un air hybride qui jure singulièrement avec l'archaïsme des mots et des tournures. Nous comprenons très-bien qu'à cette époque où le goût des anciens livres, où les recherches des origines de la langue commençaient à peine à naître, M. Guichard ait cherché un moyen terme. Nous ne l'en blâmons pas. Il eût été plus à même qu'un autre, que nous surtout, de donner une édition savante. S'il ne l'a pas fait, c'est qu'il avait de bonnes raisons pour cela, mais qu'on n'accepterait pas de nous. On ne nous permettrait pas de nous borner comme il l'a fait à reproduire les éditions de 1732 et de 1815 en laissant les compositeurs libres de remettre tout à neuf sauf à respecter les *oi*. Il nous a donc fallu prendre un peu plus de peine. Nous ne regrettons pas celle que nous avons prise, nous regrettons seulement de n'avoir pas eu la possibilité d'en prendre davantage.

On ne trouve pas en effet, comme on veut, ces vieilles éditions. Nous avons, grâce à la bonne amitié de M. Loredan Larchey, pu consulter les *Propos rustiques* de 1548 et de 1549, les *Contes et Discours* de 1585 et de 1603 que possède la Bibliothèque de l'Arsenal ; mais il nous a fallu nous contenter des *Baliverneries* de 1815. Il est vrai que l'éditeur de ce dernier ouvrage l'a réimprimé parce qu'il était « d'une rareté si excessive qu'on doutait qu'il y en eût un seul exemplaire d'échappé aux ravages du temps. » On ne peut donc nous demander l'impossible. Le possible était de rétablir l'ancien texte avec son orthographe, de signaler les *variantes*, d'annoter les passages susceptibles d'éclaircissements, et c'est ce que nous avons fait dans la mesure de nos moyens.

Et ici nous demandons à présenter quelques observations à propos de l'orthographe qu'on ne trouvera pas complétement identique au cours de ces deux volumes, dans quelques détails au moins.

L'orthographe au XVIe siècle était encore assez indécise. On s'occupait de la régulariser, mais les réformateurs eux-mêmes, comme Meygret, Laurent Joubert, ne faisaient qu'embrouiller les choses en voulant déjà écrire les mots comme ils sont prononcés. Il n'y eut pas heureusement de réforme radicale, mais de petites réformes de détail étaient acceptées par certains imprimeurs plus vite que par d'autres. C'est ainsi par exemple que l'*h* dans *il ha* reste dans les *Propos rustiques* de Lyon, tandis qu'il disparaît dans ceux de Paris ; par contre on écrit encore *cueur* à Paris tandis qu'à Lyon on écrit déjà *cœur*. Lequel faut-il choisir du *dymanche* de Paris ou du *dimenche* de Lyon? Tous deux se confondront un jour en *dimanche*. L'*y* disparaît peu à peu, mais est encore trop fréquemment employé pour qu'on puisse le remplacer toujours par l'*i*. L'*s* tend partout à supplanter le *z*. Le *t* final dans *gents* est enlevé par l'imprimeur de Lyon qui écrit *gens* à la moderne. On trouve à la fois, dans les *Baliverneries*, *aigneau* et *agneau*, *quelcun* et *quelquun*. Les lettres doubles sont impitoyablement supprimées ici et multipliées ailleurs. Lyon et Paris mettent *je sçay*, tandis qu'ils se divisent entre *sçachant* et *sachant* (Lyon).

Quant aux accents la règle paraît assez uniforme. On n'a pas encore adopté en 1548 les divisions de Meygret qui le sont en 1585, au moins à Rennes, en partie. Lorsque deux *e* se suivent ils ont la force de l'*é* fermé et ne prennent pas d'accent. Il en est de même de l'*e* suivi du *z*, mais non de l'*e* suivi d'un *s*. On met sur *après*, *procès*, tantôt un accent aigu tantôt rien. Le - qui n'existe pas en 1548 devient à la mode en 1585. On écrit indifféremment *eau*, *eauë* et *eaue*, *aureille* et *oreille*, *païsant* et *paysant*, *recepte* et *recette*, *besoigner* et *besongner*, *congneu*, *cogneu* et *conu*. Toutes ces divergences viennent du plus ou moins d'obéissance aux lois étymologiques qu'il ne faut pas dédaigner. La plupart ont eu leur écho dans les *Cahiers de remarques sur l'orthographe française*, soumis à l'Académie en 1674, et qu'a réédités il y a quelques années M. Marty-Laveaux. La réforme orthographique ne s'est pas faite sans résistance. Elle a été fort lente. On en verra quelques effets, mais bien peu, dans notre publication qui a l'avantage de reproduire des ouvrages d'un même auteur imprimés à quarante ans de distance et dans des lieux très-différents. Nous avons dû les respecter. Mais en résumé on peut conclure que la fin du xvie siècle et la plus grande partie du xviie ont eu à peu près la même orthographe et la même langue.

Nous ne croyons pas que le lecteur puisse se trouver souvent embarrassé devant le texte de du Fail par suite de ces variations. Nous avons souvent choisi entre diverses formes également authentiques celle qui se rapprochait le plus de la forme actuelle et nous permettait de ne pas paraître trop irrégulier. Nous pouvons affirmer qu'il n'y a pas d'autre anachronisme dans notre reproduction que celui qui résulte de la distinction entre les *i* et les *j*, les *v* et les *u*, mais cet anachronisme nous était commandé par les traditions de la *Bibliothèque elzevirienne*, et l'on ne pourrait nous le reprocher qu'en nous reprochant en même temps de ne plus employer les *s* longues si faciles à confondre avec les *f*. Mais alors il faudrait pousser l'archaïsme jusqu'au bout et exiger de nous les *q* et les *p* barrés, les &, les *m* et les *n* avec trait supérieur, le 9 et tous ces signes abréviatifs qui font de certains ouvrages anciens un véritable grimoire.

Or nous ne faisons pas dans cette collection du grimoire et de l'archaïsme pour les curieux, nous faisons de la propagande en faveur des oubliés qui ne méritent pas de l'être et nous voulons faciliter à tous la connaissance des ancêtres et non en réserver la lecture aux seuls docteurs.

Une dernière observation.

Nous avons écrit partout du Fail. Or il est devenu à la mode depuis quelque temps d'écrire du Faill. M. Ch. Louandre dans le volume qu'il vient de publier : *Chefs-d'œuvre des conteurs français avant La Fontaine*, volume dans lequel il rend à notre auteur bonne justice et donne des extraits assez étendus de ses *Contes*, adopte cette orthographe. Sur quoi est-elle basée ? Simplement sur la recomposition de l'anagramme : Léon Ladulfi. Or ce nom est écrit ailleurs Léon Ladulphy et Ladulphi. Il faudrait donc choisir entre du Faill et du Phaill. Le *Pithœana* apporte la variante *de La Cail* qui n'est, il est vrai, fondée sur rien, mais qui doit au moins réjouir les amateurs de l'incertain. Or si quelque chose est certain pour un nom propre c'est la forme employée par le possesseur lui-même de son vivant. Les *Mémoires du parlement de Bretagne* portent du Fail. Les éditions suivantes du Fail-Herissaye toujours avec un seul *l*. L'anagramme a ses licences et, pour peu qu'il y ait plus de grâce, elle double volontiers les lettres. C'est ainsi que *Ladulfi* sonnant mieux que *Ladufi* ou qu'*Adulfi* a été choisi; quant au *ph* et à l'*y*, c'est une variante sans conséquence. S'il fallait une preuve de plus, qu'on décompose l'autre anagramme de du Fail : *Le fol n'a dieu.* On y trouvera non plus un *l* double, mais un *e* de trop.

Conservons donc la forme du Fail, comme l'ont conservée dans ces vers les amis de l'auteur lorsqu'il donna au « peuple », comme il dit, ses arrêts du Parlement.

Ad Natalem du Falium, Vir. Nob. et Clar. D. de la Herissaye, ac in Senatu Britanniæ Celticæ Consiliarium.

Natalis, Rhedonæ decus altum, ingensque Senatus,
    Et magna Armorici gloria lausque soli :
Tam benè qui juvenis scripsisti rustica verba,
    Undè tibi tantus surgere cœpit honos.
Seria dum scribis magni decreta Senatus,
    Majus ut istud opus, gloria major erit.

BER. GÉRAD.

A MONSIEUR DU FAIL,

CONSEILLER DU ROI EN SA COUR DE PARLEMENT DE BRETAGNE.

Non, ce n'est point à vous, race infame et perverse
De plaideurs obstinés, que nostre grave auteur
Veut ores consacrer l'effect de son labeur :
Ce n'est point, di-je, à vous qu'un tel œuvre s'adresse :

Né à vous qui debout de langue piperesse
Cherissez le mensonge et les procès, a fin
De les perpetüer et les rendre sans fin,
Comme si ne vouliez qu'ils prinsent jamais cesse.

C'est donques à ceux là qui pourchassent la mort
Du trouble, du procès, du litige et discord,
Et qui sont ennemis de noises immortelles :

Ils apprendront ici, par ses beaux jugements,
Retrancher le long cours de tous nos differends,
Vu les arrests donnés sur pareilles querelles.

SUR LE MÊME SUJET.

Lorsqu'on s'étoit acquis quelque gloire bien ample,
Remportant d'un combat et le prix et l'honneur,
Pour marque on appendoit les armes du vainqueur
Au lieu plus eminent qui fust dedans le temple.

Quand de nos peres vieux la façon je contemple,
Je les loue en cela qu'ils estoient desireux
De laisser un pourtraict de leurs faicts genereux
A la posterité, pour lui servir d'exemple.

Aussi notre Senat, desirant faire ainsy
Comme les anciens, presentement icy
Ses armes il append au temple de Memoire.

Armes certainement dont il a combattu,
Et mille et mille fois à ses pieds abattu
Ce monstre de procès, remportant la victoire.

P. Mahé, avocat en la Cour.

Nous avons, pensons-nous, à peu près achevé notre tâche. Nous regrettons de n'avoir pu apporter que des conjectures sur les différents incidents de la vie de du Fail, moins casanière, moins retirée qu'on ne l'a dit. Il nous reste à demander l'indulgence pour les fautes de l'annotateur et à promettre à tous ceux qui lui feront l'honneur de le lire et de lui transmettre leurs critiques, leurs observations ou leurs découvertes, qu'il en tiendra bon compte à la fin du second volume de cette édition. Elle tirerait une grande autorité des communications de tous ceux qui sont à même d'éclaircir les points obscurs qui ont pu nous échapper et nous souhaiterions surtout que des recherches fussent faites en Bretagne au point de vue de l'action du Parlement pour l'assimilation de cette province à la France et de la part qu'a dû prendre du Fail à cette action.

J. ASSÉZAT.

DISCOURS D'AUCUNS

PROPOS RUSTIQUES

FACECIEUX ET DE SINGULIERE RECREACION

[OU LES
RUSES ET FINESSES DE RAGOT, CAPITAINE DES GUEUX
DE L'HOSTIERE, ET DE SES SUCCESSEURS]

DE MAISTRE LEON LADULFI,
CHAMPENOIS.

PARIS	LYON
par Estienne GROULLEAU	par Jean DE TOURNES
1548	1547-1549

L'ANGEVIN AUX LECTEURS.

Si Ladulfi, qui a tant bien usé
En ces propos des modernes Rustiques,
Se fut autant aux Civils amusé,
Il eut escrit de terribles pratiques;
Mais puis qu'il n'a publié les trafiques
Et chauds marchés qu'on fait dedans la ville
Se contentant de la maniere vile
Du païsant tout rural et champetre :
Suffise vous d'avoir en bien beau style
Ce qu'au village en credit a veu estre.

Probe et tacite.

EPISTRE.

MAISTRE LEON LADULFI
AU LECTEUR
SALUT.

Les Philosophes et Jurisconsultes, ont cela assez familier, de descrire l'un contraire par l'autre, en baillant [1] par iceluy plus seure et solide congnoissance, que s'ilz laissoient l'ombre d'iceluy pour de prime face [2] traiter leur supposé subjet; comme quand ilz veulent proprement deschifrer Vertu, ilz paignent Vice de toutes ses couleurs : ou Liberté, Santé, Froid, ilz discourent par leurs oposites : Servitude, Maladie, Chaud; qui donne au surmentionné contraire la grace plus naturelle et trop mieux disposee. Au moyen dequoy, puys que les propos d'aucuns Rustiques (que je nomme Païsans, Vilains, ou Ignobles)

---

1. Donnant.
2. D'abord. Cette expression sortie du latin, comme beaucoup d'autres, n'a pas dépassé le xvııe siècle. La Fontaine l'a encore employée dans *la Mandragore*. Elle est restée en anglais dans la locution juridique *prima facie case*.

nous sont en main, il ne sera, me semble, hors de propos, faire un brief et sommaire Discours du nom et imposition d'iceluy; ce que je feray a beaucoup moindre difficulté, prenant ce que lui est (comme l'on dit) en diametre contraire, ce qui est Noblesse, non celle de laquelle se sentent et disent estre embelliz et armez un tas de logiciens et alkimistes, mais de celle primitive et premier commencement, qu'on appelle de race. Et pour repeter les choses de plus hault, en ce bon vieux temps qu'aucuns appellent l'aage doré, n'y avoit difference aucune entre les hommes en preeminence, hautesse, ou autre point d'honneur; ains estoient egaux, non partiaux[1] ou divisez, usans d'une telle tranquile et louable communauté, que à la posterité n'a laissé que les regretz et souhaits d'un pareil siecle. Ne se soucians de disner, sinon quand la faim les contraignoit d'aller, ou au gland ou frezes, ou bien seicher au soleil la chair de quelque beste par eux prise à course, et de la peau en accoustroient celuy, qui le plus en avoit mestier. Vivoient au jour la journée, le premier à la porte passoit sans difference, ne se faisoient prier à laver leurs mains, encores moins à se seoir à table, aussi tost beuvoient en leur bonnet comme en leur main; couchoient indifferemment tous en une caverne, comme font aujourd'huy ces Egyptiens sophistiquez[2], et là purgeoient leur ventre et exerçoient les œuvres de nature (a) les

---

a. Var. : *Et là pissoient, chioient, faisoient la beste à deux doz.* Ed. de 1549.

1. Egoïstes.
2. Bohémiens voyageurs. « Lors je quittay mes gueux, et allay trouver un capitaine d'égyptiens... qui avait une belle troupe d'égyptiens ou boësmiens. » *La Vie généreuse*

uns devant les autres, sans faire les estranges [1], avec excuses. Par ce moyen estoient pour lors incognuës Noblesse, Païsanterie, Liberté, Servitude et autres de semblable farine invasions de droit naturel. Mais en ceste paisible et humble façon de vivre, non gueres demeurerent : à raison, que, eux en plus grand nombre percreuz et augmentez, commencerent especes de quereles sourdre entre eux comme jamais ne demeurons long temps fermes ny constans en nostre heur. Par ce que possible Marion rioit plus voluntiers (a) à Robin qu'à Gautier, dont commença la maniere de se battre pour la vessaille [2], coustume qui a tousjours duré. Ou que l'un avoit meilleure peau que l'autre, et parce qu'il estoit plus ancien, lui devoit appartenir : ou par avanture l'un avoit mangé le gland tandis qu'un autre l'esbransloit [3], choses qui les provoquoient tellement à guerre et dissention, que ordinairement se combattoient à beaux coups de poing, de bastons, de pierre, s'entretraisnoient par les cheveux à escorche-cul [4], c'estoit pitié : car d'autres façons de se

---

a. Var. : Voulentiers.

des Mercelots, Gueuz et Boesmiens. Lyon, 1596, reproduit dans le VIIIe volume des Variétés historiques et littéraires.

1. Reservés.
2. Nous suivons l'orthographe de l'éd. de 1549. On remonte ainsi à l'étymologie vesse, femme de mauvaise vie. Toutes les autres éditions donnent vaisselle, ce qui n'a qu'un sens fort alambiqué.
3. L'édition de 1732 donne la bransloit. M. Guichard ne comprenant pas a mis là. Celle de 1549 dit les branloit. En rétablissant l'apostrophe et en rapprochant l's du b nous croyons devoir lire l'esbranlait, c'est-à-dire que l'un mangeait le gland quand l'autre le faisait tomber. Toujours la fable de Bertrand et Raton.
4. Sur les reins.

battre, long temps apres ne eurent : parquoy, qui avoit la maschoire d'une asne estoit bien armé. En ces combatz les plus forts avoient l'avantage, au moyen duquel les foibles estoient contraints faire entre deux aux cavernes, et se separer pour le mieux : car la trop grande familiarité commençoit desja estre envieuse. Autres se retiroient plus loing seulz avec la seule, pour s'acquerir privement, ne remettans plus rien à la sus mentionee comunauté. Au moyen dequoy ceci fut tant demené, et avec le tems tellement continué, que les plus forts commencerent à subjuguer et mettre en crainte les plus petitz et abaissés, prenans une merveilleuse superintendance sur eux. Quoy voyans, esleurent un d'entre eux par commune voix plus robuste, plus sage, et hault à la main, pour leur conducteur, leur souverain maistre, en qui ilz sçeussent se reposer de leurs negoces privez (car ja commençoient Republiques et affaires politiques à s'administrer), et recourir si aucun schisme ou different s'eslevoit entre eux. Quel maistre, ou superieur commença à les gensdarmer, les leurrer, les veiller, mettre aux champs, au monde, tellement que se voyans plus rustres et plus gallands, que les autres, non contents de leurs propres limites, usurpoient sur le territoire et voisinage prochain par continuelles courses. Et en ces (Dieu sçait) bien dressees escarmouches s'entreprenoient, comme voyez qu'on fait aux barres, et le pris (dequoy est descendu la Prison, le Prisonnier, le Geolier et la suyte) estoit retenu en perpetuel servage, comme un Coquin, un Maraud, un Belitre. Mais à fin que ce maistre Gouverneur fust recongneu comme principal et plus eminent, luy donnerent, par commun advis, chacun partie de son butin ou conquest, en signe de recongnoissance, par ce moyen se rendans à luy tributaires. Toutesfois, voyans que le proufit particulier commençoit à avoir lieu, à d'aucuns relaschoit cette rente, ou devoir : car devant que entrer en bataille, promettoit au mieux faisant, ou plus hardi assailleur, plus robuste combatant, à celui qui plus vivement estonnoit son ennemy, et quoy? ceste exemption ou immunité des devoirs susditz deuz pour la superiorité. Lors y avoit presse, qui premier seroit au reng, qui le premier feroit breche, le premier [seroit]¹ à l'enseigne. Par ce moyen, tendans tous à un mesme but, et d'une pareille emulation, le plus souvent demeuroient vaincueurs ou, quand pour leur bien fait rien ne leur eust été proposé, ilz se fussent attenduz les uns aux autres, au grand interest de leur propre salut. Cette exemption ils appellerent Noblesse (comme la premiere chose qui leur vint à la bouche, la mode d'adoncques d'imposer à signifier²), à cause que par leur hardiesse et brusque adresse aux armes (postposans toute crainte de mort) ils acqueroient ce que aux autres, qui avoient tourné le dos, gagné le hault³, ne s'estans mis au hazard, estoit vilainement denié. Au moyen dequoy ces anciens Carthaginiens autant d'anneaux donnoient à leurs soldatz (gens sagement recongnoissans les biens

---

1. Mot qui est dans l'éd. de 1549 et n'est plus dans les éditions postérieures qui ont copié celle de 1548.
2. Phrase assez peu claire mais qui veut dire que le hasard seul imposait alors aux mots leur signification. Le bon du Fail n'avait aucune raison de prévoir de si loin l'avénement de la philologie comparée.
3. Fui.

faitz) qu'ilz eussent esté en de batailles, et ce en signe de perpetuelle Noblesse. Les Romains ces vaillants conquereurs, d'autant de couronnes leur homme d'armes honoroient (recompense digne du merite) qu'il eust esté à de journées, par ce moyen ennobly. Quoy ? Les Macedones avoient ceste loy reveremment observee. Qui n'aura en la bataille occis quelcun des ennemis, soit en lieu publiq lié, billé [1]*, et attaché en un posteau* (a) *en signe d'ignobilité* [2]*. Les Germains, ou Alemans plus tost n'estoient mariez (chose autrement vilaine) qu'ilz n'eussent presenté la teste de leur ennemy à leur Roy* [3]*. Aux banquetz des Scythes on offroit une pleine tasse de vin à la compaignie, et n'estoit loysible à celui qui n'avoit tué son ennemy au conflit, la prendre, comme s'il eust esté vilain et immerité de cest honneur. Aux Bibles, Mardochee, Hebrieu, fut annobly par Artaxerxès : et pour les causes mesmes, Joseph fait noble par Pharaon. Pour lesquelles raisons, tendans à une pareille fin d'une Ambition honorable, creurent en grand et excessif nombre, tellement qu'ilz (distinguans le populaire) se appellerent desormais* (b) *Nobles. Le reste qui tient en poinct peremptoire que la maniere de fuyr est de partir de bonne heure furent appelez Plebeïens, Païsans,*

a. Var. : *A un post* (1549).
b. Var. : *Dès lors.*

1. Attaché. Les trois mots forment répétition. Le pléonasme, si aimé de Rabelais, n'était pas alors considéré comme un crime de lèse syntaxe.
2. Dégradation.
3. L'énumération de ces coutumes est empruntée en grande partie à Plutarque et aux auteurs latins. Nous n'avons pas cru devoir rechercher les garants de du Fail, afin de ne pas multiplier les notes inutilement.

Vilains, Rustiques. A ces nobles survindrent Historiographes de leurs batailles, faitz et gestes (lesquelz Alexandre le grand estant au monument d'Achilles, appeloit trompettes ou proclameurs d'honneur), et ont esté tellement ingrats vers noz Rustiques, que traitans seulement les haultz et excellents actes de ces puissants Magnates, Monarches et Primatz, n'ont voulu s'abaisser jusques (au moins) à dire qu'il en fust en leurs siecles : la raison estant prompte, que (comme dit Callimachus), Vertu sans richesse est incongnuë. Toutesfois, aucuns ayans le jugement plus seur, et regardans de meilleur œil, bien avertis de la commodité produite des champs, et felicité d'iceux, n'ont desdaigné à en traiter assez amplement. Caton, ce prudent et grave Romain, en a escrit et establi loix, tellement qu'il affermoit un Laboureur estre homme de bien [1]. *M. Cicero dit, que rien ne peut estre plus commode à l'homme libre, que agriculture, ce qu'il experimentoit assez en son Tusculan* [2]. *Virgile (qui non moins ayma les champs, que d'en escrire) apelle le Laboureur, et celuy qui habite les champs, Fortuné* [3] : *Horace, heureux* [4]. *Vegece (autrement gentil compaignon, et bien instruit à la guerre) veut l'homme de guerre*

---

1. *Et virum bonum cum laudabant (majores nostri), ita laudabant, bonum agricolam bonumque colonum : De re rustica*, prologue.
2. *Tusculum*, à quelques lieues de Rome, était un lieu de plaisance très-fréquenté. Les maisons qu'on y construisait s'appelaient *tusculana* ou *suburbana*. Le *tusculanum* de Cicéron est demeuré célèbre, grâce surtout au livre qu'y écrivit le grand orateur, livre qui perpétue le nom de la maison.
3. *O fortunatos nimium*, etc.
4. Voir la 6e satire du livre II.

estre nourri aux champs [1], et estoient nourriz anciennement les enfants des Princes aux champs, non en ceste delicatesse des Villes. Aglaïus, ce povre Arcadien, ne fut il jugé par l'oracle d'Apollo (si cela fait foy) l'heureux de tout le païs [2]? Quoy? et combien d'Empereurs ont laissé l'administration des magnifiques et superbes Empires, leurs pompes, hautesses et triumphes, pour se retirer aux champs, pour avoir l'àyse et commodité d'iceux, et illec (jugeans ceste façon de vivre beaucoup plus seure) passer en tranquillité le demeurant de leurs ans? Comme Pericles, ce grave Athenien, Scipion l'Aphricain, Diocletian, l'Empereur Romain, Caton le Censeur, le consul M. Curius. Avec ce, tant et innumerables philosophes envieux du bien et felicité de nos Rustiques, ont (pour à l'aise philosopher) choysi leurs estudes aux champs, comme les Stoïques, Druïdes, Platon en son académie, Seneque, ce sage philosophe, et autres infinis. Au contraire, combien de païsans bons laboureurs ont esté appellés de leur charrue pour prendre l'aministration de Republiques fortes et puissantes, toutesfois sans eux ruinees, mal ordonnees, et (ce que l'on dit) à l'ancre? Ce vaillant charrieur Q. Cincinnatus en fera ample tesmoignage. Autant Attile Calatin, bon et excellent vigneron, Fabrice gentil jardinier, Attile Regule [3], desquelz la memoire tant durera,

---

1. *Sequitur ut, utrum de agris, an de urbibus utilior tiro sit, requiramus. De qua parte nunquam credo potuisse dubitari, aptiorem armis rusticam plebem.* Végèce, chap. III.

2. « Qui est-ce qui est heureux ? disait l'autre jour M. d'Alembert avec un dédain tout philosophique... quelque misérable ! » *Correspondance* de Grimm et Diderot.

3. Tous Romains célèbres par leur courage et leur désintéressement. On les reconnaîtra peut-être mieux sous

que seront en vigueur Charrue, Soc, Coultre, Fouët, Timon, Pelles (a) et Rasteaux. Que si nous regardons en quoy principalement estoit la richesse de l'antiquité, nous ne trouverons que Bœufs, Vaches, Moutons, Oysons et autres avoirs, tellement que Servius, roi des Romains, fit insculper en la premiere monnoie Romaine des Bœufs et Moutons, dont encore sont les Moutons à la grand' laine [1]. Mais, neantmoins que cecy demanderoit plus ample discours que les oreilles d'un delicat (possible) souhaiteroient, toutesfois, pource que ce n'est le principal negoce, j'ai induit ce peu pour monstrer, au moins essayer, l'origine de nos Rustiques par leur contraire. Contente toy donc (amy Lecteur) de ce peu que je t'offre, chose (sous ton jugement) soit indisposee et de mauvaise grace : toutesfois, en observant l'honneur et droit d'escrire, choses basses et humbles ne requierent style eslevé, ne grande façon de dire : pource que à tel saint telle offrande : tel mercier, tel panier [2]. Que si tu n'es content de ce, je ne pourray (au pis aller) que te prier prendre tel quel petit present en gré, comme tu ferois, d'une simple Bergiere, une potee de lait caillé; car, comme dit Ovide, ceux qui n'ont encens à sacrifier offrent de la farine, ou de ce qu'ils ont povrement. Me recommandant à ta bonne grace, et à Dieu.

a. Var. : *Fourches.*

les noms de Collatin, Fabricius, Regulus.

1. Monnaie d'or de saint Louis avec la figure d'un mouton et la légende *Ecce Agnus Dei.* Philippe-le-Hardi et Philippe-le-Bel frappèrent des moutons à la grande et à la petite laine.

2. A petit mercier, petit panier. *Proverbes ruraux et vulgaires*, XIIIe siècle. *Livre des Proverbes français*, par M. Le Roux de Lincy.

G. L. H. A L'AUTHEUR.

Tel cuide au vray le badin contrefaire,
Ou le voyant est rendu peu content,
Entreprenant imprudemment de faire
Cela à quoy n'est apte aucunement.
Mais toy tu as si bien et proprement
Descrit les mœurs de la vie champestre,
Que tres civil à tous t'es fait congnoistre :
Œuvre (ma foy) où n'est facile atteindre :
Pourtant qu'il faut parfaitement sage estre,
Pour le vray fol bien naïvement feindre.

PROPOS

RUSTIQUES ET FACECIEUX.

I.

D'où sont pris ces propos rustiques.

Quelquefois m'estant retiré aux champs pour illec plus commodement et à l'ayse parachever certain negoce, je me pourmenois, (et ce à jour de feste), par les villages prochains, comme cherchant compagnie, où trouvay (comme est leur coutume) la pluspart des vieux et jeunes gens, toutesfois separez, pource que (jouxte [1] l'ancien proverbe) chacun cherche son semblable : estoient les jeunes faisans exercice d'Arc, de Luytes (a), de Barres, de saults, courses et autres jeux, spectacles aux vieux, estant les uns sous un large Chesne couchez, les

a. Var. : *Luittes* (1549), luttes.

1. Selon.

jambes croisees, et leurs chapeaux un peu abaissez sur la veuë; les autres appuyez sur leurs coudes, jugeans des coups, rafraichissans la memoire de leur adolescence, prenans un singulier plaisir à voir folastrer (a) cette inconstante jeunesse. Et estoient ces bonnes gens en pareil ordre que seroient les Magistrats d'une Republique bien et politiquement gouvernee : Senateurs ou Conseillers de parlements, pource que les plus anciens, et reputez de plus sainement et meilleur conseil, tenoient les places plus eminentes; et les moyennes occupoient les moindres d'aage, et qui n'avoient tant de bruit ou en preud'hommie, ou à bien labourer. Quoy voyant, je m'approchay, pour avec les autres estre plus atentif à leurs propos, qui me sembloient de grand'grace, à raison qu'il n'y avoit fard, dissimulation, ne couleur de bien dire, fors une pure verité, et ce principalement en la colation de leurs aages, mutation de siecles, et aucunesfois regretz des bonnes annees : où (ce disoient) buvoient et faisoient plus grand'chère qu'en ces temps. Lors voulant savoir les noms de ces preudes gens, je tire par la manche quelcun de ma congnoissance, auquel privement demanday les noms d'iceux. Celuy (me respondit alors) que voyez acoudé tenant en sa main un petit baston de coudre, duquel il frappe ses botes liees avec courroyes blanches, s'appelle Anselme, l'un des riches de ce village, bon Laboureur, et assez bon petit Notaire, pour le plat païs. Et celuy que voyez à costé, ayant le

---

a. Var.: *Follatrer* (1549).

poulse passé à sa ceinture, à laquelle pend celle
grande gibessiere, où sont des lunettes et une
paire de vieilles heures, s'appelle Pasquier, l'un
des grands gaudisseurs [1] qui soit d'icy à la journee
d'un cheval, et quand je dirois de deux, je croy
que ne mentirois point : toutesfois, c'est bien
celui de toute la bende qui plus tost a la main
à la bourse pour donner du vin aux bons compagnons. Et celuy (di je) qui, avec ce grand
bonnet de Milan enfoncé en la teste, tient ce
vieux livre ? Celuy (respond il) qui se grate le
bout du nez d'une main et la barbe de l'autre ?
Celuy proprement (di je alors) et qui s'est
tourné vers nous. Ma foy, dist il, c'est un Roger
bon temps [2], lequel passé a cinquante ans qu'il
tenoit l'escole en ceste paroisse; mais, changeant son premier mestier, est devenu (a) Vigneron : toutesfois qu'il ne se peut passer encores,
aux festes, de nous aporter de ces vieux livres,
et nous en lire tant que bon nous semble,
comme un Kalendrier des Bergers, les fables
d'Esope, le Romant de la Rose, Matheolus,
Alain Chartier, les deux Grebans, Crestin, les
Vigiles du feu roi Charles, et autres [3]. Aussi ne

a. Var. : *Bon vigneron.*

1. Moqueur.
2. Type de l'homme joyeux qu'on trouve dès le xv^e
siècle et qui dure encore dans les chansons de Béranger.
3. Cette petite bibliothèque populaire du milieu du xvi^e
siècle ne manque pas d'intérêt. *Le compost et kalendrier des
bergers* en est tout naturellement le fonds primitif. La première édition de ce livre des plus utiles aux *Rustiques* avait
paru en 1493 (Brunet). Il en a été fait de nombreuses
éditions jusqu'à la fin du xviiie siècle, particulièrement chez
les Garnier et les Oudot, à Troyes. Les *Fables* d'Ésope

se peult tenir qu'aux Dimenches ne chante au lutrin, avec ceste mode antique de gringoter¹ ; et s'appelle maistre Huguet. L'autre assis auprès de luy, qui regarde par sur son espaule en son livre, ayant ceste ceinture de loup marin de peur de la colique², atout une boucle jaune, est un autre gros riche pitault³ de ce village, assez bon vilain, et qui fait autant grand' chère chez luy que petit vieillard du quartier, qui se nomme Lubin. Et si vous voulez un peu vous asseoir avec nous autres, vous orrez⁴ leurs propos, où possible trouverez goust : ce que je fis, et, par deux ou trois festes subsecutives, les

---

sont aussi l'un des premiers monuments de l'imprimerie. Une traduction en français avait paru à Lyon, chez Mathis Hucz, dès 1484. Le *Romant de la Rose*, de Guillaume de Lorris, qui datait du xiiiᵉ siècle, avait été imprimé en 1485. *Le Livre de Matheolus* qui dit

> ...Que l'homme n'est pas saige
> Sy se tourne remarier
> Quand prins a esté au passaige.

se réimprimait depuis 1492 (Vérard). *Les Faiz (dictes et ballades) maistre Alain Chartier*, sont de 1489. *Le triumphant mystere des actes des apostres*, par Arnoul et Symon de Greban, parut en 1537. *Les chantz royaulx*, par maistre Guillaume Crétin, en 1527 (?). Enfin *Les vigilles de la mort du feu roy Charles septiesme*, par maistre Marcial de Paris, dit d'Auvergne, étaient de 1493. Une pareille collection aurait aujourd'hui la valeur d'un trésor.

1. Fredonner.
2. C'est là un des innombrables préservatifs inventés par la superstition médicale. J'entends désigner ainsi la croyance non-seulement aux remèdes de bonnes femmes, mais celle aux sottises transmises par Pline aux compilateurs des *Secrets du grand* ou *du petit Albert*. Le loup marin est le phoque.
3. Paysan.
4. Du verbe *ouïr*.

ouys jazer et deviser privement et à la rengette¹, de leurs affaires rustiques, desquelz ay fait, par heures rompuës et de relaiz, un brief Discours, où j'ay eu non moindre peine que à une bonne besongne; car après avoir ahanné ² long temps, resvant et devinant ce que je devois dire, estois contraint de boire deux ou trois voltes ³ (gracieux compulsoire) pour me rendre la cervelle plus frisque ⁴ et deliberee, et m'estoit une telle peine qu'au charretier, qui, pour ayder à ses chevaux attelez à la charrette trop chargee, met son chapeau entre son espaule et la rouë, pour aucunement les soulager ⁵, aucunesfois beuvant à son baril, attaché au collier du cheval de devant.

II.

De la diversité des temps.

Anselme, ce preud'homme (a) surmentionné, homme de mediocre savoir comme bon Grammairien, un peu Musicien, passablement Sophiste et bon rueur de pierre, commença par une merveilleuse admiration⁶ à deschiffrer le

---

a. Var. : *Preudhoms.*

1. L'un après l'autre.
2. D'*ahan*, peine, fatigue.
3. Coups.
4. Légère, fraîche.
5. Les soulager un peu. On ne peut indiquer en moins de mots un plus joli tableau de genre.
6. Nous rétablissons *admiration* qui se trouve dans l'édition de 1549. *Amiration* n'est qu'une orthographe passagère

tems passé, que luy et ses coëvaux¹, là presents avoient veu, bien different à celuy de maintenant, disant : Je ne puis bonnement, ô mes bons comperes et anciens amys, que je ne regrette nos (*a*) jeunes ans, au moins la façon de faire de adoncques, beaucoup differente et rien ne semblant à celle de present ; car vous voyez toutes bonnes coustumes s'amortir, et se changer en je ne sçay quelles nouveautés qu'ilz approuvent merveilleusement, et sans lesquelles un homme d'aujourd'huy est mesprisé (*b*) comme un nyais. O temps heureux ! ô siecles fortunez ! où nous avons veu nos predecesseurs, peres de famille, que Dieu absolve (ce disant en haussant l'oree² de son chapeau) se contentans, quant à l'accoustrement, d'une bonne robe de bureau, calfeutree à la mode d'alors : celle pour les festes ; et une autre, pour les jours ouvriers, de bonne toile, doublee de quelque vieux hoqueton³ ; entretenans leurs familles en liberté et tranquillité louable ; peu se soucians des affaires estrangeres ; seulement, combien avoit valu le Bled à Loheac, Fleaux au Liege⁴ ; et au soir, aux raiz de la

a. Var. : *Ces nostres.*
b. Var. : *Et tenu comme nyais.*

que les éditeurs modernes ont eu tort d'emprunter à l'édition de 1554 qui l'avait prise elle-même à celle de 1548.
1. Du même âge, latin : *coævus*.
2. Le bord.
3. Tunique courte.
4. En supprimant la virgule entre *fléaux* et *au Liége*, comme le fait, du reste, l'édition de 1549, il n'est plus possible de prendre Fléaux pour une ville comme Lohéac ou le Liége ainsi que cela paraît avoir été fait dans les éditions de 1548 1554, 1732, 1842.

lune, jazans librement ensemble sur quelque bagatelle, rians à pleine gorge ; contans des nidz d'antan et neiges de l'annee passee ; et, revenans des champs, chacun avoit son mot de gueule pour gaudir l'un l'autre, et raconter les contes en la journee faitz, chacun contant de sa fortune et du mestier duquel pouvoit honnestement vivre ; n'aspirans à d'autres s'ils ne se sentoient suffisans, comme vouloir, ou estre notaire de la cour de Bobita ou d'autres, estre gaudayeur, ou priseur, ou tesmoing synodal [1]. Lors Dieu estoit aymé, reveré, vieillesse honoree, jeunesse sage, pour l'object qu'elle avoit de vertu, lors florissante : tellement que je peux, avec tous vous autres, appeler ces temps passés temps de Dieu. Où est le temps (ô comperes) qu'il estoit mal aysé voir passer une simple feste, que quelcun du village n'eust invité tout le reste à disner, à manger sa poule, son oyson, son jambon, son premier aigneau et l'ame de son pourceau ? Mais comme aujourd'huy se fera cela, quand quasi on ne permet ou poules ou oysons venir à perfection, qu'on ne les porte vendre, pour l'argent bailler, ou à M. l'Advocat, ou Medecin (personnes en ce temps presque incongnues) à l'un pour traiter mal son voisin, pour le desheriter, le faire mettre en prison ; à l'autre pour le guerir d'une fievre, lui ordonner une seignee (que Dieu mercy jamais n'essayay) ou

---

1. La Cour de Bobita est un mythe. *Gaudeyeur* veut dire forestier, de *gaud*, bois (du Cange) ; *priseur* est l'équivalent de notre commissaire-priseur. Pour être témoin *synodal* il fallait être clerc, tous métiers trop élevés pour de simples rustiques.

un clistere ; de tout quoy feue de bonne memoire Tiphaine La Bloye guerissoit, sans tant de barbouilleries, tripotages et antidotes, et quasi pour une Patenostre. Sur mon Dieu (dit alors Pasquier) mon compere, vous dites toute verité, et me semble proprement estre en un nouveau monde. Mais puis que nous avons du loysir et jour suffisamment, je vous prie, avec le reste de la compagnie, de poursuyvre le propos encommencé. Ma foy (respondit Anselme) il est vray que j'ay fait l'ouverture et donné le commencement : mais de le bien continuer, j'en donne la charge à mon compere maistre Huguet, que voylà, s'il veult (dea[1]) en prendre la peine. C'est bien avisé (dist lors Lubin) que chacun en die comme il l'entend. Mais pource que nostre compere maistre Huguet a rosti en beaucoup de cuysines, mangé pain de divers maistres, vertevellé en plusieurs huysseries[2], et sait tresbien enfoncer les matieres[3], il en dira (si bon luy semble) ce qu'il en pense. Maistre Huguet ne se bougeoit point, quand dix ou douze se leverent pour le prier leur dire la façon des banquetz de son temps et manieres de vivre, avec ce qu'il touchast un peu quelques points d'agriculture. A quoy s'accorda facilement le bon Huguet, qui, après avoir beu une fois de vin qu'ilz avoient envoyé querir, et avoir accoustré son bonnet (a) qui lui pendoit sur les yeux, commença à dire :

a. Var. : *Chapeau*.

1. Vraiment.
2. Été reçu dans beaucoup de maisons.
3. Aller au fond des choses.

III.

Banquet rustique.

Puys que (de vos bonnes graces) vous m'avez baillé la charge de dire et faire jugement de ce que j'ay veu et ouy (o mes bons amis) ne la refusant, j'en dirai possible confusement, mais aumoins la verité. Et pource, que les banquets et festins de nos antecesseurs se offrent, il fault penser que non moins estoient de bonne doctrine que bien instruits; non que je vueille mesurer la consequence d'un banquet en varieté, et magnifique apparat de mangeries, choses que ne congnoissoient ces bonnes gens : car leur estoient incongnus Poivre, Safran, Gingembre, Canelle, Myrabolans à la Corinthiace, Muscade, Girofle, Poyreaux à la dragee, Tartes confites, et autres semblables resveries[1] transferees des villes en nos villages, quelles choses tant s'en faut qu'elles nourrissent le corps de l'homme, qu'elles le corrompent, ou tout mettent au neant; sans lesquelles, toutesfois, un banquet de ce siecle est sans gout, mal ordonné et sans grace, au jugement trop lourd de l'ignare et sot peuple, et s'il n'y a du cochon n'est jamais feste. Maistre Huguet vouloit poursuyvre, quand Lubin

---

1. Les épices que cite du Fail et les raffinements culinaires qu'il signale étaient en effet inconnus des aïeux de maître Huguet. Le poivre, le safran, la cannelle, etc., productions du Levant ou des Indes, n'ont commencé à entrer sérieusement dans la consommation qu'après que les Portugais eurent doublé le cap de Bonne-Espérance, en 1497.

lui dist qu'il cessast de blasonner[1] les façons de faire d'aujourd'huy, veu que tout se faisoit pour le mieux, avec ce[2] que l'antiquité avoit aucunesfois erré. Puys qu'il vous plaist, respond maistre Huguet, que je touche le blanc[3], je diray ce que je vy faire passé a cinquante ans en cest nostre village, repetant ce que le compere Anselme a desja dit, cest que aux jours festés plustost fussent morts nos bons peres qu'ilz n'eussent amassé toutes leurs bribes chez quelcun du village pour illec[4] se recreer et prendre le repos du labeur de la semaine. Veistes-vous onc aux villes, quand y allez porter quelque fromage à vostre maistre ou autre; quand quelque Bourgeois ou Citadin va souper chez son voysin, qu'il envoie son garçon devant, portant partie de son disner? tellement faisoient ilz, lesquelz après avoir beu de mesme et à toutes restes[5], le tout sans hazard, commençoient à jazer librement du fait d'agriculture, et à qui mieux mieux. Messire Jan, le feu curé de nostre paroisse, estant au haut bout (car à tous seigneurs tous honneurs) haulsant les orees de sa robe, tenant un peu sa gravité, interpretant, ou le Magnificat (a) du jour, ou sur iceluy donnant quelque bonne doctrine, ou bien conferant avec la plus ancienne matrosne, près luy assise,

---

a. Var. : L'*Evangile*.

1. Critiquer.
2. Et que.
3. J'aille droit au but.
4. Là.
5. Tant qu'ils pouvoient.

ayant son chaperon[1] rebrassé[2], et voluntiers parloient de quelques herbes pour fièvre, colique ou l'amarriz (a), et par tranchees des effectz de Gemini[3]. Le bon homme de curé se mettant aucunesfois aux champs, le tout à la bonne foi, se ventant de belles besongnes (parce qu'il estoit ouy très voluntiers) et que (Dieu mercy) il ne craingnoit homme des deux prochaines paroisses (et ce disoit sans blasmer personne) ou à chanter du contrepoint, ou bien et rustrement faire un prosne; et que s'il étoit question de Latin (neantmoins qu'il y fust un peu rouillé) il se y entendoit tout outre, et autant que petit compaignon du quartier, et de ce s'en rapportoit à ceux qui le congnoissoient, sans plus outre proceder. Autant en disoit de bien jolyment empenner une flesche ou mettre une arbaleste en chorde, de bien faire un rebec[4], et que plusieurs fois en avoit fait au musnier de Vangon, de tout quoy n'en craingnoit homme, s'il n'avoit deux testes. Et ce luy accordant, la povre femme

a. Var. : *La marriz*, la matrice et par extension : vapeurs, hystérie.

1. Bonnet d'étoffe dont la partie allongée par derrière où les brides larges retombaient sur l'épaule.
2. Retroussé.
3. Il doit y avoir là quelque équivoque sur le mot latin, qui signifie *double, jumeaux*, du genre de celle que nous retrouvons dans ces vers de la *Comédie des Chansons* (*Ancien théâtre françois*).

>   Vous qui aimez les dames, *blande loquimini*,
>   Ne leur faites nul blâme, *sed adulamini*,
>   Touchez leurs mammelettes, *et osculamini*.
>   Si trois fois sont souffertes, chantez *lætamini*
>   Et vous serez logez au signe *gemini*.

4. Violoñ.

devenoit en une merveilleuse admiration. Estoit-ce ce ferial Curé (fit alors Pasquier) qui, au prosne de sa grand'messe, reprenant les filz de putains de la paroisse pour quelques insolences, disoit, que s'il estoit leur père, qu'il les chastieroit très bien ? Celuy sans autre, respondit maistre Huguet. Mais, pour parachever l'ordre de nostre banquet, au bout d'embas y avoit quelque Roger bon temps, comme mon compere Lubin que voyla, contant des veilles ou fileries [1] qui avoient esté en la semaine, où luy-mesme avoit esté triumpher, et fait je ne sçay quoy davantage, qu'il laissoit à penser à la compagnie. Contoit aussi de son poulain noir, qui lui estoit eschapé près la vigne, et courut jusques aux landes de Liboart ; et allant après, avoit rencontré Marion la petite, ou la petite Marion, il ne lui challoit [2] lequel, à laquelle (sans mal penser) avoit levé son fuseau et en consequence baisee, avec ce, fait offre de sa personne et d'une dragme de sa compagnie ; et n'eust voulu, ce disoit il, pour je ne sçay quoy, qu'il ne l'eust rencontree ; neantmoins, que le jeudy d'après devoit aller à la Seguiniere, où elle seroit, et là pensoit (s'il n'estoit bien abusé) pratiquer quelque cas, ou lui eust il deu couster, quelque bonne chose. Le reste des bons Lourdaux par-

---

1. Veillées où l'on filait réunis dans l'étable. Cette habitude n'est point encore complétement abandonnée. Ces veillées étaient motifs à aventures galantes qui ont défrayé plus d'un conteur, le nôtre, lui-même, ainsi qu'on verra plus loin.

2. Importait. Du verbe *challoir* dont il ne nous reste que le souvenir dans la locution : *il ne m'en chaut.*

loient du decours du croissant [1], quand il feroit bon planter porree, temps convenable pour houër la vigne, pour greffer, ou couper coudre, ou chastaignier, pour faire cercles à relier tonneaux. Or bien (fit alors Pasquier), nous sçavons peu près qu'ilz pouvoient dire. Je vous prie poursuivre la fin de ce banquet, et comme ilz se gouvernoient après avoir rué si brusquement en cuysine. Après disner (respondit maistre Huguet) quelcun du vilage, comme vous pourriez dire Pestel, produisoit de sous sa robe un rebec (a), une chalemie [2], en laquelle souffloit par grand' maistrise, et tellement les invitoit le doux son de son instrument, avec un hautbois, qui s'y trouva pour les seconder, qu'ilz estoient contraints, ribon ribaine [3], leurs robes [jettees [4]] et hoquetons bas, commencer une dance. Les vieux, pour donner exemple aux jeunes, et à fin de ne monstrer estre fascheux, faisoient l'essay, tournoyant la dance deux ou trois fois sans beaucoup fredonner des piedz, ne faire (b) gambades à la Masconnoise, comme nous pourrions bien

a. Var. : *un rebechon, une chalemie.*
b. Var. : *Grands gambades.*

1. Les phases de la lune ont toujours eu une grande importance aux yeux des paysans, meilleurs juges, peut-être, en cela que les savants. Encore aujourd'hui, les maraîchers ne sèmeraient pas certaines plantes autrement qu'au moment de la nouvelle lune. Ils en sont toujours à Caton et à Columelle et ne s'en trouvent point mal. *Voyez* en outre Plutarque : *Propos de table*, livre III, question dixième.
2. Flûte, chalumeau.
3. Bon gré mal gré.
4. Édition de 1549.

faire nous autres. La jeunesse alors faisoit son devoir de treper¹ et mener le grand galop, et n'y avoit garçon qui ne dansast toutes les filles, fors (*a*) messire Jan, qu'il faloit un peu prier, et dire : Monsieur, ne vous plaist il pas dancer ? Toutesfois luy, ayant un peu refusé pour faire la ruse du jeu, s'y mettoit et n'en y avoit que pour luy ; car luy frais, et possible amoureux, contournoit ses commeres tellement, qu'elles sentoient leur espaule de mouton et civette de la triperie à pleine gorge² : et disoit ce venerable curé : Boute, boute³, jamais ne nous esbatrons plus jeunes ; prenons le temps comme il vient, maudit soit il qui se feindra⁴. Et lorsque la fumee du vin commençoit emburelucoquer⁵ les parties du cerveau, quelque bonne galloyse menoit la dance par sur tables, bancs, coffres, autant d'une main que d'autre⁶. Au reste, chacun le faisoit comme meilleur lui sembloit. Comment ! dit alors Anselme, ces vieillars alloient ils comme les autres ? Nenni, respondit maistre Huguet ; ains estoient, les bonnes gens près (*b*) le feu, se chaufans d'un fagot de serment de vigne, le dos au feu, regardans et jugeans

a. Var. : *Sinon.*
b. Var. : *Après.*

1. Trépigner.
2. A cause de la sueur causée par ce violent exercice.
3. Va, va.
4. Se ménagera.
5. Embarrasser. Rabelais a employé le mot qu'il n'a point inventé.
6. Galloys signifie enclin au plaisir. Le chevalier de la Tour Landry a consacré le chapitre 122 de son *Livre pour l'enseignement de ses filles* aux Galoys et galoyses.

des coups, disans : Cestuy ci dance bien; le pere d'un tel estoit le meilleur danceur du païs; un tel avoit deffié, les jours passés, tous ceux de Vindelles à dancer. La dance finie, recommençoient de plus belle à dringuer[1] et boire haut et net sans se blesser : puys après s'estre chauffez, si bon leur sembloit, alloient voir quelque pré ou champ bien accoustré; là d'ordinaire se asseoient pesle mesle jeunes et vieux; fors (qu'il ne fault pas mentir) que les anciennes personnes avoient (comme bien estoit raisonnable) les plus honorables places entre les gens de bien. Lors quelcun des plus vieux, à la requeste de ses coëvaux, commençoit à haranguer les jeunes gens, où avoit telle audience que a celuy qui, estant venu de quelque païs estrange, veult conter quelque nouveauté. Je vous prie (dist Pasquier) si le reste de la compagnie le trouve bon, traiter les points principaux de ceste harangue : estant asseuré qu'ilz disoient quelque cas de bon. Maistre Huguet vouloit s'eschapper, disant : Qu'il en avoit dit à la traverse ce qu'il avoit peu, et qu'un autre prinst les fonts; mais par importunes requestes fut contraint achever, disant : Puis que faire le faut, et qu'il n'y a ordre ne remede d'evader, je vous diray à peu près la teneur de l'oraison, laquelle le plus ancien et de meilleur sçavoir, comme j'ay dit, commençoit, disant :

---

1. Trinquer? boire, certainement de l'allemand *trinken*.

IV.

Harangue rustique.

Mes enfants, puis que le Seigneur Dieu vous a appellés à ceste bien heureuse vacation [1] d'agriculture, l'equité veult aussi, et est bien raisonnable, que soyez diligents et prompts à l'exercer par vertueux faits, bons et louables actes, dont avez la source (graces à Dieu) de vos peres et meres cy presents ; le surplus parfera une espece de preud'hommie, que je voy apparoitre en vous, avec signes evidents de estre à l'avenir gens de bien. Et puis bien dire cela, avec toute la compagnie, que depuys cinquante ans, et quand je dirois soixante je ne penserois mentir, nostre village ne fut en jeunes gens autant florissant comme il est de present, et ce en toutes qualitez, si vous regardez tant les bonnes mœurs et graces, dont ilz sont aornés, comme grandeur et composition de corps, puissance avec fourniture de membres, jointe à ce la legiere et prompte adresse. Le bon Dieu nous a (comme en toutes choses) merveilleusement fortunez en ce. Et toutesfois, mes enfants, jeunesse (ce que j'ay experimenté) est tant fole et aveuglee, qu'elle ne regarde que les choses presentes, et ce qui est à ses piedz, sans (*a*) avoir l'œil plus hault, dont souvent sont gastez et abastardiz les plus nobles et meilleurs espritz. Au moyen

---

a. Var. : *Sans muser n'avoir.*

1. Profession.

dequoy est frustree et mise au neant la bonne expectation des peres, qui de l'enfant merveilleusement agrave le desmerite. Que si par exemples requerez confirmation, je vous produits deux de voz compagnons (lesquelz, sur mon Dieu, je ne nommerois si cela n'estoit tout manifeste) Guillemin Plumail, et Geoffroy Thibie, les deux autant gentilz garçons en leurs jeunes ans qu'on peult souhaiter, et autant bien instruitz. Mais (ô bon Dieu) depuys qu'ilz ont commencé de hanter tavernes, bordeaux (pestes de tout bon naturel) jeux de bibelotz, courteboule, la bille [1], et autres telz lieux desbauchez, retirans en tout les cœurs des jeunes de vertu [2], qu'ont ilz fait? qu'est ce? Sont brigans, voleurs, gardeurs de chemins pour tous potages, et besongne taillee pour le bourreau, ayans proposé une fin malheureuse au noble et vertueux commencement. Quoy voyant la mere de l'un (comme chacun sçait) l'a fait prendre, et comme, par maniere de dire, prisonnier, si bien que en fin recongnoissant ses defaux (et aussi contraint) est devenu homme de bien, bon preneur de taupes,

---

1. Ces trois jeux, sauf celui de *bibelots*, font partie de ceux par lesquels Gargantua se délassait de ses études. Le membre de phrase qui les énumère a été supprimé dans l'édition de 1549 avec raison, puisque la fin *et autres lieux debauchez* ne peut se rapporter qu'aux mots : *tavernes, bordeaux* et non aux jeux. Ces intercalations prouvent que le *revu et corrigé* n'est pas toujours une recommandation, même quand on y ajoute : *par un amy de l'auteur.*

2. Éloignant entièrement les cœurs des jeunes gens de la vertu. La version malheureuse : *en tous les cœurs* qui a été reproduite depuis 1554, rend la phrase absolument inintelligible.

et gentil faiseur de Quenouilles, vivant simplement en la façon de nostre estat. L'autre (comme obstiné) demande l'aumosne [en]¹ l'oree d'un bois, attendant l'heure qu'il fera l'office du loup à griper la laine de l'agneau innocent, ou quelque autre plus vilain acte. Pourquoy (ô mes enfants) pour obvier à tous ces malheureux inconvenients, auxquelz plus continuellement sommes duitz, que à bien faire, il est de besoin en premier poinct aymer, reverer et craindre Dieu, comme celui qui souffre que devenions en mile adversitez², pour nous montrer qu'il est le maistre, et celui quy a procreé toutes choses pour nostre profit et bien. Que s'il vous a donné parens riches, et departy de ses graces, ne faut presumer ce venir de vous, par ce moyen encourir une faulse opinion, dont souvent jeunesse est abusee, et en consequence glorieuse : ains croire que en moins de un tour d'œil vous peult oster Bœufs et Chevaux, Brebis, et tout vostre avoir ; et de tout ce luy en rendre graces, et estimer qu'il fait tout pour (a) nostre utilité et profit, bien congnoissant ce qui nous est necessaire. Et à celle fin que mieux entendiez certains poinctz observatifs de la vostre et mienne vacation, gardez souverainement de mal parler de vos voysins, ou en aucun cas fouler leur honneur ; pource que aucunes fois vous vous trouvez ensemble, disputans de

a. Var. : *Le mieux* (1549).

1. Restitution d'après l'édition de 1549.
2. Ici comme dans *admiration* nous rétablissons le *d* qui existe dans l'édition de 1549.

l'excellence ou de vos terroirs, ou besongnes,
comme de vos faulx, faucilles, coingnées, et
telz oustilz, ou preferez les uns aux autres,
gardez ce entre autres choses, et qu'en louant
les vostres, les leurs ne soient deprimez, pource
qu'il fault tout trouver bon, à raison que
(comme l'on dit) à chacun oyseau son nid est
beau ; aussi que par la langue on voit plusieurs,
beaucoup de maux et divers, encourir : ce que
(ce m'aist Dieu) je voy n'avoir lieu en vous,
n'autres imperfections, dequoy ordinairement
sont tachez jeunes gens. Je oubliois à vous dire
que es choses où n'y a remede, et moins de
conseil, ne fissiez grand estat, ny en prendre
grand courroux, comme des adversités et maladies, qui le plus souvent viennent à vos Bœufs,
Vaches, Brebis, Poules, et Porcs, qui toutesfois,
neantmoins les bons pansements (a) meurent :
car en bonne ou mauvaise fortune, il fault avoir
un mesme visage, et constance accoustumee. De
ma part, la plus grande occasion, et plus evident argument que puisse dire pourquoy mes
ans ont esté si longuement prolongez (cela je
dy sans yanterie) c'est, et ne sçay autre raison,
que telle adversité qui me soit survenue au
jour, jamais ne s'est couchee avec moy. Si ainsi
le faites, vous vivrez heureux, fortunez, en honneste tranquilité, et n'aurez compagnons en
felicité. Car demandez, ou souhaitez vous plus
salutaire, ou plus liberale vie que la nostre?
moyennant que nous gardions de aspirer à
plus (b) haultx estatz, veu mesmement que si

---

a. Var.: *Traitemens*. — b. Var.: *Trop*.

sommes diligens à labourer les terres à nous laissees par noz bons peres, sera beaucoup, ne taschans par grands heritages à les-amplifier. Et avoient cela en une très grande reverence nos anciens, qu'il n'estoit loysible de occuper plus de terre que ce qu'on leur avoit limité ; ayans beaucoup d'observances, qui aujourd'hui ne sont, comme : Celui estre mauvais laboureur, qui achetoit ce que son champ lui pouvoit produire ; mauvais le pere de famille, qui faisoit ce le jour, que la nuict eust peu faire, sinon (dea) qu'il eust esté empesché par l'intemperance de l'air : plus mauvais estimoient celuy qui plus tost besongnoit à la maison que aux champs, comme desdaignant la coustume. Et m'est advis avoir ouy dire d'un antique Laboureur, accusé de ses voysins, disans, qu'il avoit empoisonné leurs bleds, parce que le sien estoit demeuré garanty, et les leurs gastez et sans fruit, lequel preud'homme, sçachant à tord tel crime lui estre imposé, amena en plein jugement sa fille, de force inestimable, ses Bœufs graz et refaitz, son soc rondement aceré, son coultre tresbien apointé, disant que c'estoit sa poison et mauvais art de ainsi bien accoustrer les bleds [1]. Or maintenant jugez si tel moyen n'estoit favorable pour bien tost gaigner son procès. Mais, pour revenir, n'estimez-vous en rien cela, qu'au matin, frotans vostre couille, gratans vostre dos, estendans vos nerveux et muscleux bras (après avoir ouy vostre horologe, qui est vostre

---

[1]. Cette historiette qui se trouve dans le *Selectæ e profanis* est tirée de Pline, XVIII, 6.

Coq, plus seure que celles des villes) vous levez sans plaindre l'estomac, ou la teste, comme feroit je ne sçay qui, yvre de soir? et n'est subjet vostre fust à la guivre, sinon quand il vous plaist. Puis lians vos Bœufs au joug, qui (tant sont duitz [1]) eux mesmes se presentent, allez au champ, chantans à pleine gorge, exerçans le sain estomac sans craindre esveiller ou Monsieur, ou ma Dame. Et là avez le passe-temps de mille oyseaux, les uns desgorgeans [2] sur la haye, autres suyvans vostre charrue (vous monstrans signe de familiere privauté) pour se paistre des vers sortans (a) de la terre renversee. Autres qui là et çà volans, descouvrent le Renard, dont le plus souvent, avec la corde de fil d'archail [3] tendue, avez la peau, vous monstrent d'aucuns signes futurs, avec autres pronostiqz, que avez de nature, et par commune coustume aprins, comme le Heron triste, sur le bord de l'eaue, et ne se mouvant, signifie l'hyver prochain; l'Arondelle volant près de l'eaue, predit la pluye, et volant en l'air, beau temps.

a. Var. : *Qui yssent*.

1. Habitués.
2. Chantant.
3. Encore une restitution d'après l'édition de 1549. Les suivantes disent : *la corde de Richard*. Le mot archail était employé dès le XIIe siècle. Par corruption on a dit fil d'aréchal, d'arichal, de richar. C'est cette dernière forme employée du temps de Vaugelas qui a sans doute poussé l'éditeur de 1732 à mettre une capitale à Richard et à en faire un nom propre, en supprimant le mot *fil* qui se trouve dans l'édition de 1548. *Archal* vient d'*aurichalcum*, cuivre d'or ou jaune, dit Genin; airain de montagne d'après l'étymologie grecque, dit Littré.

Le Geay se retirant plus tost que accoustumé, sent l'hyver qui approche. Les Grues volans haut, sentent le beau temps et serain. Le Pivert infailliblement chante devant la pluye. La Chouëtte chantant durant la pluye, signifie le temps beau et clair. Quand les Poules ne se retirent souz le couvert par la pluye, d'asseurance elle continuera. Les Oyes et Cannes se plongeans continuellement en l'eau, sentent la pluye prochaine ; autant en signifie la Grenoille chantant plus que accoustumé, ou quand ces vieilles murailles rendent de l'eaue. La serenité d'Automne predit vents en hyver. Tonnerre du matin signifie vent, celuy de midy, pluye. Les Brebis çà et là courans, sentent l'hyver approcher [1]. Autresfois (pour laisser ce propos, que trop mieux entendez) ayans le vouge [2] sur l'espaule, et

---

1. Les pronostics ainsi énumérés sont encore la base de la météorologie agricole. Ils sont le fruit de l'expérience des siècles et la météorologie officielle ne pourra que les confirmer par des observations plus larges, plus générales mais non plus concluantes. L'homme voit d'abord les effets et ne remonte aux causes génératrices que plus tard.
2. Mot mal expliqué ; quelquefois *hallebarde*.

    Vouges, sallades, mentonnieres

dit Coquillart dans le *Blason des armes*.

    Je veulx estre tué d'ung vouge

dit le Cuysinier dans le *Sermon joyeux de bien boyre* (*Ancien théâtre françois*, t. II, p. 11).

C'est donc une arme.

D'autre part dans la *Farce des femmes*, même recueil où il est question de refondre les hommes pour les rajeunir, nous lisons :

    Estes-vous fourny de charbon
    Et de vouge à l'avantaige ;

et plus loin :

la serpe bravement passee à la ceinture, vous pourmenez à l'entour de vos champs, voir si les Chevaux, Vaches, ou Porcz y ont point entré, pour avec des espines reclorre soudain le nouveau passage, et là cueillez des Pommes (a), ou Poires à vostre ayse, tastans de l'une, puys de l'autre : et celles que ne daignez menger, portez aux villes vendre¹ et de l'argent, en avez quelque beau bonnet rouge (b), ou une jaquette noire doublee de verd. Autresfois au matin regardans d'où vient le vent, allez voir à vos pieges, que avez tenduz au soir pour les Renardz, qui vous desrobent ou Poules, ou Oyes, aucunesfois (la meschante beste) les tendres aigneletz, peu vous soucians de l'intemperie de l'air, fievres d'Automne, ou jours Caniculaires, ains en ces temps, aux autres perilleux, avez la teste nue aux champs, billans (possible) une

a. Var. : *Pompes.*
b. Var. : Intercalation de 1549 : *ou un couteau de bonne façon.*

> Affin qu'ils soyent plus fort rouges
> Il vous faudroit mener les vouges
> Et souffler à toute puissance.

Ici *vouge* voudrait donc dire soufflet.
Au féminin, dans la *farce du gaudisseur* :

> Il y engrossa une vouge
> Qui avoit nom dame Bietrix.

troisième signification.
M. Guichard traduit par *espèce d'arme, serpe, faucille.* Ce n'est point *serpe*, puisque du Fail nous représente l'homme ayant *la serpe bravement passée à la ceinture*, mais plutôt une longue gaule portant un fer analogue au *croissant* des élagueurs. V. Littré au mot *vouge*.
1. Ne croirait-on pas entendre le refrain de la Chanson populaire :

> C'est bien bon pour les Parisiens?

gerbe de bled, ou raccoustrans un fossé; par ce moyen estes forts, robustes, allaigres, plus la moitié que gens de ville, n'aymans que mignarderie, souz l'ombre, ne sentans leur homme, fors en la brayette [1]. Au moyen dequoy un bon Capitaine ayme un Soudart nourry en ses jeunes ans aux champs, ce que j'ay veu lorsqu'il estoit question d'aller à Pharingues [2]. Que si vous tombez en quelque maladie (comme c'est une chose naturelle) vous ne cherchez clisteres, purgations, saignees, et telles badauderies : car vous avez le remede present en vostre Jardin, de bonnes herbes, desquelles la vertu vous demeure quasi hereditalement de pere en filz. Qu'est ce doncques, mes enfants, que je vous diray davantage? Je pense qu'il ne reste rien à vostre totale felicité, fors l'amour du grand Berger [3], laquelle, comme je pense, vous incite à acquerir par vertueux faitz, provenans des bons et fructueux enseignements que nostre Curé, de sa grace, vous expose, aussi qu'en conscience il y soit obligé. Pourquoy je le prierai, celuy grand conservateur de nos troupeaux, qu'il nous doint [4] graces de ne forvoyer du chemin baillé à nous autres pauvres viateurs [5], me recommandant à voz bonnes graces, vous

---

1. *Fors* et non *fort*. La première rédaction est : *en rien ne sentans leur homme*. C'est la réflexion qui a fait ajouter à l'auteur : *excepté par le point caractéristique du sexe*.

2. Rabelais parle aussi de cette ville de Pharinges (*pharynx*) qui estait située dans la bouche de Pantagruel.

3. Ici *le grand berger* est pris dans le même sens que *le grand architecte* par les francs-maçons.

4. Donne.

5. Voyageurs.

priant prendre tout à la meilleure part, comme le vostre ami, et d'un vieillard resveur. Maistre Huguet vouloit poursuyvre la fin et yssue du disner, mais Pasquier luy interrompit son propos, disant à Anselme : Le banquet estre tresbien deschiffré, et en bon ordre. C'est mon (fit Anselme) mais encore ne savons nous le departement, et comme le reste du jour s'employe. Vous m'avez (dist maistre Huguet) rongné la queuë de mon propos quand je le voulois achever, mais bien, or escoutez. La deliberation finie, retournoient tous au logis, frais et deliberés, ou recommençoient à chopiner de mesme et de plus belle : et lorsqu'ilz estoient venuz au poinct, et qu'ilz en avoient tout le long des sangles, commençoient à chanter de la plus haute mesure qu'on ouyt oncques : A vous point veu la Peronnelle. Au bois de dueil. Qui la dira. Alegez-moi, douce plaisant' Brunette. Le petit cœur. Helas, mon pere m'a mariee. Quand les Anglois descendirent. Le Rossignol du bois joly. Sur le pont d'Avignon. Mon Dieu, je viens vers vous demander alegeance. Tenez mon pain. Qui veult du lait, sur quoi ont esté faites Je sens l'affection, sa response, et autres telles chansons plus menestrières que musiciennes [1], que Pan-

---

1. Cette expression nous rappelle le titre d'un petit volume peu connu : *Le Recueil des chansons tant musicales que rurales*, à Rouen, pour Bonaventure Belis, près Sainct-Erblanc, devant la Cigonne, 1572. L'opposition entre *rurales* et *musicales*, de même que celle entre *ménétrières* et *musiciennes* est bien significative. Elle a été à la mode pendant un demi-siècle au moins. Nous croyons devoir donner, à propos de l'une des chansons citées par du Fail : *Au boys de dueil*, une sorte de pot pourri fait des premiers vers de

phagos, fermier du sire Fiacre, avoit composees en lui portant du laict baraté pour refroidir sa

diverses chansons, qui porte dans notre recueil le titre :

LA MERE DES CHANSONS.

Au bois de dueil à l'ombre d'un soucy
Aller m'y fault pour passer ma jeunesse.
  La vire Jean Jeannette.
  Au verbuisson mon cotillon
  Sansonnet, le buissonnet.
  Les gens dient belle,
  Que c'est vostre amy.
  Non est (ce dist elle)
  Las, il est trop petit.
  La duron du boys m'amye
  M'amye Margot.
A l'ombre de la soucie joüer m'en vay.
  Sur le pont saint Michel
  J'ay soufflé ma chandelle,
  Là j'ay trouvé Bitrou,
  Bitrou m'amye la belle.
N'avons point veu la Peronnelle
Que les gensdarmes ont amené ?
  Turelututu, capin, capeau,
  Turelututu, capeau pointu.
Et robbe de bureau,
Chausses deschirees
Souliers de drappeau.
Allez dire à ceux d'Amboise
Qu'ils ont dementy le Roy
Et si ont dit à la Royne
Madame, il n'est pas vray.
  Si je n'ai de vous
  Quelque bon secours
  En danger suis de mort.
Tandis que le moulin mouloit   *bis.*
Et le musnier la bistoquoit   *bis.*
Et loup mange l'asne
La sombredon la don don.
Or tien toy bien a l'ombre du bois,
Gentil, joly, petit bon homme,
Or tien toy bien à l'ombre du bois
Petit bon homme, ou tu cherras.

femme en la ville et cité de Sirap[1]. Cela fait, reprenoient, sans intermission ou repos, à dringuer, tant que tout le monde fust saoul. Dont l'un (après que chacun avoit pris congé) convioit toute la bende au prochain Dimanche à mesme banquet, et pareilles ceremonies, où estimoit leur faire gode chere[2], s'il ne luy coustoit plus de je ne sçay quoy. Si tost qu'ilz estoient retournés

    Joliet est marié   *bis.*
    A la fille d'un abbé   *bis.*
Que fera Binette, duron la durette
Que fera Binette au chasteau Gaillard?
Bastienne, Bastienne, vostre mary est venu.
    Il estoit au vieil crochu
    Sa femme estoit fort rusée
    Il advint une journée
    La mena chez son curé.
Dieu mette en malle semaine
    Qui m'a desbauché.
Tout au long de la semaine
    Je n'ay rien gaigné.
Ce qui m'est deu n'est pas perdu
Mais il est bien adventuré.
    Elle enragera la vieille
    S'elle n'est mariee vrayment.
Quand j'estois petite garce,
Au vert buisson mon cotillon.
    Et du demourant
Marirons nos filles, la tourelourifa.
    Tire tes chausses, Guillemette,
    Il n'a pas argent qui veut.
    Estes-vous à l'hostel, Perrette?
    Faites-vous les porreaux bouillir?
    Or my rendez mon Karolus,
    Tant belle jeune fille.

1. Paris. Anagramme comme *Spira, Rispa* dont se sont tant servis les pamphlétaires du XVIIIe siècle.

2. Bonne chère, évidemment de l'anglais *good* comme dans la locution également bretonne *god ale*, bonne bière, d'où est venue l'expression *godailler*.

à la case, le bon père de famille s'informoit diligemment (s'il lui en souvenoit) comme ses bœufs, vaches, brebis, porcz avoient esté pansés, et comme tout le mesnage se portoit. Au reste (après avoir osté sa robe, et jà commençant à se desacoustrer) distribuoit les affaires du jour subsequent, selon que bon luy sembloit, et en ce poinct voluntiers s'endormoit le bon homme sur ses genoux. Que si le chat se trouvoit là, donnoit deux coups de sa patte à ses trique-dondaines[1] qui pendoient : car en ce temps n'avoient hault de chausses, comme non vilotières[2], mais brayes; toutesfois les siennes estoient pour lors à la lexive (a). Après que la bonne femme avoit chassé la (b) bête, et couvert le feu, faisoit aller au lict son bonhomme, toutesfois après avoir donné ordre que tout fust le lendemain prest pour charruer au clos devant, et que si le soc n'estoit en bonne pointe, on l'eust au matin porté au Plessis, à la forge, chez Guyon Jarril; et s'il n'estoit à la maison

a. Var. : *Ou à seicher, je ne scay lequel,* ajoute l'éd. de 1549.
b. Var. : *La maudite bête.*

1. Bourses.
2. Cette incise *comme non vilotières,* supprimée dans l'édition de 1549, ne sert qu'à embrouiller la phrase. *Vilotière* a un sens très-déterminé, dans ces paroles d'un mari jaloux à sa femme :
    Trop estes, dit-il vilotière.
                   Roman de la Rose.
Il est difficile d'appliquer aux hauts de chausses (culottes à pont) ou aux brayes (culottes ouvertes par devant) un terme qui indique un défaut de sagesse dans la conduite.

qu'on l'eust porté à Chantepré : car là y avoit un très bon rapetasseur de socz (a). Par mon ame (fit alors Lubin) le conte nous est si bien mis devant les yeux, ô compere, que proprement me semble y estre, et voir le bon homme Robin le Clerc (b) s'esbattant ainsi à jazer, et envoyer quelcun à la forge. C'estoit un grand allant (dit Anselme) et me semble l'avoir autresfois veu. Ouy bien, fist maistre Huguet, si vous avez voulu, et estoit de ce temps, dequoy vous ay parlé. Puisque le compere Lubin a mis en termes ce bon lourdaud Robin le Clerc (respond Pasquier) il me semble qu'il ne sera que bon, qu'il die ce qu'il luy a veu faire : car ilz ont demeuré en un mesme village. Puis que la compagnie, dict Lubin, me commande qu'en mon renc je conte de Robin, j'en diray comme je l'entends, après vous autres, à fin que la peine soit egale. Ce qu'à luy accordé par l'assistance, commença.

V.

De Robin Le Clerc, compagnon charpentier de la grand' Dolouëre.

Robin, dont est question, fut moult preud'homs, par ma conscience (c), et fut celuy de tout son quartier qui autant bien faisoit un gueret; qui inventa; la bonne personne (d),

a. Var. : *Mareschal.*
b. Var. : *Robin Chevet.*
c. Var. : *Aussi que tel il se clamoit,* ajoute l'édit. de 1549.
d. Var. : *Le riche homme.*

mille beaux mots concernans le fait d'agriculture, imposant à signifier à beaucoup à la bonne foy, et sans mal penser. Voluntiers après souper, le ventre tendu comme un tabourin, saoul comme Patault, jazoit le dos tourné au feu, teillant bien mignonnement du chanvre, ou raccoustrant à la mode qui couroit ses botes (car à toutes modes d'ordinaire s'accoustroit l'homme de bien) chantant [des mains et cousant de la gorge mignonnement [1]], comme il le sçavoit faire, quelque chanson nouvelle. Joanne, sa femme, de l'autre costé, qui filoit, lui respondant de mesme; le reste de la famille ouvrant chacun en son office : les uns adoubans les courroyes de leurs fleaux, les autres faisans dents à rateaux; bruslant hars pour lier, possible, l'aixeul [2] de la charrette, rompu par trop grand fais [3], ou faisant une verge de foüet de neflier (a) ou meslier. Et ainsi occupés à diverses besongnes, le bon homme Robin (après avoir imposé silence) commençoit (b) le conte de la Cigogne, du temps que les bestes parloient (c) ou comme le Renard desroboit le poisson [aux poissonniers [4]]; comme il fit battre le Loup aux Lavandieres, lors qu'il l'apprenoit à pescher; comme le chien et le chat alloient

a. Var. : *Mesplier.*
b. Var. : *Un beau conte du temps que les bestes parloient.*
c. Var. : Intercaler d'après l'édit. 1549 (*il n'y a pas deux heures*).

1. Addition très-probablement inspirée à du Fail par la lecture de Rabelais.
2. Essieu.
3. Faix, charge.
4. Rétabli d'après l'édit. de 1549.

bien loing; du Lyon, roy des bestes, qui fist l'asne son lieutenant, et voulut estre roy du tout; de la corneille, qui en chantant perdit son fromage; de Melusine; du Loup garou, du cuir d'Asnette [1], du Moyne bourré [2]; des fees [3], et que souventesfois parloit à elles familierement, mesme la vespree passant par le chemin creux, et qu'il les voyoit dancer au bransle, près la fontaine du Cormier, au son d'une belle veze couverte de cuir rouge, ce lui estoit advis, car il avoit la veuë courte, pource que depuys que Vichot (a) l'avoit abattu de coups de trenche par les fesses, les yeux luy avoient tousjours pleuré : mais que voulez-vous? nous ne nous departons les fortunes. Disoit (en continuant) que en charriant le venoient voir, affermant qu'elles sont bonnes commeres, et voluntiers leur eust dit le petit mot de gueule, s'il eust bien osé, ne se deffiant point, qu'elles ne lui eussent joué un bon tour. Aussi que un jour les espia, lors qu'elles se retiroient en leurs caverneux rocs, et que soudain qu'elles approchoient d'une petite motte, elles s'esvanouissoient [4] :

a. Var. : *Guevichot.*

1. Très-probablement de *Peau d'asne.*
2. Le moine bourru (velu), superstition bretonne et berrichonne.
3. Les fées tiennent dans la mythologie des peuples du Nord la place des nymphes de la mythologie antique. Comme elles, elles dansaient la nuit dans les clairières. C'est de la fontaine de Saint-Aubin du Cormier que veut parler du Fail. Il y a en Bretagne plusieurs *pierres* ou *fontaines, aux fées.* Jeanne d'Arc entendait ses voix près d'une *fontaine des fées.*
4. Cette poursuite des fées qui disparaissent toujours

dont s'en retournoit, disoit il, aussi sot comme il estoit venu. En ce disant, fault penser qu'il ne rioit aucunement, ains faisoit bonne pipee. Que si quelcun ou une se fust endormie d'aventure, comme les choses arrivent, lors qu'il faisoit ces haults contes (desquelz maintesfois j'ai esté auditeur) maistre Robin prenoit une chenevote¹ allumee par un bout, et souffloit par l'autre au nez de celuy qui dormoit, faisant signe d'une main qu'on ne l'esveillast. Lors disoit : Vertu goy? j'ay eu tant de mal à les apprendre, et me romps icy la teste pensant bien besongner, encores ne daignent ilz m'escouter? Que s'ilz ne rioient de ce, la vaillante personne (*a*) faisoit un pet à trois parties qui les esbaudissoit tous², et rioient desmeshuy à toutes restes. Le bon homme, las de conter (pource qu'il s'oublioit le plus souvent en ses fables) demandoit à Joanne sa femme un petit à boire, le tout pour la pareille, et qu'il avoit bien gaigné : et de ce en vouloit croyre tout le monde, et elle pour la premiere. Vous souvienne de vostre propos, dist maistre Huguet, n'estoit elle pas fille de Thibaud l'Escouvette (*b*) ce bon gautier³? De celuy

  a. Var. : *Le preudhoms.*
  b. Var. : *Colin Garguille.*

subitement est une des hallucinations propres aux voyageurs nocturnes des campagnes. Le jour, où la perception distincte d'un objet, comme la motte de terre du bon homme Le Clerc, ramènent à la réalité et font évanouir le follet, le lutin, le sylphe, la fée.
  1. Brin de chanvre séché servant d'allumette.
  2. Faut-il renvoyer à l'*Art de peter* pour donner la formule de cet exercice musical?
  3. Bon vivant.

sans autre (respondit Lubin) et estoit vostre cousine remuee d'une busche, et ce par devers la paille (a). Pour revenir, la bonne femme ayant un pot en sa main, commençoit comme par force à y aller, disant qu'il avoit tousjours cinq solz ou soif; et qu'elle pensoit fermement qu'il eust un charbon au ventre, et que hardiment une autre fois ne retournast pas; car plustost creveroit de soif qu'elle daignast faire un pas. Je voudrois bien (dist lors Pasquier) que la femme de chez nous m'eust tant contesté, je crois que Martin baston trotteroit. Vous dites vray, respondit Lubin, si à chacune injure que me dit ma femme je lui donnois un coup de baston, il y a plus de dixneuf ans qu'il ne seroit nouvelle d'elle. Mais escoutez comme elle lui disoit que tousjours estoit sa coustume de l'embesongner à luy aller querir à boire, et qu'il n'y sauroit envoyer un autre, pource qu'il voyoit bien qu'elle estoit empeschee à devider du fil meslé et qu'elle voudroit qu'il fust en gage de ce qu'il luy faloit. Robin ne la voulant contrarier, disoit qu'il ne luy en chaloit, mais qu'il beust; et s'efforçoit de luy complaire, disoit que peu luy demandoit à boyre, et que c'estoit une fois entre cent, et que une fois n'est pas coustume; outre, que si elle vouloit tousjours ainsi tencer, il aymeroit mieux aller boire à la riviere, la priant à jointes mains qu'elle ne lui fist tant acheter, ou que, par sa foy, s'en iroit le lendemain chez la musniere, qui tenoit taverne à Noyal, où là meneroit leur diseur de

---

a. Var. : *La couette*, mot encore usité en Normandie et dans le Berry pour signifier un lit de plume, un matelas, une paillasse.

salutz (*a*) pour chanter tout leur saoul, et qu'il aymeroit autant estre je ne sçay où. Surquoy elle luy respondoit qu'elle ne s'en soucioit gueres, et que c'estoit bien sa coutume; mais (au moins) le prioit, qu'il ne la voulust battre quand il seroit yvre, comme luy estoit chose bien accoustumee, et qu'elle se esbahissoit qu'il n'avoit honte. Ha par ma vie (disoit lors Robin, voyant qu'il ne la pouvoit avoir par force) j'aimerois mieux estre en enfer (*b*), ma Janne ; à qui Dieu veult ayder, sa femme se meurt. Allez, m'amye, allez; que le meilleur des diables vous rompe le col (*c*), vous asseurant que j'aymerois mieux avoir mangé une chartee de foin pour crever, que tant languir. La bonne femme, rechignant comme celuy à qui on pense une bosse chancreuse et seringue une chaudepisse, troussoit ses agoubilles [1] pour aller tirer du vin, avec protestation qu'elle tirast de celuy d'auprès le mur, et qu'elle ne feignist à l'emplir ; parce que Roulet Lambin (*d*) estant survenu, demandant une coingnee à prester, boyroit bien. Elle revenue leur bailloit le pot, comme par despit; surquoy ilz se ruoyent si brusquement qu'il ne sembloit pas qu'une mousche y eust beu [2]. Elle voyant, disoit que s'il eust esté honneste homme, lui eust pour le moins offert le verre; neantmoins qu'elle ne l'eust pas prins, et que hon-

---

a. Var. : *Où là meneroit Dam Armel Augier où boiroient tout leur saoul.*
b. Var. : *Je ne sçay ou.*
c. Var. : *que Dieu vous fasse la teste mieux couverte.*
d. Var. : *Lambart.*

1. Ramassait ses menus ustensiles de travail.
2. Eût pu y boire après eux.

nestes gents se montrent où ilz sont, et qu'il luy en souviendroit par son Dieu. Puys, ayant les mains sur les deux hanches et en plorant, commençoit à belles injures; dequoy le povre Robin rioit à pleine gorge, disant qu'il congnoissoit bien le naturel de la Damoyselle, et que c'estoit une femme pour tous potages[1]; qu'elle avoit prins sa teste[2], que c'estoit un diable coiffé et encores pis : que le diable luy avoit forgé le moule à chaperon[3], qu'il n'y avoit rithme ne raison en tout son affaire; que voir un homme ayant teste de cheval est chose fort estrange, mais une femme sans malice encore plus; et que la bonne beste sembloit au chien, qui cloche quand il veult : aussi que à poinct nommé elle ploroit, et que vrayment elle avoit un quartier de la Lune en la teste[4]. Mais voyant qu'elle le commençoit à gaigner de paroles, et que desmeshuy[5] n'y avoit ordre d'avoir patience, il commandoit que tout le monde s'allast coucher, et qu'il feroit bien son appointement : par ce moyen, au matin estoient plus grands amys que devant. Saint Quenet! dist alors Anselme, voylà bonne forme de quereller et d'appointer, que je ne voudrois toutesfois estre chez nous, et vous prie ne le dire à ma femme; car trop lourdement se courrouceroit tous les jours avec moy; puis vous sçavez que je ne pourrois

1. Que ce n'était qu'une femme.
2. Qu'elle voulait faire la maîtresse. — 3. La tête.
4. La lune et les femmes ont fourni beaucoup de plaisanteries de cet ordre qui toutes dérivent de la prétendue influence du mois lunaire sur les *mois* des femmes. De là à les appeler lunatiques et à les identifier aux fous, il n'y avait qu'un pas.
5. Désormais.

si souvent appointer, sans grand interest de ma personne. Sur mon Dieu, quand tout est dit (dist Pasquier) à nous autres vieillardz rassotez, ne nous sont gueres duisants telz menuz plaisirs ; car desmeshuy ne nous fault que le mol lict et l'escuelle profonde ; de ma part je quitte le mestier à ces jeunes gens de frais esmouluz. Vrayment (dist maistre Huguet) compere, vous le pouvez bien, et ne point plaindre le temps passé ; car j'ai veu qu'il n'en y avoit que pour vous ; rien ne se tenoit devant vous ; vous estiez le chien au grand collier[1], le plus rusé de tout le païs, et le plus grand abateur de bois qui fust d'icy au gué de Vede. Ne vous souvient il de ces grands litz où l'on couchoit tous ensemble sans difficulté ? Oui, ma foy, dist Pasquier. Mais je vous prie dire un peu ce qu'en sçavez ; non pas de ce qui fut fait, mais la cause pourquoy on a osté cette bonne coustume.

VI.

La difference du coucher de ce temps et du passé : et du gouvernement de l'amour de village[2].

Du temps qu'on portoit souliers à Poulaine[3] (mes amys) et que on mettoit le pot sur la

---

1. Chien qui conduit les autres. Scarron parle
    De ces auteurs au grand collier
    Qui pensent aller à la gloire
    Et ne vont que chez l'épicier.

2. Confronter ce chapitre avec la *nouvelle CII* de Bonaventure des Periers. L'édition donnée par M. Lacour dans la *Bibliothèque elzevirienne* rétablit le texte d'après les *Propos rustiques*.

3. Souliers à longues pointes qu'on relevait et qu'on

table, et en prestant l'argent on se cachoit, la foy des femmes vers les hommes estoit inviolable : et n'estoit aussi loysible aux hommes, fors de jour ou de nuict, vers leurs preudes femmes l'enfraindre; ainsi estoit une coustume observee reciproquement, dont n'estoient moins à louer, qu'en merveilleuse amiration. Au moyen dequoy Jalousie n'estoit en vigueur, fors celle de mal aymer, de laquelle les Janins[1] meurent. A l'occasion de ceste merveilleuse confidence, couchoient indifferemment tous les mariez, ou à marier, en un grand lict fait tout à propos, de trois toises de long et de neuf piedz de large, sans peur ou crainte de quelque demesuré pensement, ou effect lourd : pource qu'en ce temps là les hommes ne s'eschauffoient de voir les femmes nues, et n'aymoient l'un l'autre que pour conter leurs pensees. Toutesfois depuys que le monde est devenu mauvais garçon, chacun a eu son lict distinct et à part, et pour cause; aussi pour obvier à tous et chacuns les dangers qui en eussent peu sourdre. Pource que depuis que Moynes, Chantres, et Escoliers commencerent à peregriner, jeter le froc aux choux, differenter de convent, vicarier et s'emanciper hors leur territoire, on fit par commun advis lits

---

agrafait parfois au genou.
 1. Ou *jenin*; sot, sot mari surtout :
> Mes bourgeoises, sans nul sejour
> Partent et se mettent en voye
> Un peu devant le point du jour
> Affin que nesung (personne) ne les voye.
> ... au ruisseau crottent leurs souliers
> Affin que Jenyn Dada croye
> Qu'ilz viennent de Haubervilliers.
>   Coquillart. *Monologue des Perruques.*

plus petitz au profit d'aucuns mariez (parce que le pain suyt le jeu à la trace), et merveilleux interest pour les femmes, jouxte le dire de mon voisin Baudet. Maudit soit le chat, s'il trouve le pot descouvert, qui n'y met la patte; aussi qui ne sçait son mestier, si ferme sa boutique, et aille aux prunes. Sur ma foy (dist Pasquier) la mode n'estoit que bonne : mais puis que toutes choses se changent, je pensois bien qu'elle ne demeureroit pas la derniere. C'est mon[1] (dist lors Anselme) vous voyez toutes bonnes façons de faire s'abastardir : car (puis que vous avez parlé de la façon du coucher) pensez-vous, à vostre avis, que les amours des anciens se demenassent comme celles d'aujourd'huy? Nenny vrayment (dit Lubin) je le sçay bien pour moy : car quand il fut question de me marier à vostre niece, j'avois d'aage trente quatre ans, ou environ, auquel temps ne sçavois que c'estoit estre amoureux, fors à la Vulcaniste, qui est de tant froter les pierres l'une contre l'autre, que le feu en sort[2]; encore moins comme il s'y falloit gouverner, sinon que ma feuë mere grand (dont Dieu ayt l'ame) me montra le moyen de m'y enharnacher : avisez si aujourd'huy le jeune homme passera quinze ans sans avoir pratiqué quelque cas avec ces garses, comme chancre, fossettes, veroles, chaude pisse, ou estre ja marié. Au moyen dequoy les enfants d'aujourd'huy ne semblent que nains au regard

---

1. Vraiment!
2. L'explication de l'expression *à la vulcaniste* a été supprimée dans l'édition de 1549.

des anciens. Quoy? En l'aage de dix huict ans est blasmé, quand n'entretient les Dames, ne muguette les filles, ne fait le brave, le mignon; et faut qu'en despit de lui il erre avec cette sotte multitude, pour estre compagnon en malheur, s'il ne se veut ouyr appeler partial, solitaire, veau, melancolique, se reiglant de sa teste[1] opiniastre. Maistre Huguet print lors la parole, disant avoir ouy dire qu'un homme ne peut estre galand, brusque (a), escarbillat[2], esperruqué, et renommé moderne, s'il n'a hanté les gens, et frequenté les personnes, mesme les femmes, dont les unes sont sages en tout temps, les autres sottes tout outre : et qu'anciennement peu estoient qui fussent rustres, et qui entendissent poinct d'honneur d'amour, vertu et autres honnestetez d'aujourd'huy. Et puys (disoit il) que avez (b) parlé de vos amours, je vous dirai la façon des antiques. C'est qu'un bon lourdaud d'adoncques[3], ne sentant rien du brave qui en ayma dix (c), au busq accoustré, comme d'une saye sans manches, le beau pourpoint de migraine[4], bordé de verd et coupé au coude, la bonnette rouge (d), le chapeau dessus,

---

a. Var. : *Et sçavoir son entregent s'il n'a conversé et hanté avec les femmes d'amour.*
b. Var. : *Que avez-vous parlé.*
c. Var. : *Bien brusquement, et.*
d. Var. : *Le petit bonnet rouge.*

1. N'en faisant qu'à sa tête.
2. Hardi.
3. D'alors.
4. Etoffe rouge comme la graine de la grenade qu'on appelait alors *migraine*.

auquel pendoit un beau bouquet (*a*) et bien mignonnement composé, la chausse jusques aux genoux, et pour cause, les souliers descouverts, la ceinture bigaree, pendante sur les souliers : le bachelier ainsi frisque, tabourdant des pieds sur un coffre, disoit le petit mot à la traverse à Janne, ou Margot, et soudain regardant s'on ne le voyoit (*b*), l'empoingnoit, et sans dire mot, la jetoit sur un banc, et le reste, je le vous laisse à songer. La besongne parfaite, secouoit les oreilles, et vire (*c*), après toutesfois avoir donné un brin de Marjolaine à la Done, qui estoit la plus grande recompense, et entretien d'Amour, qu'on eust pour lors : neantmoins que je ne dis pas que un ruban n'eust esté receu, ou une ceinture de laine, mais c'eust esté à grand' peine; car trop se fust sentie obligee. Regardez, ô muguetz, qui savez que c'est, et qui en faites mestier, si par tel moyen viendriez à ce but pretendu, que vous appellez le don de mercy, le contentement, la recompense du travail, le cinquiesme point d'amours, et aucuns Docteurs, le vieux jeu, l'ancien mestier, et la jolie gentille patarrade (*d*) des cymbales ou manequins[1]. Non certes (asseurement monachal) ains par longues et enormes protestations vous desesperez, vous mettez aux champs, parlez

a. Var. : *Auquel pendoit le bouquet.*
b. Var. : *Si l'on le voyoit point.*
c. Var. : *Vie* (s'en va).
d. Var. : *Et le joly gentil petit jeu* des cymbales.

1. Pour cette série de synonymes, nous renvoyons les lecteurs désireux de la compléter aux *Erotica verba* de l'édition de Rabelais, par de l'Aulnaye.

seulz comme Lunatiques, envoyez rithmes, estes aux aubades, allez emmasquez, donnez de l'eau benite à l'Eglise, faites la court, changez d'accoustrements, laissez belles signatures chez les marchands, entretenez gens pour vous seconder (a), endurez des personnes en vos propoz, fondez querelles, contrefaites l'audacieux, estes (ce que l'on dit) hardiz entre les femmes, et muguets entre gens de guerre : car quelque fois avez la commodité de parler à elles en privé, vous estes les plus mauvais que l'on sçauroit voir, comme dire : Hée, ma maistresse, voulez vous que, pour vostre amour conquerir, je me rompe le col? mais pource que cela est un peu fascheux, je combattray, et fust le Turc, qui est grand terrien [1]. Par la vertu saint Quenet [2], belle dame, ceste derniere guerre (je croy que ce fut aux vents de Parpignan) (b) je feis un coup de ma main, et seulement pour un simple souvenir de vous, dont toute la troupe, je ne dis rien. Haa, ma dame, mon souvenir, mon bon espoir,

a. Var. : *Pour vous seconder en vos propos.*
b. Var. : *à Luxembourg.*

1. *Terrien* veut dire homme.
  Et, sang bieu, il n'est terrien
  Q'endurast chose tant frivole.
    (*Moralité nouvelle. Ancien Théâtre français.*)
et aussi possesseur de terres.
  L'Empereur est grand terrien.
    (Marot. *Première epistre du coq à l'asne.*)

2. Il y a des saints spéciaux pour les jurons. Saint Quenet est de ceux-là, comme saint Gris que nous rencontrerons plus loin et qu'a illustré Henri IV. Quenet est particulier à la Bretagne et est le nom Kent, francisé. On jurait encore : par la dive oye Guenet.

ma fermeté, mon petit cueur gauche, mon soulas¹, mon Romarin sans teste. Helas amour, Las qu'on cogneust, Je sens l'affection, Perrette venez tost, De ce brandon, Puys que vivre, N'est ce pas grand'cruauté! ² Quoy? que voulez vous que je vous offre, dites vous (a), fors ma personne, de laquelle, tant y a qu'elle est à vostre service, que pouvez en disposer comme d'une chose toute vostre, vous asseurant que si me faites tant de bien de me recevoir des vostres, et croyre que le nombre de voz serviteurs est creu, vous trouverez en moy non moins d'obeissance qu'en ceux qui couchent toutes les nuictz avecques vous³, ou que le cueur sera disposé pour l'effait mettre à fin. De toutes lesquelles belles prieres et requestes avez au bas d'icelles signé: Je ne vous congnois point : qui est à dire que devez estre serviteurs deux et trois ans ⁴, vous acommodans à toutes les inepties, sotises, bestries, nyaisetez, chiardries, resveries, mignardises, pusilanimitez, impudicitez, vertevelleries, manequinages, lourderies, ignorances, et asneries ; pleurer quand on pleure, et rire quand on rit, perseverans en

a. Var. : (dites-vous après).

1. Joie.
2. On ne voit pas ce que viennent faire là ces nouveaux titres de chansons.
3. Ce dernier membre de phrase n'existe pas dans l'édition de 1549.
4. L'édition de 1549 passe immédiatement après ces mots à : persévérans en votre folie. Tout ce qui suit ne sert qu'à accentuer mieux la pensée d'après les procédés rabelaisiens.

vostre grand'folie, à fin qu'on cognoisse ¹ vostre constance asseuree et maintien non variable. Ce pendant il survient quelcun plus rebrassé ² que vous, qui vous ruse ³ autant loing que vous estiez près, et lors est un duo à quatre diableries (a) : car en despit de vous il fault faire la court à ce nouveau survenu, pour luy tirer les vers du nez, et là cautement ⁴ dissimuler, et faire bonne pipee ⁵ ; lui affirmer que du tout vous ⁶ estes retiré d'elle, et que trop longuement y avez perdu et le temps, et voz pas, et qu'elle ne merite qu'un homme de bien entreprenne rien pour elle, veu que à tous fait un mesme visage, sans recompenser celuy qui a desservi ⁷ delaissant la vertu, pour suyvre la badinerie de Floquet le jeune. Et en tous ces beaux mots le cœur ne parle point : car vous faisant, un jour après, une œillade, un souzriz de travers, un

a. Var. : *Est une vraye diablerie à quatre personnages*, leçon bien préférable à celle qui a prévalu.

1. L'édition de 1549 met ici *de*, formule qui était bien de la magistrature, à laquelle appartenait du Fail.
2. *Rebrassé* veut dire au propre *replié*. Au figuré Rabelais a dit : *entendement à double rebras*. Ici *rebrassé* signifie donc *habile, rusé*.
3. Les diverses éditions mettent : *ruse*. Nous préférerions *rue*. Le sens est évidemment : qui vous repousse, vous rejette (*ruer* a ce sens que n'a pas *ruser*) aussi loin que......
4. Adroitement. *Cautus* a fourni les mots *caut, cautelle, cautement, cauteleux*. Cautèle et cauteleux sont restés dans la langue, v. Littré, *Dict. historique de la langue française*.
5. Faire bon visage.
6. Les diverses éditions doublent le : *vous*. Nous suivons celle de 1549. *Retiré* a ici le sens de *dégagé*.
7. *Desservir* pour *servir*.

signe de gant (*a*) ou que vous puissiez toucher sa robe, ou luy lever son dé, ou son fuseau, vous estes (ce vous semble) les plus heureux du monde (*b*), et tres beatissimes, si vous en avez receu un baiser. Neantmoins que après que vous estes destourné de sa veuë, elle tire la langue sur vous, et si elle vous fait la mouë, elle se moque à tout le monde de vous (*c*), disant, que vous estes un très beau jeune homme, blond comme une jument baye, d'une belle taille, de très belle venue, et fort bien adroit à une table pour desservir bien habilement (*d*); et que vous serez homme de bien, s'il n'y a faute; si vous vivez vous aurez de l'aage; que vous avez bonne grace, mais que vous la portez de travers; et autres mots, desquelz si le moindre aviez entendu, vous [vous] iriez pendre de la honte qu'auriez, et mespris qu'elle a de vostre personne. Et puys allez vous y froter ¹ [et vous fiez en telles coquines, putes, maraudes, lorpidons ² et brigandes, qui desrobent l'un pour piller l'autre]. Comment? (dist lors Pasquier) après vous avoir bien escouté, Compere, à qui parlez vous? veu que telz muguets et petits braves

a. Var. : *Un coin d'œil.*
b. Var. : *De tout le monde.* Le reste de la phrase est supprimé dans l'éd. de 1549.
c. Var. : *Elle tire la langue sur vous, elle vous fait la mouë, elle se moque voyant* (devant) *tout le monde de vous.*
d. Var. : *Un tres beau jeune homme, de belle taille, de belle venue, bien adroit à une table pour desservir habilement.*

1. Le passage entre crochets a été supprimé en 1549.
2. Sorcière, magicienne. « Fut avisé par une vieille lourpidon que son royaume lui seroit rendu. » Rabelais.

ne seroient pas les bien venuz en noz villages?
aussi qu'il ne s'y en trouve nulz. Auquel respondist maistre Huguet, qu'il lui pardonnast, et qu'il s'estoit forvoyé [sortant les limites de sa paroisse ¹] : ce que bien cognoissoit, et que puis qu'il avoit tant poursuivy le conte, qu'il le acheveroit. Là doncques (a) (dist Lubin) et quelle façon de faire doit tenir le muguet susmentionné? Je veux (respondist maistre Huguet) qu'il laisse ces longues et fascheuses harangues, qui (pour la verité) ne mouvent en rien la Dame : car il aura plus tost conquis ce qu'il pretend, avecques un mot bien couché, et de bonne grace [si la Dame est courtoyse et debonnaire], joint un peu de ce que l'on met en la gibessière [s'elle est avarre], que par servir et faire le mignon long temps, qui est l'office d'un jobe (b)², ou caillette ³ : car (pensez vous) ilz en voient tant et de divers, lesquelz avec leurs bravades laissent passer, et sans flux, et y sont autant accoustumees, qu'un asne à aller au moulin : et me semble qu'on les peult comparer à ceux qui ont ordinairement gens de guerre, lesquelz sont

a. Var. : *Achevez donc.*
b. Var. : *d'un Jobelin bridé.*

1. Passage supprimé en 1549, comme tous ceux placés entre crochets.
2. *Jobe, jobet, jobelin.* Sot, niais.
3. *Caillette* a eu plusieurs significations, mais le mot en changeant d'acception a toujours conservé son caractère méprisant. Il vient très-probablement de *caille*, oiseau qui se laisse facilement prendre avec des *caillets*, appeaux fort simples. Il a pourtant aussi signifié *paresse.* Caillette était le nom du fou de François Ier.

tant duits [1] à les ouyr jurer, maugreer Dieu, et faire les mauvais, que pour toutes ces mines ne daigneroient bouger, s'ilz ne frappent à grands coupz de baston, ou mettent leur hoste au travers du feu, comme un fagot. Autant en peult l'on dire de noz Dames d'aujourd'huy, lesquelles ne prennent point de passe temps à voir un povre languissant se donner au diable et se desesperer, qu'à le voir à tous propos changer contenance, et perdre grace pour la veuë d'elles; lesquelles (ce me semble) fault qu'elles tiennent leurs cueurs avec elles envelopez : car en quelque forme qu'elles voudront le feront mettre et changer, comme feroit le Magicien avecques son image [2]. Mais quand nostre amoureux produit un brasselet de perles grosses comme pois (a), les portes fermees lui sont ouvertes [tres] grandes, comme à passer une chartee de foin, qui est le souverain remede, la clef de la besongne, la peautre [3] du navire, le manche de la charrue.

a. Var. : *Un baudrier bien clousté et en bon équipage.* C'est-à-dire une ceinture bien garnie de clous de métal précieux.

1. Habitués.
2. Allusion aux procédés d'envoûtement qui étaient encore en usage du temps de notre auteur puisqu'ils le sont encore aujourd'hui (v. *les Farfadets*, par Berbiguier).
 On employa le moyen contre Henri III. « Furent faites à Paris force images de cire qu'ils tenoient sur l'Autel et les picquoient à chacune des quarante Messes, qu'ils faisoient dire durant les quarante heures en plusieurs paroisses de Paris, et à la quarantième picquoient l'image à l'endroit du cœur, disans à chaque picqueure quelque parole de Magie pour essayer à faire mourir le Roy ».
 (Journal du Roy Henry III, ad. ann. 1589.)
3. Gouvernail.

Vous en parlez, à ce que je voy, comme experimenté (mon Compere) dist Anselme, et croy que vous avez passé par les piques. Par ma foy (respond maistre Huguet) [je ne sçay]; tant y a que se j'en voulois dire ce que j'en pense, j'en ferois un livre aussi gros que un breviere (a). Mais, (fit Lubin) ne se pourroient trouver quelques femmes, qui, non meües d'avarice ou convoitise, voudroient loyaument aymer ? Il s'en trouve (dist Huguet) mais [tant rares]! (b) De celles tant seulement parle, qui plus ordinairement font ainsy : car j'ay esté trompé, comme les compagnons. Je ne m'esbahis (fit lors Pasquier), si vous aviez tellement la matiere recommandee et en affection. Je vous diray (c), pource que desmeshuy, mal conviennent telz propos à nous autres vieillards; retournons aux premiers, qui ne touchent que preudhommie et antiquité : car par saint Aubert, vous ne faites que m'en faire venir l'eaue à la bouche, et eschauffer en mon double jaques, et nous avons bien fort affaire de savoir ce que vous faisiez tandis que vous estiez estudiant (d). Moy ? fit maistre Huguet, (e) à Dieu ne plaise, qu'estant escolier, je fisse rien ; avecques ce que les escoliers en ont, s'il en demeure : car en verité les femmes disent qu'ilz n'ont pas si tost attaché la brayette de leurs chausses, qu'ilz ne cherchent à grand hâte à qui le dire, [trop bien les rembareurs de boutiques

---

a. Var. : *Comme un breviere.*
b. Var. : *Mais de celles tant seulement parle.*
c. Var. : *Mais je vous diray.*
d. Var. : *Escolier.*
e. Var. : *Jà.*

après souper, et des Messerres Scriptorantes [1].]
En bonne foy (dist Lubin) si ay je autresfois
ouy dire qu'avecques la graine de fougere vous
aviez fait je ne sçay quoy. Haa, vous estes un
gallant. Maistre Huguet en souriant, et tournant
la teste à costé, disoit que Dieu pardonnast au
temps passé, et qu'il faut tous passer par là ou
par la fenestre [2]. Or bien (disoit il) dites donc
quelque cas de vostre village, Pasquier? Lequel
respondit qu'il n'avoit veu rien en son temps,
fors l'ancien Thenot du Coin, duquel tout le
monde savoit la vie. Je pense bien (dist Lubin)
que tous en ont ouy parler (a) : si est ce que
vous estes plus resolu en cela qu'aucun, à raison de la longue demeure près luy : parquoy
dites un peu de sa maniere de faire ; car cest
homme là fut fait en despit des autres, et vivoit
à sa guise, sans avoir regard aux façons d'autruy. Je diray donc (fist Pasquier) ce que bon
me semble, et se mouche qui voudra, s'il ne
veult avoir de la gaule par souz l'huys [3].

VII.

De Thenot du Coin.

En ce temps, dequoy avons parlé cy dessus, vivoit le bon homme (b) Thenot du Coin,

a. Var. : [*Mais*].
b. Var. : *Le preudhoms*.

1. Trop tapageurs et bavards.
2. Proverbe qui est resté populaire.
3. Proverbe qui ressemble un peu à celui-ci : qui se sent morveux, se mouche.

oncle de Buzando et cousin germain de Mouscalon (a). Ainsi appelé du Coin, pource que jamais ne sortit hors sa maisonnette, ou (pour ne mentir), les limites ou bords de sa parroisse. Par ce moyen luy estoit grand contentement attiser son feu, faire cuire des naveaux aux cendres, estudiant es vieilles fables d'Æsope, allant aucunesfois voir si les Geais mangeoient point ses pois, ou bien si la Taulpe avoit point beché en ses feves du petit jardinet, auquel avoit tendu des filetz pour les oyseaux, qui ne luy laissoient rien. Ha! vrayment, je diray bien cela, et sans mentir, que de deux boisseaux de feves qu'il sema, encores mesure de Chasteaugeron[1], n'en eut jamais un bon quart avecques ces larrons d'oyseaux; aussi ne demandez pas comme il les donnoit au diable. Et toutesfois, quand il les y trouvoit (et quasi tous les jours) il prenoit plus de plaisir à voir leur grace de venir, d'espier, et s'en rentourner chargez, qu'il ne faisoit à les chasser. Et puis quand quelcun lui disoit : Comment souffrez vous (compere Thenot) que devant voz yeux (b) ils vous gastent ainsi vos pois? Par la vertu saint Gris[2], si c'estoit moy!

a. Var. : *Oncle de Thibaud le Nattier et cousin germain de Pierre Muguet.*
b. Var. : *Visiblement et apertement.*

1. Dans l'ancien système de poids et mesures, il y avait des variations de ville à ville. Il est à croire que le boisseau de Chateaugiron présentait quelques avantages.
2. Saint Gris est, dit-on, une corruption de saint Graal, saint Greal, prononcé à l'anglaise. Tout au moins cette explication vaut-elle mieux que celle de Le Duchat, qui prétend que le juron d'Henri IV veut dire : Par le ventre de saint François, patriarche des moines gris.

Ho (respondoit le preudhomme) mon amy, je ressemble à ceux qui ont querelle avec gens bien parlans, lesquelz, devant qu'ilz les voyent, tuent et mettent à sac de paroles; mais lorsqu'ilz s'entrerencontrent, jamais ne fut amytié plus grande. Ainsi est il de moy; car cognoissant à veüe d'œil le degast qu'ils font (a) de mes pois, je n'en suis gueres content, et les souhaite le plus souvent en la riviere. Mais allant tout à propos les espier souz une coudre là auprès, et voyant l'industrie qu'ilz ont à regarder çà et là si j'ai point tendu quelques lacqs ou tresbuchet pour les surprendre, pour vistement s'en voler, je me rens content, considerant qu'il est necessaire qu'ilz vivent par le moyen des hommes. Quoy! et d'aucunesfois à peu près ilz m'attendent, bien sachans (ainsi je le cuyde) que ne leur veux aucun mal; et le plus souvent ilz font leurs nids en ma maison, comme l'Hirondel, et Passerons, et autres, tout joignant, qui aucunesfois entrent familierement dedans, ou viennent menger en ma court avec mes poules et oyes, où prens tel passetemps qu'un prince souhaiteroit, et à grand peine le pourroit avoir. Telles choses disoit le bon Thenot, sans mal penser. Et me souvient (disoit lors Pasquier en continuant ses paroles) (b), qu'estant jeune garçonnet, comme vous pourriez dire vostre fils Perrot (parlant à Lubin) il me menoit par la main. jazant avec son compere Letabondus (c), homme

---

a. Var. : *Que font ces oyseaux.*
b. Var. : *Son propos.*
c. Var. : *Triballory.*

fort rusé et asseuré menteur. Lesquelz assemblez en contoient en dixhuit sortes. Le bon homme Thenot ayant un petit baston à crochet, me faisant dire mille beaux mots à un chacun, et tous bien à point : puys, ma feu bonne femme de mere arrivant, comme de fortune, lui disoit : Par mon serment, compere Thenot, vous avez bonne grace de ainsi bien apprendre mon filz à parler; vrayment je vous suis fort attenue¹ : en bonne foy, vous estes aussy mauvais que l'enfant. Ouy dea, de beaux² (respondoit il) (*a*) laissez nous faire tous deux, et nous ferons de beaux bledz à moytié³ ; vous n'avez que voir ici, allez vous en filer. Lors je commençois (possible) à faire une maisonnette, et amasser force petits bois. Le bon homme de son costé rapetassoit quelque bagatelle, pour m'ayder, ou me faisoit un cousteau de bois, un moulinet, une fusee, une fluste d'escorce de chastaignier, une ceinture de jonc, une sarbataine de seuz⁴, un arc de saulx⁵, et la fleche d'une chenevote, ou bien une petite arbaleste, et le traict empenné de papier, [qu'il gardoit en sa fenestre] un petit cheval de bois equipé à l'avantage⁶, une charrette, un chapeau de paille, ou bien me

---

a. Var. : *Respondoit le preudhomme.*

1. Obligée.
2. Comme on dirait encore : Vous nous en contez de belles.
3. Ensemble, à nous deux.
4. *Seu, seur, seux,* sureau, dont la moëlle s'enlève facilement et donne ainsi le tube creux qui est la sarbacane.
5. Saule.
6. Pour le mieux.

faisoit un beau plumail (a) de plumes de chapon, et les me mettoit sur mon bonnet, au vieux busq¹, et en tel equipage suyvois le bon Thenot et son cher compere Resjouy (b), lesquelz cognoissans les choux et lard estre cuitz (ce voyans par les corneilles qui se retiroient des champs pour percher au boys, et du bestial, qui desja estoit mis au tect ²) s'en alloient le petit pas, disputans quelque matiere de consequence, comme de regarder par leurs doigts quand seroit la feste de Noël, ou Ascension; car tres bien sçavoient leur Compost, ou jugeoient de la serenité des jours subsequens par les bruines du soir; puis me chargeoient d'un petit fagot de bois qu'ilz m'avoient fait amasser, disans (en conscience) que jamais ne fault retourner à la maison vuyde, et que c'est le dire d'un bon mesnager. Eux, arrivez, se mettoient comme deux fourbisseurs vis à vis l'un de l'autre, et grand' chere; car tous deux mettoient très bien le nez au barril, s'il en estoit question. Apres souper recommençoient de plus belle à caqueter, escrivans au fouyer avec chacun son baston bruslé par le bout, affermans que cela sert moult aux lunatiques. Un quidam passant par ce païs, et adverti de la vie de ce (c) Thenot, non moins

---

a. Var. : *Plumart.*
b. Var. : *Triballory.*
c. Var. : *Du bon.*

1. Cette épithète, qui revient plusieurs fois, indique sans doute une mode dans la façon de porter le chapeau penché sur l'oreille.
2. Étable.

sainte que louable, escrivit sur sa porte, d'un charbon de saulx :

> Suyve qui voudra des seigneurs
> Les honneurs,
> Pompes et banquets de ville :
> Ne sont en moy telz labeurs,
> Et ailleurs
> Passe le temps plus tranquile.
>
> Mes jours se passent sans bruit,
> Au deduit
> De cette vie ombrageuse :
> Dont un doux fruit est produit,
> Et réduit
> A ma vie si heureuse.
>
> La mort me sera joyeuse,
> Glorieuse
> Mais à cil qu'est de tout congneu,
> Odieuse
> Et fascheuse,
> Estant à luy-mesme incongneu.

En (*a*) cest exercice passa son temps le bon Thenot, et vesquit jusques à la mort en despit des medecins, et mourut l'an et jour qu'il trespassa[1]. A la grande joie de Tailleboudin son filz, heritier principal, et noble, qui peu de temps après sa mort mit tout par escuelles, fut un terrible potagier, et mit un ordre non veu à ses affaires (*b*). Sçavez vous bien (dist lors Anselme) de quel mestier il est à ceste heure et quel trein il mene ? Non (respondit Pasquier) mais bien ay je ouy dire qu'on ne sçait où il est,

---

a. Var. : *Et en.*

b. Var. : *Et fust un terrible mesnager et qui mettoit une ordre non vüe à ses affaires.*

1. Drôlerie souvent rééditée.

et estime l'on qu'il soit pendu. Tant s'en fault (dist Anselme) qu'ainsi soit (*a*), qu'il fait plus grand chère que homme qui soit en la compagnie; et si voulez ouyr la methode, je la vous diray à deux motz. Lors prié par toute la compagnie, et ne refusant ceste charge, commença à dire (*b*) :

VIII.

De Taillleboudin, filz de Thenot du Coin, qui devint bon et savant gueux.

Comme a dit le compere Pasquier (dist Anselme) Taillleboudin desamassa [1] en peu de jours ce que le bon homme Jamet [2] avoit acquis en toute sa vie; car quand se veit toucher argent contant, il en departit à plusieurs dont (*c*) il avoit le plus souvent affaire : mais pour bien entretenir cest estat, vendit tout pour estre riche; car, disoit il, pensez vous que je me vueille damner pour les biens de ce monde ? Après qu'il eut bien gaudi et fait chere de toutes heures [3], il se veit de reste, de tout son bien, le livre des Roys [qui est un jeu de cartes], trois Dets, une Raquette, et une boëtte pleine d'onguens pour guerir

a. Var. : *Qu'il soit pendu, encores moins estranglé.*
b. Var. : *Ce qui s'ensuit.*
c. Var. : *Desquelz.*

1. Dissipa.
2. Thenot.
3. Costar dans sa *Défense des ouvrages de M. de Voiture* dit qu'il était homme de toutes heures, c'est-à-dire toujours prêt à obliger ses amis.

son chancre et des poulains qu'il avoit achetez au Lendit [1]; quoy voyant, et que personne ne le congnoissoit [et que les gens l'avoient oublié], aussi que la faim commença luy allonger les dents, fut l'un des Anges de Greve et bon petit porteur de hotte, crieur de bon garçon, et fort bon zelateur du bien d'amour (a). Un jour

a. Var. : *Crieur de Cotterets et gentil Cureur de Retrait.* Ces deux métiers sont plus faciles à reconnaître que celui de *crieur de bon garçon* et de *zélateur du bien d'amour.* Les *anges de Grève* étaient les crocheteurs.

Peut-être nous saura-t-on gré de trouver ici un tableau des cris de Paris au XVIe siècle. Le texte que nous donnons diffère en quelques points de celui que M. Kastner a déjà publié dans ses *Voix de Paris*, d'après le *Recueil de Maurepas*.

CHANSON NOUVELLE DE TOUS LES CRIS DE PARIS.

Et se chante sur la volte de Provence.

Voulez-vous ouir chansonnette
De tous les cris de Paris,
L'une crie allumette,
L'autre Fusils, bon fusils,
Costrets secs : à la male tache,
Verres jolis : qui a de vieux souliez
A vendre en bloc et en tasche :
Beaux œufs frais : gelez, choux gelez.

Auranges, citrons, grenades,
Fourmage hors de Milan ;
Salades, belles salades
Faut-il du bon pain challant,
A ramonner la cheminée
Hault et bas, vieux fer, vieux drapeaux,
Beaux choux blancs, ma belle porée
Moutarde, almanachs nouveaux.

Vin aigre bon, bon vin aigre,
Sablon à couvrir les vins,

1. En province c'était naturellement les jours de fêtes, aux pardons, aux kermesses, aux ducasses, au Lendit, foire qui se tient à Saint-Denis, depuis l'an 1336, qu'on trouvait surtout à acheter la marchandise précitée.

estant à Sirap (*a*) pour quelque affaire, je le

>Charbon de rabays en greve,
>Le minot à neuf douzains,
>Du grays, grays : à la fine eguille,
>J'ay la mort aux rats, aux souris.
>Antonnoirs, bons forets et vrilles,
>Ça chalants, à curer les puits.
>
>Argent cassé, vieille monnoye,
>Emouleur, gaigne petit,
>Croye de Champagne croye,
>Oublie, oublie, où est-il?
>A deux liards les chansons tant belles
>Douces meures, gentil fruit nouveau.
>A mes beaux cerneaux, noix nouvelles,
>Capandu, poires de Certiau,
>
>Gros fagots, seiche bourree,
>A mes beaux navets, navets,
>Chicoree, chicoree,
>Argent de mes gros ballets ;
>Noir à noircir, couvercle à lessive,
>Peignes de bouys, gravelé, grave l'eau,
>Beaux marrons, à l'escaille vive !
>Chaudronnier, qui veut de belle eau ?
>
>A quatre deniers la peinte,
>Gentil vin blanc et clairet.
>Eguillette de fil teincte,
>Argent du fin trebuschet,
>Vert verjus, oignons à la bote
>Harenc sor, panets, beaux panets,
>Beau cresson, carote, carote
>Pois verds, feves de marets.
>
>Prunes de damats, cerises,
>Quomquombre, beaux abricaux,
>De bon ancre pour escrire
>Beaux melons, gros artichaux,
>Harenc frais, maquereau de chasse
>A refaire les seaux et soufflets
>Cytroulles, filace, filace,
>Qui a de vieux chapeaux, vieux bonnets ?
>
>Fourmage de cresme, fourmage.
>Aux racines de percins,
>Rave douce, belle Asparge
>Beau houblon, peau de Conin (lapin)
>Gerbe de froment, foirre nouveau, foirre (paille)

---

a. Var. : *Paris.*

trouvay en front [1], et lui demanday la cause de la mutation de son estat, et s'il n'avoit point de honte d'ainsi estre Coquin et Maraud. Comment! (me respondit il) à qui penses tu parler? l'habit (comme tu sçais) ne fait pas le Moyne; si tu savois les commoditez et gains de mon estat, tu voudrois voluntiers changer le tien au mien; car j'ose bien dire et me vanter, sans faire tort à personne, que de tous les mestiers qui au matin se levent, j'en parlerois suffisamment et comme un autre; mais entre tous j'ay esleu le mien comme le plus lucratif et de meilleur revenu, et sans main mettre [2]. Et à fin que tu l'entendes, je ne me soucie de cinq solz, si tu les dois, encores moins de planter, semer, moissonner, vendanger. Rien, rien; j'ay tant de gens qui font cela pour moy! Tel a un porc en

> Bons rateliers, chambrière de bois.
> Beau May de houx, a la pierre noire,
> Ruben blanc, ruben, beaux lacets,
>
> A trente escus l'Emeraude,
> Et l'aneau de grand valleur,
> Feves cuites, toutes chaudes,
> Pain d'espice pour le cœur,
> Beaux chappelets, couronne royalle,
> De beaux coings, peches de Corbel,
> Beaux poreaux, gros navets de halle,
> Beaux bouquets, qui veut de bon laict.
>
> Figues de Marseille, figues,
> Beaux merlus, chervis de Trois
> Carpes vives, carpes vives,
> Beaux espinards, lard à pois,
> Escargots, tripes de moruë.
> Beaux raisins, bon pruneau de Tours.
> Ainsi vont crians par les rues
> Leurs estats, chascun tous les jours.
>
> (1572)

1. Je le rencontrai.
2. Sans avoir besoin d'argent d'avance.

son charnier, duquel je mengeray quelque lopin, qui toutesfois ne le pense pas; tel a cuit aujourd'huy du pain pour moy, qui ne le pensoit faire. Et n'estime (a) non, que si les accoustremens sont d'un coquin, que l'esprit soit lourdaut [ou pecore]. Viença, je gaigneray plus en un jour à mener un aveugle, le contrefaire (b), ou avec certaines herbes m'ulcerer les jambes pour faire la parade en une Eglise, que tu ne ferois à charruer un an, et travailler comme un bœuf, encores en estre payé à l'annee qui vient; à moy, il ne me donne qui ne veult, je ne prends rien à force; c'est une chose voluntaire et non contrainte. Mais escoute (me disoit ce ferial [1] Tailleboudin), j'entens le dire à ce mur là; Ayes bon bec seulement et je te feray riche si tu me veux suyvre. Il fault que tu entendes qu'entre nous tous (qui sommes en nombre presque inestimable) y a trafiques, chapitres, monopoles, changes, banques, parlemens, jurisdictions, frairies, mots de guet, et offices pour gouverner uns en une Province, et autres en l'autre. Quoy? nous nous congnoissons ensemble, voire sans jamais nous estre veuz; avons nos ceremonies propres à nostre mestier, admirations, sermens pour inviolablement garder nos statuts, que feu de bonne memoire Ragot [2], nostre antecesseur, a tiré de beau-

---

a. Var. : *Et ne pense pas.*
b. Var. : *Ou iceluy au naturel contrefaire.*

1. De *férie*, fête chômée, comme nous dirions *noceur.*
2. Cette intercalation des us et coutumes des *gueux de l'hostière* au milieu d'un tableau des mœurs de la campagne était bien faite pour attirer l'attention sur ce chapitre.

coup de bonnes coustumes, et avec adjousté de son esprit. Ausquelz obeissons autant que faites à voz loix et coustumes, neantmoins que les nostres ne soient escrites. Il y a davantage, c'est qu'il n'est loysible à quelcun se vouloir immiscer (a) de noz affaires, premier qu'il n'ayt presté le serment de non reveler les secrets du Conseil, et de bien [et] fidelement apporter le gain, au soir, au lieu deputé; lieu (possible) où le grand Seigneur n'a sa table mieux garnie ne de tant de sortes, et ne boit gueres plus fraiz, le tout à heure de minuit; car le scandale est l'un des principaux points observatifz de nostre religion. Puis me disoit : Voy tu pas ces aveugles, ceux qui n'ont figure ne forme de visage; autres les bras pendans, froissez par la foudre, qui toutesfois sont d'un pendu, et les leurs serrez contre leurs corps; autres ayans les mains crochues, qui les ont à la table autant droites que toy; autres un jarret pendant à la ceinture; un contrefaisant le Ladre, s'estant lié la gorge avec

---

a. Var. : *Entremesler.*

C'est ce qui explique pourquoi le sous-titre que nous avons cru devoir conserver a été ajouté au titre primitif en 1632, après l'avoir complètement éliminé en 1573.

Quant à Ragot, suivant M. de Montaiglon, qui a réuni dans le tome V des *Anciennes poésies françaises* plusieurs pièces curieuses dont il est le héros, c'était « un fameux belitre du XVIe siècle ».

Hélas ! Ragot, prince de povreté.

dit Jehan Chaperon dans une pièce intitulée *Les grands regretz et complaintes de Mademoiselle du Palais.* Rabelais l'appelle « le bon Ragot ». Marot, Henri Estienne, Guillaume des Autelz, Tahureau, d'Aubigné en parlent aussi. Le Ragotin de Scarron en est un descendant.

un filet; l'autre qui a bruslé sa maison, portant un long parchemin que nous autres luy avons fait et rendu bien autentique; l'autre tombant du mal saint Jan [1], qui a la cervelle autant asseurée que toy; l'autre contrefaisant le muet, retirant subtilement la langue. N'as tu veu celui qui affermoit le ventre et intestins luy tomber, monstrant un ventre de mouton? et quelle piperie est ce là! Et celuy qui va sus deux petites tablettes, lequel, estant au consistoire, fait mieux un soubresault ou une volte que basteleur ne balladin qui soit en ceste ville? Par ce moyen, la rue où nous nous retirons à Bourges, s'appelle la rue des Miracles [2]; car ceux qui en la ville sont tortuz et contrefaits, sont là droits, allaigres et dispots. Et te veux dire verité, c'est que cette femme vieille que tu vois à Angiers, n'ayant figure de visage entiere, laquelle chante comme une Seraine [3] quand elle est de retour, gagne plus que le meilleur Artisan de la ville, de quelque mestier qu'il soit. Croirois tu bien que j'ai voulu affermer son gain d'un jour de Pasques quatre escuz, et le rebillaré [4] du Di-

---

1. C'est l'épilepsie désignée aussi sous les noms de *grand mal, gros mal, haut mal, mal d'alcide, mal des comices, mal de terre, mal royal, mal sacré, mal de saint, mal divin, mal des prophètes, mal saint Leu, etc.* Ces convulsions sont des plus faciles à contrefaire au moins grossièrement en même temps que le spectacle qu'elles présentent est des plus effrayants (et par suite des plus propres à apitoyer) pour le spectateur.
2. Comme à Paris la Cour des miracles.
3. Sirène.
4. *Rebiller*, revenir en se précipitant (du Cange) : Le *rebillaré*, le regain.

menche de Quasimodo trois francs ? Et y a en ladite ville une femme [qui est] de riches parens, laquelle estant allaictée de nostre heur, ne s'est jamais voulu retirer, quelques remonstrances qu'on lui ait sceu faire, affermant le mestier estre trop lucratif pour le changer avec un plus honorable et moindre en pratiques. De ma part, je ne donnerois mon gain et autres emolumens du fief pour cent bonnes livres tournois, barbe rase, pied ferrat ¹. Regarde (me disoit il) cette enorme playe en ceste jambe, ne me jugerois tu pour plus pres de la mort, qu'autrement ? Et ceste face est elle pasle et ternie et toutesfois en un moment j'auray osté tout cela, et seray aussi gay et deliberé que toy ; car voylà ma boette avec mes onguens, et ce pour la jambe ; pour la face, un peu de soufre accoustré comme je scay. Tant en y a de voyageurs, les uns à saint Claude, à saint Main ; autres à saint Servais, saint Maturin ², qui ne sont aucunement malades ; et ceux là envoyons pour voir le monde, pour apprendre. Par lesquelz de ville en ville mandons (le tout en notre jargon) ce que savons de nouveau, mesmes ce qui concerne nostre

1. Ces quatre mots indiquaient deux caractères des anciens moines mendiants. Ils se retrouvent chez les frères fredons de Rabelais.

2. Les pèlerinages à cette bonne époque de foi aveugle n'avaient pas encore été accaparés par la sainte Vierge Marie. Il y avait des spécialistes parmi les saints et des spécialistes désignés par leur nom même. Que pouvait en effet guérir saint Claude si ce n'est la claudication ; saint Main, sinon la gale qui a généralement son siège sur cette partie du corps, sainte Claire les yeux ? etc. Saint Servais est moins spécial ; quant à saint Mathurin, il avait la folie dans ses attributions. V. *Apologie pour Hérodote*, c. XXXVIII.

fait : comme de quelque maniere de faire, de nouveau inventee, pour attraper monnoye. Et, comme tu vois qu'à ces Couvens monachaux se departent les Paroisses pour prescher et apporter [les] emolumens en la fraternelle communauté, aussi avec nous se departent les Provinces pour, à certain temps, rapporter tout au commun butin. Davantage, en nostre mestier y a femmes tellement expertes et savantes, que soudain qu'un enfant est nay (car tous les jours en est basti quelcun) ilz le contrefont au tout [1], comme lui tourner la teste à costé, ou un pied, le faire bossu, lui apprendre à tourner les yeux pour faire l'aveugle, et ce principalement au Soleil. Et penses tu qu'il me fait bon voir haranguer une povre femme de village, et que je lui en conte de belles? car si elle m'a donné ou lin ou chanvre, il me fauldra du lard pour faire un emplastre; et lors qu'elle sera au charnier [2], s'il se trouve quelque cas à part, elle n'en sentira que le vent. Je luy vendray quelque relique que moy mesme ai apportee de Hierusalem, ou une image, ou quelque brigandine (a) de Malcus [3].

a. Var. : *Ou quelque bagatelle.*

1. Voilà l'industrie des *comprachicos* indiquée. Je pourrais à cette occasion rappeler que la fabrication des monstres est beaucoup moins facile qu'on ne le croit et que des enfants mis dans des potiches comme on dit que font les Chinois quand ils veulent fabriquer des nains mourraient s'ils ne faisaient éclater le vase. Mais à quoi bon ? l'étrange, l'impossible ont tant de charmes pour certains esprits comme est celui qui a mis les *comprachicos* à la mode qu'il faut bien ménager leurs illusions.

2. L'endroit où l'on conservait la viande.

3. C'est Malchus qui eut l'oreille coupée par saint Pierre,

Dieu gard de mal le compagnon qui depuis trois jours a gagné un bel escu pour porter une lettre; car penses tu j'entrerai où tu n'oserois avoir mis le nés ? Quoy ! et les amours des grosses Bourgeoises ne se demeinent que par cinq ou six (a) vieilles et laquaiz de nostre college, de quoy font un revenu Dieu sçait quel, amenant l'eaue au moulin d'une haute sorte[1]. Mesmes l'une d'elles avoit marchandé l'autre jour à Roboam prothonotaire, et convenu de prix à dix escuz, n'eust esté qu'en demandant à Godebeuf, le principal valet de la maison, la dame, Qui ? dit il, la femme du sire Pierre ? Oui, dit la preudefemme, c'est la Siresse elle mesme. Allez de par le dyable, allez, respond le Juvene[2], il n'y a si gros personnage en ceste ville, quand il la veult envoyer querir, qui ne la nomme bien ma dame; moy mesmes ne l'oserois appeller autrement. Avise quel hazard c'eust esté si elle eust esté sage ! Il est bien vray (avant que l'une d'elles puisse parvenir à cest honneur, estat et degré de vraye maquerelle) qu'il y a de merveilleuses peines, non seulement à excogiter et donner nouveaux conseilz en bonne theorique, mais à les mettre en effect et pratiquer. Que ainsi soit, jamais nostre bonne et antique mere Yrlande la

---

a. Var. : *Deux ou trois.*

au jardin des Oliviers. Vendre sa cuirasse ou des lames de cette armure légère qu'on appelait *brigandine* c'était faire le même commerce que de vendre des cheveux de la Vierge, un morceau de sa chemise, ou quelque autre relique aussi authentique.

1. Avec abondance.
2. Jeune homme, *juvenis*.

Large n'eust souffert aucune avoir ceste prerogative, que premierement elle ne lui eust ramentu[1] comme, par son moyen, les trois Dames de la grand ville furent menees en une pipe dedans le couvent des freres hermites, cuydant le prieur estre des cendres ; puis d'un abbé commandataire du lieu mesmes, qui s'accoustra en ramoneur de cheminees pour mugueter sa cuysiniere deguisee, cuydant tenir la prime del monde [2]. A ceste cause, il falloit qu'elles en trouvassent toujours des plus fines, ou autrement elles n'eussent peu parvenir à ce souverain degré. Lors je lui demanday : Escoute Tailleboudin, ne crains tu point de tomber entre les mains de quelque fin freté[3], qui cognoisse tes ruses et finesses ? Ma foy (respondit il) je crains cela comme feu, et ne voudrois principalement aller à Rennes; car aucuns de mes compagnons qui s'estimoient bien fins et qui en vendoient aux autres, y ont esté frotez et estrillez, et laissé quelque oreille. Mais (à propos) j'ay bien usé de plus grande ruse ceste annee. Comment? (lui respondis je) (a). Par ma foy (dit il) si feis; car je prins mes deux petits enfans, avec ma garce, et les monte sur mon asne. J'entens les enfans, et contrefaisois le bourgeois de Boulongne, spolié de mes biens par la guerre des

a. Var. : *Lui dis je.*

1. Rappelé, participe du verbe *ramentevoir*.
2. Forme italienne : la plus grande dame du monde.
3. Matois ou plutôt roué qui se rapproche mieux de l'étymologie probable de freté, *fractus*, rompu. Les mots passent, mais les mêmes raisons en créent d'analogues au moyen de racines équivalentes.

Anglois, où je feis un merveilleux gain, et principalement de la garce (*a*) que je prins à Huleu, affermant qu'elle estoit ma fille, et lors j'avois plus de Muguets après la queüe, plus de Maquerelles ; et elle qui savoit tres bien son badinage, contrefaisant la pucelle, neantmoins qu'elle eust couru tous les bordeaux de France, [et qu'on eust plus fondu dans sa matrice qu'il n'y a de lettres au vieux Digeste] ; leur accordoit, moyennant une bonne somme qu'ilz avançoient ; et tandis qu'estois aux Eglises avec mon asne, elle pratiquoit de son costé, faisant semblant toutesfois devant moy que jamais n'y avoit touché, pour donner meilleure couleur à la farce. Par ce moyen, elle estoit tellement poursuyvie, que je fuz contraint la donner à un gros Chanoine, qui la me paya ce que je vouluz. Puis, voulant partir, je la luy desrobay, et la vendis, par ce mesme moyen, à plus de quinze, qui tous eurent la verole. Somme, je te dis, mon ancien voisin, mon amy, que j'estois gasté si j'eusse suivy ma premiere vie. A tant s'en partit le galant, et oncques puis ne l'ay

---

a. Var. : *En une jeune garse.* L'orthographe du mot garce est un exemple de cette diversité que je signale dans l'*Introduction* de ce livre. Presque partout l'orthographe de l'édition de Lyon (1549) se rapproche davantage des formes modernes ; ici elle donne *garse*. L'édition de 1732 écrit de la même façon. M. Guichard qui l'a reproduite en ne conservant que la forme *oit* pour *ait*, et en modernisant tous les autres mots, en a fait autant. Mais l'édition de Paris (1548) donne *garce* et j'ai cru devoir rétablir le *c*, grâce à cette autorité. *Voir*, du reste, ce que je dis dans l'*Introduction* des règles suivies par moi dans cette réimpression.

vu. Je n'eusse pas pensé (dist lors Lubin) que ce fust esté un tel client; car à le voir (au moins tandis qu'il demeuroit en ce païs) on eust dist qu'il n'eust su deslier une mouche. Mais la cause pourquoy s'en alla hors du païs il y a dix sept ans ou environ ? A quoy respondit Anselme qu'il ne savoit, fors de despit, parce qu'il avoit tout mengé son bien. Ce ne fut la principale (dis l'autre) (*a*) ce fut pource qu'il avoit donné un coup de tribard¹ au travers du bas de (*b*) je ne sçay qui de Vindelles, au moyen de quoy s'en estoit allé. Vous dites vray, dist Pasquier; il y a je ne sçay combien qu'ilz eurent un grant debat, ceux de Flameaux et ceux de Vindelles; mais ma foy il ne m'en souvient plus. Maistre Huguet demanda lors à la compagnie, s'ils trouveroient bon qu'il parlast de (*c*) la perilleuse bataille d'entre eux, auquel fut respondu de tous que ouy, et qu'il y avoit eu grand chappliz², mesmes entre les femmes. Ce que feit maistre Huguet, commençant à la source de la querele, sans en mentir d'un seul mot.

a. Var. : (*Dist maistre Huguet*).
b. Var. : *à*.
c. Var. : *De l'enorme et perilleuse*.

1. Gros bâton court qui servait aux crocheteurs pour s'appuyer.
2. *Chapelis, chaplis, chappli*; du verbe *chapler* ou *chapployer*, donner des estocades.
De lur espiez bien y fièrent et caplent.
Chanson de Roland.
Voir du Cange : *capulare*.

IX.

De la grande bataille des habitans de Flameaux et (a) *de Vindelles, où les femmes se trouverent.*

Au moys de May, que les esbats amoureux commencent à se remettre aux champs, ceux de Flameaux feirent une Archerie [1], où toutes les festes s'exerçoient fort (b), tellement qu'on ne parloit que d'eux par tout le païs, et à leur grand avantage. Mais cecy guère ne leur dura, que ceux de Vindelles (comme savez) prochains voysins, meuz d'une envie, conspirerent une hayne couverte, oyant le los [2] et bon bruit qu'on leur donnoit, et qu'on ne parloit d'eux, attendu mesmement qu'ilz estoient autant gentilz gallans, et hauts à la main, que voysins qu'ilz eussent. Ceste hayne dissimulerent, et feignirent, sans en monstrer semblant, neantmoins que souvent se trouvassent aux Landes et Champagnes, à garder leurs avoirs, ou bien à becher, ou besogner en quelque autre mestier, et là eussent belle envie de quereler. Toutesfois ne purent longuement couvrir celle envie, et fallut qu'ilz se declairassent, comme le feu couvert par longtemps

a. Var. : *Et ceux.*
b. Var. : [*A tirer de l'arc*].

1. Tir à l'arc ou à l'arbalète ; jeu fort usité dans les campagnes et qui était l'occasion de fêtes comme aujourd'hui encore le tir à la carabine en Suisse. Par extension on appelait *archerie* le gibier tué à la chasse.
2. L'honneur, la renommée.

rend tout à un coup plus grande flamme, à cause de la chaleur beaucoup cachee. Aussi quelque fois quatre ou cinq de chacun costé, s'estans trouvés de fortune ensemble, commencerent à contester (*a*), s'entredonnans attaches de chacun costé, disputans de leurs prerogatives, où se sentoient merveilleusement foulez ceux de Flameaux, qui ne savoient la cause de toute ceste menee, disans la querele estre fondee sur un pied de mouche. Au moyen dequoy prioient ceux de Vindelles se deporter de quereles, et de plus les larder (*b*), et que tous s'entrecongnoissoient, sans faire tant de mines, et que chacun avoit beau se passer de son voysin. Or, respondoient ceux de Vindelles, si nous avions autant d'escus, comme vous pensez bien valoir de crotes de Chevres, nous serions riches. Les Flameaux, sages, ne respondirent rien (pour ce qu'il n'est point de pire sourd que celuy qui ne veult ouyr) sinon : Bien, bien, bien, nous leur dirons, vous estes gentils et beaux enfans, allez allez, vous estes yvres de laict caillé. Ceux de Vindelles respondoient pour leurs deffenses, bien eschauffés, que les Flameaux n'estoient que petits sotereaux (*c*), petits glorieux, [moucheurs de chandelles, et masques de cheminee] peu se soucians du labeur de leur terre, aussi povres comme ratz, et qu'ilz n'avoient que le bec. Et touchant leurs terres, qu'elles estoient de meilleur rapport que les leurs, et de ce en vouloient croire en

---

a. Var. : *Quereler.*
b. Var. : *Piquer.*
c. Var. : *Muguets.*

conscience ceux du gué de Vede[1], amys communs, et de tous deux prochains voysins. Et au regard de leurs bestes, ilz vouloient (si l'on advisoit qu'il fust bon) mettre leurs moutons à heurter contre les leurs, et autant en disoient des thoreaux. Et que de mettre un tas de lourderies en avant, il n'y avoit aucun propos, concluans comme dessus. Ceux de Flameaux repliquans fort et ferme du contraire, disoient estre en meilleur soulage[2] et plus fecond territoire que Vindelles, où il ne croissoit que Chardons, Espines, Esglantiers, vivans comme bestes batisees, sans quelque passetemps, et qu'ilz ne triomphoient en archerie comme eux (a), où alloient de tres belles filles, et qu'elles ne daignoient aller à Vindelles, pource qu'ilz estoient nyais, lourdaux, et gros Veaux de disme (b). Ceste matiere fut longuement demenee d'un costé et d'autre, et s'entrefussent voluntiers

a. Var. : *Qu'ilz triumphoient en leur archerie.*
b. Var. : *Qu'ilz n'estoient que lourdaux et... Et n'estoient que gros veaulx de disme* (Rabelais). La dîme était chose sérieuse et c'était ce qu'il y avait de plus beau qu'on devait offrir. Aussi ces gros veaux à l'air béat et naïf n'ont-ils pas tardé à figurer les bonnes gens, aussi naïves, qui les donnaient.

1. Le gué de Vede figure honorablement dans Rabelais. Gargantua démolit le château qui le gardait et sa jument y donna un exemple dont Gulliver se souvint lorsqu'il dut éteindre un incendie à Lilliput.
Cette réminiscence et quelques autres prouvent, ce me semble, que du Fail n'avait point écrit les *Propos rustiques* avant d'avoir lu Rabelais, comme le suppose M. Guichard.
2. Territoire, sol.

donnez sur le haut de leurs biens 1, si d'aucuns plus sages n'eussent esté mediateurs, et moderé les coleres trop ardentes. A chef de piece 2, que les deux villages en furent abbrevés, chacun d'eux se sentit fort interessé, demandans des deux costés reparations merveilleuses. Mesmes ceux de Vindelles, dont (pour parler privement) sourdoit tout le different, disoient estre trop outragés : car ne demandoient qu'un peu d'occasion de quereler, disans (pour parler à bon escient) qu'on leur devoit laisser menger leur soupe en patience, attendu qu'ilz ne demandoient rien aux gens, si premier on n'eust provoqué leurs personnes (a) : et que hardiment chacun se tinst sur ses gardes, s'ilz ne vouloient avoir leur part du hutin 3. Au moyen de quoy aviserent (le tout par le conseil de ceux du gué de Vede, qui pensoient enfin occuper les deux villages) qu'ilz donneroient le prochain Dimenche une aubade à l'Archerie de ceux de Flameaux, sauf à faire retour à qui le devroit, et de cest advis fut la meilleure part : mesmes Jouan Pretin, qui mettoit le feu aux estoupes, et la cloche au chat 4, disant qu'il falloit leur en donner, puisqu'ilz en demandoient, et qu'il savoit bien

a. Var. : *On ne les provoquoit.*

1. Se fussent battus à propos de la supériorité de leurs biens.
2. Au bout de longtemps.
3. La même faute : *butin* pour *hutin* existe dans l'édition de 1732 et dans celle de 1842. Celles de 1548 et 1549 donnent bien : *hutin.*
4. Excitait les disputeurs, faisait : *kiss kiss,* comme nous dirions.

qu'ainsi en seroit lorsqu'ilz leur rendirent leurs habits de leurs jeux tous rompuz, et que ne seroit ny bien, ny honnestement fait chercher leur amytié, produisant de ce une balle de quereles qu'ilz avoient eües, comme vous savez que voysins ont de coustume. Après avoir de l'une et autre part examiné la matiere et au long grabellé¹ la querele, fut conclud, et de tous ratifié, que le prochain Dimenche donneroient le choc à ceux de Flameaux. Lequel venu, se trouverent tous chez Talbot le rebrassé Tavernier, equipés à l'avantage, comme ayant Broches de fer, Fourches ferrees, Vouges, Leviers, Tortouers, Bastons à deux bouts, Furgons, et quelque meschante Partisane, encore de la journee de Montlhery². Et après avoir beu magistralement [et à la facultatique,] se meirent hautement [et glorieusement] en ordre : et en chemin ayans le feu en la teste, bien resoluz de faire un bel eschec³. Ilz avoient devant eux pour faire la bravade, Tourgis joueur de Veze, et le meusnier de Guicholet (a) avec son hautbois, qui faisoient rage de souffler. Tant cheminerent nos Vindelois, que ceux de Flameaux (qui y songeoient autant qu'à s'aller noyer) les pouvoient facilement ouyr, menant beau bruit, rians à haute voix, disans :

a. Var. : *De Blochet.*

1. Examiné. *La Cour n'a pas encore bien grabelé toutes les pièces* (Rabelais).
2. La bataille de Montlhéry, qui resta indécise entre Louis XI d'une part et les chefs de la Ligue du Bien public de l'autre, avait eu lieu en 1465, ce qui donnait à la pertuisane l'âge respectable de 80 ans.
3. Assaut.

Compagnons, nous ne sommes ici venuz (ainsi que savez) pour enfiler Patenostres¹ : que chacun monstre ce qu'il sçait faire tant seulement, et puis laissez faire aux bœufs de devant². Et assez près du pastiz³ où tiroient ceux de Flameaux, le son et bruit qu'ilz menoient feit tant, que beaucoup de Flameaux vindrent voir en courant que c'estoit : et voyans que c'estoient leurs ennemis mortelz, furent bien esbahis ; car jamais n'eussent pensé qu'ilz eussent esté si audacieux. Si tost que ceux de Vindelles furent arrivez, commencerent, sans dire mot, ni saluer la compagnie, à dancer au bransle. Lors quelcun des Flameaux se voulut mettre en leur dance, qui fut rechassé bien lourdement, luy disans qu'ilz luy avoient amené des sonneurs tout exprès, pour ce que c'estoit le beau danceur. Puis se moquans de tout le village, disoient qu'ilz n'oseroient toussir⁴, les belistres, eussent ilz mengé un plein sac de plume. Les Archers avoient cessé leur jeu pour voir l'arrivee. Mais oyans que cela provenoit des injures qu'ilz se disoient les jours precedens, et qu'il falloit y donner ordre, retournerent à leur Archerie. Veistes vous oncques un chien ayant desrobé un lopin de lard, et estant veu, sachant qu'il a mal fait, s'enfuir le petit pas, la queüe entre les jambes, aucunesfois regardant après luy ? Telz estoient ceux de Flameaux, laids et quinauds⁵.

---

1. Dans le langage comique enfiler des patenostres (*pater noster*) ou enfiler des perles, c'est tout un.
2. Laisser aller les choses. C'est une expression poitevine.
3. Pâturage, plaine où était dressé le but.
4. Tousser. — 5. Surpris, étonnés.

Lesquels toutesfois commencerent à s'esvertuer et prendre courage; se proposans l'extreme villenie que leur faisoient ceux de Vindelles, et leur temeraire audace, les venant ainsi deffier jusques à leur porte : et qu'ilz n'eussent jamais estimé (a) que, pour si peu de paroles, encores où ils estoient les plus foulés, ilz eussent voulu faire un tel tort. Le tout calculé, arresterent (b) que s'ilz ne donnoient le choc, ilz estoient à jamais infames et deshonnorés, et que de là en avant ne s'oseroient trouver aux bons lieux, ni [ès bonnes] compagnies : veu mesmement que leur honneur y estoit trop lourdement desavantagé. Le cœur creut à ces poincts d'honneur ainsi sommairement deduits. Au moyen dequoy eschappant l'un par cy, l'autre par là, se trouverent bien trente chez la Jambue, qui tenoit Taverne, où feirent si bonne diligence (après avoir beu un coup ou deux) que tost furent en ordre (c), aussi bien, ou mieux que partie adverse, neantmoins qu'ilz n'estoient en si grande quantité; mais la victoire n'est le plus souvent au grand nombre. Estant prests, aviserent ne les assaillir en la pleine, car le hazard y estoit trop grand; ains dresser l'embuscade au chemin creux, lieu pour eux avantageux, ce que fut trouvé bon, même par un vieux Routier, qui autresfois avoit suivy la guerre, qui disoit estre loysible circonvenir son ennemy par toutes voyes et manieres. Se transporterent là donc les offensés bien rebrassés, et resoluz leur monstrer leur

a. Var. : *Pensé.*
b. Var. : *Conclurent.*
c. Var. : *En équipage.*

bec jaune [1], et apprendre leur leçon. Les Vindelois furent tous esbahis, qu'ils ne veirent personne [auprès] d'eux, et que tout le monde s'estoit absenté, fors deux ou trois vieillards, lesquelz s'adresserent à eux pour leur remonstrer quelques cas d'honnesteté : et que ce n'estoit gueres bien fait ainsi rompre leur passetemps, et (par maniere de dire) les venir ainsi assaillir jusques sur leur fumier; qu'ilz pourroient bien s'en repentir, pource que tout vient à lieu qui peult attendre. Nonobstant lesquelles remonstrances (jetant la teste (a) [2] aux Chiens) feirent un tour de dance, les despitant par plusieurs injures diffamatoires. Et après avoir abattu leurs buts, prindrent chemin confusement à s'en retourner, ne pensant à l'atrapouère (b), disans qu'ilz n'avoient point de ratte, et que ce n'estoient gens pour eux; qu'à tout jamais ilz en seroient tres mal estimés, joint que de grand vent, petite pluye : de tout quoy en feirent une belle chanson, qu'ilz chantoient bien melodieusement et puis la dançoient de bonne mesure, tellement que furent près du chemin creux, qui (c) n'estoit faulsement appellé creux; car il estoit fort obscur, bas, et tellement estroit, qu'une charrette en occupoit toute la largeur, auquel estoient deux coteaux d'un costé et d'autre, [si hauts et droits] qu'impossible

a. Var. : *Jambe.*
b. Var. : *Embuschade.*
c. Var. : *Ce chemin.*

1. Leur montrer qu'ils étaient *trop jeunes* (faibles comme les oiseaux qui ont encore le bec jaune) pour les effrayer.
2. Faisant tête au danger.

estoit de jamais eschapper de là. Les Vindellois dançoient encores, et jazoient à pleine teste; quand ils commencerent à entrer au chemin, auquel furent receuz d'une haute sorte; car ceux de Flameaux, qui estoient au dessus et aux deux bouts, sans dire qui a perdu ou qui a gaigné, commencerent à charger sur eux avec belles pierres, ne sachans les Vindellois d'où cela venoit : toutesfois (ainsi que depuis ilz en plaisantoient) se trouverent bien estonnés, et furent tous esbahis qu'ilz se voyoient abattre de coups de cailloux (a). Au moyen de quoy commencerent à gagner le haut [1], courans à la foule pour sortir hors de l'estroit. Mais (ô mauvaise rencontre) vont à l'yssue trouver une douzaine de ceux de Flameaux, qui avec gros leviers de charrette leur donnoient l'aumosne de grands coups sur les espaules, et ainsi leur livroient leur souper. Ces povres Vindellois se voyant ainsi surprins, et tant doucement mener, crioient à l'ayde, à la force, au meurdre. Hee, messieurs, ayez mercy de nous! hélas! pardonnés nous. Par le sang bieu [2] (disoient ceux de Flameaux) les pardons sont à Rome, vous en aurez : tu Dieu! vous faites les rustres (b)! [et dessus,] et quoy? comment? torche, lorgne. [Notemment] faut entendre (car voicy le beau du jeu) que les femmes des deux villages pouvoient facilement

---

a. Var. : Pierre.
b. Var. : Gallans.

1. A s'enfuir.
2. Par le sang Dieu! devenu le coquet Palsambleu! des roués.

ouïr (a) les allarmes qui là se faisoient. Au moyen dequoy chacune se delibera d'aller voir que c'estoit : car d'hommes n'y avoit que les aagés, qui estoient à (b) garder l'hostel, attiser le feu, et reculer le pot, qui y vindrent; mais ce fut sur le tard. Les femmes donc bien eschauffees, et toutes affaires cessees, se trouverent là; et (comme Dieu voulut) celles de Flameaux rencontrerent celles de Vindelles en front. Les Vindelloises voyans ainsi mal mener et accoustrer leurs povres (c) maris, voulurent en faire la vengeance sur les Flamiennes¹, et de fait commencerent à beaux coups de pierres; celles de Flameaux se revenchoient aussi à beaux cailloux : mais pource qu'il y avoit un bon Gautier, qui jugeoit des combats (d), qui leur dit (en se moquant d'elles) qu'elles ne pourroient jeter pierres sans lever la cuisse, elles commencerent (par despit) à beaux coups de poing sur le nez, traisner par les cheveux (e), esgratigner, mordre, descoiffer, et faire mille maux, comme vous entendez que femmes font. Je laisse un peu ces femmes, et reviens aux Vindellois, qui honnestement et au plus seur avoient joué de l'espee à deux jambes², et avoient beau requerir misericorde, et que pour

a. Var. : *Entendre le bruit et allarmes.*
b. Var. : *Demourez pour.*
c. Var. : *Leurs povres meschans maris.*
d. Var. : *Des coups.*
e. Var. : *S'entretraisner à escorchecul.*

1. Flamiennes et non flaminiennes comme le disent les éd. de 1732 et de 1842.
2. S'enfuyaient. L'image se présente immédiatement à l'œil et à l'esprit.

la pareille on les laissast : car on chargeoit sur eux de si bonne grace et forme, qu'en fuyant furent poursuyvis jusqu'en leur village, encore ne pouvoient presque trouver leurs maisons, à raison de la grand haste et peur qui les conduisoit. Les Flameaux (au moins aucuns) vouloient plus outre et trop asprement poursuyvre leur fortune; toutesfois des plus sages dirent qu'ilz en avoient tout au long de l'aune, et qu'il ne falloit se venger si cruellement. Cela fut trouvé bon, et se retirerent avec la veze et hautbois, de quoy ilz s'esbaudirent rustrement; et vont trouver les femmes, qui encore se combattoient. En conflit (a) y avoit des herbaudes [1] d'un costé et d'autre, qui faisoient rage de frapper; une, entre autres, qui avec son soulier cloué chargeoit (b) à tour de bras; une autre, avec le pied, ne trouvoit rien qu'elle ne meist par terre; une autre qui avec une pierre qu'elle avoit mise en sa bourse, frappoit comme un quasseur d'acier. Brief, il n'y en avoit pas une qui ne feist le diable (c). Et y fussent encore ces bonnes dames, si la nuict ne les eust departies. A ceste cause (d), chacune se retira à son enseigne, n'ayans laqs ni couvrechefs en teste, le visage tout esgratigné, les oreilles presque arrachees, et les cheveux Dieu sait comment accoustrés, et

a. Var. : *En ce combat.*
b. Var. : *Frappoit.*
c. Var. : *Le diable d'arguer.*
d. Var. : *Au moyen dequoy.*

1. Hargneuses. *Herbaut*, chien basset dressé à chasser les gens déguenillés. Rabelais dit : *monter dessus comme herbaut sur pauvres gens.*

les robes rompues. Par le moyen de la nuit survenue, commencerent à belles injures, comme Putains, Vesses, Ribaudes ¹, Paillardes, Prestresses, Bordelieres, Tripieres, Lorpidons, vieilles Edentees, Meschantes, Larronnesses, Maraudes, Coquines, Sorcieres, Infames, Truyes, Chiennes, Commeres de fesses, Foireuses, Morveuses, Chassieuses, Pouilleuses, Baveuses, Merdeuses, Glorieuses, Malheureuses, Tigneuses, Galeuses, vieilles Haquebutes à croc, vieilles Dogues (a) plus ridees qu'un houzeau de chasse-marée, vieux Cabas, demeurans de Gensdarmes, Maquerelles ², Brouillons, Effrontees, Puantes, Rouillees, Effacees, Mastines tannees, Louves. Et tellement crioient et brailloient (b) ces deesses, que tout le bois de la Touche en retentissoit, ainsi que me conta depuis Hillot Fessepain, qui pour lors y estoit, coupant une branche d'Orme pour faire un arc. De dire à la verité qui gagna et emporta le prix, on n'en sauroit faire seur jugement, attendu l'addresse et hardiesse de toutes les deux parties au fait de bien donner coups de poings, et de babiller : car de tous les deux costés estoient presque rendues, qu'encore s'entremenassoient. Ce chemin, appelé vulgairement et notoirement creux, fut deslors appelé

---

a. Var. : *Vieilles drogues,* sans épithète.
b. Var. : *Bramoient.*

1. L'édition de 1549 intercale ici : *vieilles pourries.*
2. L'édition de 1549 ajoute : *greniez à morpions, refuz de Bordeaux, Cantonnieres, landies deschiquetees, gouffres à couillons ; vieil Haraz, vieilles Panosses, Guenippes, Farcineuses, chancreuses, Cottignat de Verole, loudieres, vieilles Moulues.*

le chemin de la Rencontre. Et si bien se sont maintenuz en leurs coleres et droits, que si par fortune se rencontrent audit chemin (comme deux hommes font assez souvent) faut necessairement qu'ilz se donnent le choc, et chargent l'un sur l'autre, seulement pour entretenir ceste bonne et louable coutume, et ainsi l'ont promis et juré faire et tenir, et de leur gré et consentement les y avons condemné et condemnons, comme de maintenant pour lors, et de lors pour maintenant. Et estoit ce que avois à vous dire de ceste journée du Chemin de la Rencontre, vous asseurant que j'en ay dit comme je l'entendois. Anselme print la parole, disant que les Vindellois, de tout temps immemorial, estoient fort quereleux, et n'y avoit ordre en leur colere. Aussi que le plus souvent et tousjours estoient battuz, ou l'on leur faisoit quelque tromperie; et luy souvenoit (ce disoit il) comment ils perdirent beaucoup, allans à Haguillenneuf [1], parce qu'ilz feirent un trop grand tort, et sans propos, à Mis-

---

1. Ce mot est un cri que les enfants et même les hommes, comme nous l'allons voir, proféraient en allant chercher, au commencement de l'année, des étrennes. C'est, a-t-on prétendu, un reste des coutumes druidiques et la véritable orthographe serait *au gui, l'an neuf*. Mais il y en a une trentaine d'autres. La plus récente que nous connaissions et très-vraisemblablement la meilleure est celle proposée par M. Le Guen (*Recherches sur l'origine d'une ancienne coutume bretonne*, Brest, 1869) et acceptée par M. Miorcec de Kerdanet. Il n'y est plus question du gui, ni de la forme *Enghin-an-eit*, le blé germe? Les Druides sont éliminés et le mot *Guinané* pour *Guic-naounnec* signifierait simplement : *le village affamé;* formule assez naturelle pour demander la charité et les étrennes qui ont été longtemps, en Bretagne, une forme de la charité.

toudin. Je croy (dist lors Pasquier) que la compagnie ne me desdira en ce que je veux pour elle entreprendre, c'est que le compere Anselme conte des Vindellois, et de leur audace, mesmes comme à leur honte ils furent à Haguillenneuf. Ne faites tant de preoccupations (dist Anselme) car aussi bien j'estois deliberé de le dire.

X.

Mistoudin se venge de ceux de Vindelles, qui l'avoient battu, allans à Haguillenneuf.

Poursuyvant ce que le compere Huguet a ja conté (dist Anselme) les Vindellois, neantmoins que audacieux et glorieux, toutesfois ont le bruit d'avoir amené beaucoup de coustumes en ce pays, unes bonnes, autres mauvaises : mesmes sont les premiers que j'ay veu, qui ont porté bonnets à cropiere, chausses à la Martingale, et à queüe de merlus, souliers à Poulaine, et chapeaux albanesqs [1]. Et avec ce sont estimés de tout temps les meilleurs et plus suffisants bouleurs [2] du païs, et autant beaux mengeurs de feves qu'on peust trouver : et d'asseurance, qu'ilz ne se cachent quand on disne. Une fois s'aviserent apres boire (comme nouvelles opinions et fantasies (*a*) viennent aux pensees des hommes),

a. Var. : *Nouveaux advis, nouvelles opinions.*

1. Il est difficile de se représenter ces diverses modes, il ne nous est resté que le souvenir de l'une d'elles dans l'habit à queue de morue.
2. Joueurs de boules.

puis qu'ilz avoient beaucoup proufité aller chanter de Noël au bas Champ, [à Hurigny,] à Tremerel, à Telle, à Huchepoche, et autres villages, et qu'ilz avoient amassé force Pommes, Poires, Noix, et quelques unzains [1], et beu de mesmes, qu'il ne falloit pour ce se contenter, et quitter la partie, ains le premier jour de l'an (comme est l'ancienne coustume) aller à Haguillenneuf, poursuyvans leur fortune, qui au commencement leur avoit esté prospere, et que la fin, ce leur sembloit, n'en sauroit estre malheureuse. Au moyen dequoy (pour estre bref) au jour dit, bien resoluz et deliberés d'aller à Haguillenneuf, s'equiperent honnestement de bons bastons de Pommier, Fourches, Vouges et quelques vieilles espees rouillees, avec une forte Arbaleste de passe, qui estoit au premier front pour servir de demander : Qui est là? qui bruit? qui vous meine? tue, tue, chargeons, donnons, et autres semblables mots et demandes de nuit. Mais à fin que ne sois trouvé menteur, Baudet le faiseur de fuseaux estoit devant tous avec un tabourin de Suisses, qu'ilz avoient emprunté de la Seguiniere. Et estoit maistre Pierre Baguette, celui qui faisoit tout le *tu autem*; et sonnoit du fifre, ainsi qu'il disoit, ayant sa rapiere souz le bras, en faisant du bon compagnon, disant qu'il ne la portoit pour faire mal, mais pour piquer les Limax. Lubin Garot (celui que je veisse onc qui le mieux prenoit Grenoilles) portoit une grande et large poche, pour mettre les andoilles et autres esmolumens de la queste; je croy qu'il portoit

---

1. Petite monnaie de 10 deniers taxée plus tard à onze.

aussi la bourse. Hervé le Rusé portoit la broche pour le lard, neantmoins qu'aucuns me ayent dit que c'estoit Colin Bridou (a); c'est tout un qui ce fut, cela ne sert de rien. Ainsi bien enharnachés, marcherent longuement bien eschauffez, chantans une chanson que maistre Pierre leur apprenoit comme de sa façon (b) pource que tres bon estoit rimasseur, et estoit voluntiers appelé à tous jeux qui se faisoient. Trouverent d'aventure, au delà du pastiz de Rollard, Mistoudin du village de Flameaux, venant mener ses chevaux boire du gué de Vede ou de Bellouse : car ce jour estoit venu de Larringues, où avoit mené une charretee de fagots à Robin Turelure, et plus tost ne les eust seu abreuver. Maistre Pierre estoit devant, qui va cognoistre[1] Mistoudin, l'un de leurs mignons (c) de Flameaux, luy disant assez haut : Ha! Dieu te gard, or çà, compaing, donne nous Haguillenneuf. Par ma vie, respond Mistoudin, Messieurs, icy ne vous saurois rien donner, car je n'ai pas mon Baudrier; mais s'il vous plaist venir jusques à ma maison, Perrine trouvera quelque cas pour vous donner, par ma foy et avec cela boirons. Sainte Marie (d) (dist maistre Pierre, ne demandant qu'occasion de frapper) et veux tu nous envoyer à une lieue d'icy pour un lopin de lard? Par la mère Dieu! je t'aprendray à railler les garçons, et menger les poires

a. Var. : *Garguille.*
b. Var. : *Une chanson bien mélodieuse que maistre Pierre leur apprenoit, que luy mesmes avoit bastie.*
c. Var. : *Gallans.*
d. Var. : *Sainte Grigne!*

1. Au-devant de.

aux gens qui ne te demandent rien. En ce disant, luy bailla un coup de couteau par les cheveux, qui descendit sur le bras dextre, auquel l'eust vilainement endommagé si le manche du fouet n'eust tins[1] coup. Mistoudin, voyant que maistre Pierre vouloit repliquer et ne lui suffisoit le premier argument, commença à piquer de la bote et donner du talon à sa jument, et vie[2] regardant s'ilz le suivoient. Les Vindellois passerent outre en riant. Mistoudin, jurant et protestant qu'il s'en vengeroit, gallopa tellement, qu'il arriva à son hostel hors d'haleine, et peu s'en fallut qu'il n'eust dronos par sa femme[3], pource qu'elle disoit que les soupes estoient trempees y avoit bien une heure, et qu'il ne se pouvoit garder qu'il ne la veist ou ramenant ses vaches ou allant à la fontaine, le meschant; et qu'elle vouloit bien qu'il entendist qu'elle estoit aussi belle et en bon poinct comme elle ; mais que c'estoit grand cas que la fantasie des hommes. Le povre Mistoudin, s'excusant, disoit qu'il n'estoit pas vray (a) et que jamais n'y songea, quelque chose que dist Margot la haslee, maudite et malheureuse mastine et la plus mauvaise langue vraiment qui fust à un trait d'arc, et qu'elle seroit bien courroucee si elle ne tenoit toujours quelcun en ses caquets. Lors le povre homme, revenu en son bon sens, lui conta de fil en aiguille toute l'affaire, le tout en plourant à grosses larmes. Au moyen

a. Var. : *Que, ce m'aist Dieux, il n'estoit pas vray.*

1. Retenu, paré.
2. S'en va ; de *via*.
3. *Avoir dronos* c'est recevoir, *faire dronos*, c'est donner des coups. L'expression est angevine et languedocienne.

desquelz pleurs fut excusé, neantmoins qu'elle dist que c'estoit bien fait, et que c'estoient d'aussi bons gallans comme lui et qu'il falloit qu'il leur tinst grands propos, et qu'il ne falloit qu'une mouche pour l'amuser une heure d'horologe. Mistoudin, n'en songeant onc moins, dit qu'il s'en vengeroit ou mourroit en la peine, et que s'il souffroit cela il en endureroit bien d'autres; et sur ce poinct, et en colere, voire qu'il ne daigna onc souper, envoya querir son frere Brelin et qu'il apportast son baston à deux bouts; lequel à grand haste fut tantost venu, et, bien eschauffé, en entrant demanda qu'il y avoit, quoy? comment? où sont-ilz? qu'est-ce? Par le sang dé, s'ils ne sont plus de sept, laissez les; hon, hon, ventre saint Gris! Serpe Dieu(*a*)[1], que n'est il guerre! Sur mon Dieu (dist Mistoudin) tel cas et tel, par tel moyen et par tel. Regardez? mais toutesfois, si est ce pourtant, vous devez entendre, nenny. Et ce pendant lui contoit toute l'affaire, y adjoustant et diminuant comme un homme qui conte quelque querele, et là où il est plus favorit, donne plus de couleur et rend la cause meilleure. Lui dist outre, qu'il estoit deliberé s'en venger par un moyen qu'il luy diroit, mais qu'il fust assis et à son aise, et qu'il lui pardonnast s'il estoit Hen [2], car trop estoit fasché de l'offense. Rien, rien (dist Brelin ayant un peu haulsé son chapeau) contez, contez, tout : tu

---

a. Var. : *Ventre saint Quenet.*

1. Devenu *Sarpejeu.*
2. *Hem!* accès de toux destiné à remplacer ce qu'on ne peut ou veut dire.

bieu, le bon sang ne peult mentir. Par saint Just, ceux de Vindelles ne gaignerent rien à nous faire tort. J'espere (si mon baston que voicy ne me faut) qu'ils n'en feront pas plus avec nous. Par ma conscience (fist l'outragé) j'ai advisé que vous et moy leur donnions la chasse, la raison à la main : pource qu'ils passeront par sus la chaussee de l'estang de Huchepoche, où il y a (comme savez) une planche au milieu à cause de la chaussee rompue, entendez-vous ? Poulsez, poulsez, dit Brelin. J'entens et au delà. Au moyen de quoy (poursuivoit Mistoudin) je seray au bout de deçà, vestu en un linceul comme un homme mort, ma faux en la main et pour cause. De vous, vous serez à l'autre bout caché près la planche. Or, ces Vindellois, mes meschans, infailliblement passeront par là, car où diable iroyent ils se détourner jusques à Jauze ? Et deslors qu'ilz seront tous passés la planche, vous osterez sans mener bruit le quarreau. Alors qu'ilz seront auprès de moy, je me leveray, ma faux en la main, vous asseurant que, de la seule grimace que je ferai, ils auront si belles vezardes [1], que, s'ilz ne s'enfuient, appelez moi Huet [2] ; et le beau

---

1. Peur, venette.
GASTER. Hardiment ! il a eu belle vezarde. Comme il joue de l'épée à deux pieds. (*Les Néapolitaines*, comédie de François d'Amboise, 1584. *Ancien théâtre françois*.)

2. *Huyer* en picard voulant dire crier avec force, M. Littré peut donner avec raison cette étymologie à *huer*. Mais, en picard aussi, *huyho* était un terme injurieux qui désignait le mari malheureux. *Appelez-moi Huet*, dans le sens d'*huyho*, locution usitée pour dire : Méprisez-moi si je ne tiens pas ma parole, a très-bien pu donner naissance au mot *huer*.

du jeu sera qu'ilz tomberont tous dedans celle fosse, ou y a encore de l'eaue pour seicher leurs brayes. Et apres de la peur, ayans laissé leurs hardes, nous aurons poches et sacs, et par ce moyen je seray vengé. Regardez si je dy bien, car la colere me feroit possible entreprendre chose dont je ne pourrois venir à bout. Rien, rien (dist sa femme) vous n'estes qu'un sot; faites cela, et sur mon honneur vous en trouverez très bien (a). Brelin, contrariant, disoit de bon (b) vouloir y aller seul, et de donner le choc à toutes restes, quoy qu'il en deust advenir. Neantmoins, le tout meurement et avec une sage et discrette deliberation enfoncé, fut conclud et arresté le premier propos; et apres avoir beu une volte, prindrent leur equipage et s'en allerent audit estang, où chacun se meit en son lieu arresté (c) (par serment presté sus la faux de Huguet) les receurent en magnifique apparat et comme ilz le meritoient pour venger ceste injure tant atroce. Je les laisse là attendans ces messieurs d'Haguillenneuf, semblables à Guillot qui, estant caché derriere un buisson, au soir, attend Marion qui vient de querir ses vaches, douteux si elle luy refusera ce dequoy elle a esté par luy souventesfois importunee. Long temps ne furent attendans, qu'ilz ouyrent les Vindellois qui s'en venoient bien hardez et fasquez [1], jazans d'une haute sorte, mesmes de Mistoudin, et qu'il avoit d'Ha-

---

a. Var. : *Vous vous en trouverez bien.*
b. Var. : *Disoit vouloir ...et donner.*
c. Var. : *Resolu.*

1. *Fasque* veut dire poche, d'où *fasqué*, avoir les poches pleines.

guillenneuf; et de ce louoient fort maistre Pierre, luy en donnant l'honneur sans en rien reserver; lequel glorieux de ce (se frotant le bout du nés, faisant bonne morgue) (a)[1] disoit qu'il en avoit bien veu d'autres et de meilleure estoffe; car quand il estoit à Breudebach, ville de Utopie, il en faisoit bien des siennes, neantmoins qu'on avoit rapporté au païs que la vieille Jeanneton luy avoit donné un soufflet; mais (ce disoit il) elle l'avoit prins en trahison, et que bien luy estoit d'estre femme, car autrement il l'eust escorchee. Et comme ilz furent pres de l'estang, maistre Pierre, prié par aucuns qu'il feist quelque honnesteté de son espee, commença à monstrer certains points d'escrime, et tous mortelz, disant : Ce faux montant est dangereux avec une soudaine desmarche à costé, ou bien en entrant d'un estoc volant, ou si vous voulez d'une basse taille, car jamais fendant ou revers ne vous sauroit toucher, pource que vous estes toujours couvert[2]. Voylà pour se battre à trois, tenez? autant d'une main que d'autre; voylà le secret du jeu, et seulement tenez là vostre espee, disant, je ne vous demande rien, vous n'estes point en danger. Vous me pourriez dire que je faulse mon serment, point, point. Je ne dis pas

a. Var. : *Pipee.*

1. Faisant le brave, narguant.
    Que font tous ces vaillans de leur valeur guerrière,
    Qui touchent du penser l'estoile poussinière,
    Morguent la destinée et gourmandent la mort ?
    Regnier, *Satire 6.*

2. L'édition de 1549 ajoute ici : *Voylà un coup dequoy on ne donne remission.*

tout, il y a encores en ce bras là une douzaine de coups, desquelz le moindre mettra toujours un homme par terre, et fust il armé de pied en cap. Voylà (disoit il), la levee du bouclier de l'espee seule, et de l'espee baise mon cul à deux mains; voylà le moulinet qu'on a accoustumé de faire; et tout cela. Maistre Pierre, estant au bout de son savoir, cessa son jeu, et le premier estant sur la planche, dist qu'on ne se hastast, et que le lieu estoit dangereux, et que maudit fust il qui le devoit raccoustrer. En fin ayant tous passez aidans l'un à l'autre, Brelin, qui s'estoit caché, ne faillit à jouer son personnage, et apres avoir levé le quarreau qui faisoit la planche, se remit en son lieu pour voir le passetemps, et neantmoins qu'il fust grandement faché de l'outrage fait (a) à son frere, toutesfois si rióit il tant fort que peu fallut qu'il ne fust ouy de partie averse. Mistoudin l'offensé voyant le poinct commode, commence à soy lever, peu à peu, faisant la roue à ce requise, et pour le froid qu'il avoit naquettant [1] des dents, qui donnoit à la farce une couleur merveilleuse, tant que ces gentils messieurs le pouvoient facilement appercevoir. Maistre Pierre en sursault, comme le premier choisit ce fantosme, et de la peur qu'il eut laissa choir son espee pour gagner le haut, et le reste à qui mieux mieux, criant à l'ayde, *adverbia localia*, et pour mieux courir, laisserent Tabourin, Broches, Poches, Lard, pieces de Bœuf salé, Jambons, Oreilles, Pieds, Andoilles, Saucices, et

---

a. Var. : *Faite*.

1. Claquant ou grinçant.

ceux qui au paravant estoient les plus vaillants et les plus hardis, comme maistre Pierre, furent les premiers qui tomberent en la fosse susmentionnee, où de fortune l'eaue estoit petite, car autrement ilz estoient perdus, et n'en eschappa aucun qui ne feist l'amende honnorable et qui n'en eust tout son saoul (*a*). Ce [temps] pendant Mistoudin et Brelin, rians assez bas, amasserent leurs bribes et s'en allerent à leurs hostels, vengés et riches de la queste des adversaires. Les povres Haguillenneufs, pensans d'assurance estre morts, furent trois ou quatre heures les uns sur les autres sans oser bouger. Toutesfois sur le poinct du jour, un peu asseurés, commencerent à sortir, premier neantmoins mettant le bout du nés, regardans s'ilz verroient rien, puis peu à peu deçà et delà examinoient les chemins. Et me souvient voir un fugitif, qui estant caché et cherché par une douzaine de Sergens, et lors qu'ils s'en sont allez, on lui vient dire : Monsieur, les clients s'en vont; toutesfois, non asseuré de la peur conçue, n'ose monstrer du premier coup que la teste, regardant encores s'il y a point de finesse. De cette cassade (*b*) en fut faite une chanson à sept parties, qu'on chantoit bien melodieusement aupres du feu, à la grande confusion des Vindellois, lesquelz le dimenche ensuyvant firent un Monitoire de ceux ou celles qui auroient point prins certaines poches et autres tels bagages. Et d'une mesme raison et pareil interest en fist un autre Mistoudin de ceux qui l'avoient battu. De tout

a. Var. : *Faix*.
b. Var. : *Ruse*.

quoy leur en fut baillé acte, et sur ce, plaidoierent longuement, et est encore par defaut de suyte le proces indecis et au croc, qui (ainsi que je pense) sera vuydé aux grands jours futurs (a). Et est ce que je voulois dire touchant les quereles des Vindellois : si vous en savez davantage, dites, car je n'en sçay autre. Sur mon Dieu (dist lors Pasquier) voylà bonne petite vengeance et de bon esprit. Ha ! j'ose bien dire que ceux de Flameaux et Vindellois (b) ne seront jamais amys, car tousjours s'entrefont quelque fredaine, et y a toujours quelque proces entre eux. Voyez-vous pas encores aujourd'hui Guillot le Bridé et Philipot l'Enfumé à grand debat ? je les escoutois avant hier, mais c'est un grand triomphe (c). Je vous prie (dist Lubin) que vous contiez tout du long, car ce sont deux bonnes testes. Par mon serment (dist Pasquier) vous n'en serez pas refusé, compere. Vous avez bien congnu le pere de Philipot ? C'est mon (dist Lubin) un homme bien notable et bon preudhomme. Par ma foy (respond Pasquier) il avoit un autre filz[1]. Cela n'est point à propos, venez au point (dist Lubin) auquel respondit Pasquier qu'il en estoit content et qu'il avoit grand haste. Hoo (feit Lubin) j'en sauray plus pour rien d'avec Philipot, que vous ne feriez pour un liard. Escoutez

a. Var. : *Aux grands jours de Rion.*
b. Var. : *Vindelles.*
c. Var. : *Mais est un triumphe.*

1. L'éd. de 1549 ajoute : *frere de Philippot, aagé de quatrevingts ans ou plus et lorsqu'il le veit mort, sans en faire aucun semblant dist : Je disois toujours bien que ce garçon ne vivrait ja.*

donc (*a*) (dist Pasquier) et me pardonnez, car il falloit dire ce petit mot. Ha, vous ne mengerez jamais rien froid, [car] vous estes trop hastif.

XI.

Quereles entre Guillot le Bridé et Philipot l'Enfumé.

Du village de Vindelles fut eslu pour franc-archer Guillot le Bridé, tant pour sa hardiesse, mesmes au plat, que pour la grandeur de corps : car beau Mastin estoit, s'il eut voulu mordre et courir apres le loup, et croy aussi qu'il estoit gentilhomme, à cause d'un pré que son pere vendit, et portoit en ses armes une escullée [1] de choux, billettée [2] de lard. Ce venerable et discret Guillot, un jour estant à sa garnison (pource que les Canarriens faisoient mine de descendre) et là ne feit pas grands armes, et ne servit que de nombre, s'advisa que si le decours passoit, que sa porree tarderoit beaucoup à planter, en quoy seroit trop lourdement interessé : et pour obvier à tous et chacuns les inconveniens qui en eussent peu venir, sans prendre congé de son Capitaine, alla faire sa besongne, et payer quelques arrerages qu'il devoit à sa femme, ou pour rien ne se vouloit laisser

---

a. Var. : *Or, escoutez.*

1. Écuellée.
2. Avec un carré de lard. La billette est une pièce d'armoirie en forme de petit carré long.

encourir : car il les eust payés à double usure et interest, s'il n'eust voulu estre battu. Après qu'il eust achevé son fait (qu'il entendoit, disoit il, comme un autre) retourna à sa garnison, ses souliers bien mignonnement pendans à la ceinture, à laquelle estoit aussi sa rapiere [1]. Et arrivé conta si bien les raisons de son absence à son Capitaine Tireavant, et de si bonne grace (car gracieux fut l'homme de bien) qu'il fut clamé quitte et dit absouz. Or, voicy le point de la querelle. Philipot l'Enfumé, aussi francarcher de Flameaux, voyant que Guillot estoit quitte, et qu'il n'avoit point payé d'amende, s'appliqua fort et ferme du contraire : et en colere, disant en son clein [2], que d'une mesme raison, et pareil fondement s'en iroit achever la plateforme de son four, ou tailler sa vigne, attendu qu'autant estoit privilegié que luy, et en rien ne se sentoit inferieur à luy : car autant bien que luy et mieux s'estoit gouverné, le tout avantageusement, et selon l'assise au costé Geoffroy, concluant comme dessus : et que s'il avoit tort vouloit payer quelque bonne chose à l'esgard de toute la compagnie, de tout quoy demandoit respons, sauf à passer du parsus [3]. Guillot ne dist mot, sinon que bien, et destacha une de ses esguillettes, et en bailla un bout à Philipot, luy disant : Tu m'entens bien ? Ouy dea (respondit Philipot) et t'asseure que je ne te crains. Voicy un point de difficulté, que je ne veux laisser en doute.

1. Intercaler : *Le chapeau bien et au busq* (1549).
2. En sa plainte. *Clain* (du Cange, *clameum*) demande juridique pour réclamer quelque chose.
3. Par dessus, se passer de permission.

Couper l'esguillette (ainsi que disent les maistres) est une maniere de défi, ou bien d'un chartel, qu'ilz faisoient anciennement, coupans une esguillette par la belle moitié, et tandis qu'ilz estoïent sans la renouer (comme un signe et renouvellement de colere) ilz se combattoient, la part où ilz se trouvoient, sans dire, qui a perdu, ou qui a gaigné. Et n'estoit loysible la couper que pour justes, grandes, et favorables causes, comme de n'avoir payé son escot, ains sans dire mot à l'Hoste s'en estre fuy, faisant semblant de s'en aller (*a*) pisser; n'avoir plegé[1] aucun quand il avoit beu à lui; avoir joué de faulse compagnie[2], comme dire: Attendez moy icy, je reviendray tantost, pour le seur, et n'y aura point de faute; avoir tiré la langue sur aucun, puis luy venir rire en la bouche; avoir disné sans son compagnon, que premier n'eust esté appelé trois fois souz la table; avoir entré en une taverne, sans avoir baisé la chambriere, qui estoit vilainement fait, et n'y avoit propos autrement; avoir parlé du vieux jeu, incarnation ou ancien mestier, devant l'Hostesse, qu'elle ne l'eust entendu, ou eu quelque distribution apres disner. Pour toutes lesquelles causes se trouva ceste coustume, qu'on appelloit vulgairement et notoirement incision, division, coupement, ou coupation d'esguillette. Revenuz quelque temps apres de leur garnison (pour retourner à nos moutons) se porterent tousjours mauvais visage, mesmes

---

a. Var. : *D'aller.*

1. *Pleger*, faire tête, rendre la santé portée à table.
2. Fausser compagnie se dit encore.

Philipot, lequel ayans prins les pourceaux de son ancien ennemy Guillot, qui mangeoient ses naveaux en son Jardin derriere, ne leur voulut jamais faire mal, ne pis qu'aux siens, ains les traiter comme appartient à bestes de telle ou semblable gravité. Auquel comme Guillot eust envoyé son fils aisné Tredouille, le remercier du bien et honnesteté que de sa grace avoit fait à ses porcs, dont luy restoit bien obligé, respondit : Ce que j'en ay fait, ce n'est à l'occasion de chercher amytié avec ton pere, mais mon naturel, qui ne consiste (dont je remercye Dieu) à me venger sur une beste, bien sachant ce ne provenir que de ton pere, premier argument de nostre desbat. Au reste, asseure le de par moi (ce qu'il sçait assez toutesfois) d'une perpetuelle inimitié, et qu'il n'avoit que faire rompre ma haye, pour furtivement me prendre mes choux, le larron ; et me nier un unzain, que j'avançay pour luy au faiseur de roües, qui tous les jours me menasse de me faire adjourner [1]. Aussi que ses porcs sont continuellement souz mes poiriers, dont je me sens fort interessé ; et ne faut qu'il allegue mes champs estre mal clos, car je suis celuy, possible, qui regarde autant de près à les bien clorre et hayer [2] : mais que ferez vous à un larron ? Ha (dist lors Tredouille) j'ay ouy dire à mon pere que vous luy prinstes une Becasse à un collet qu'il avoit tendu près la riviere, es prés [3] de Caillette ; ne vous en souvient-il ? Il faudroit

---

1. Appeler devant le juge.
2. Enclore de haie.
3. *Es prés* (1548 et 1549) et non *et près*.

donc. Hay ? trut avant [1], dit Philipot, debout, que
je ne vous voye jamais. Voire mais (contestoit
Tredouille, qui estoit aussi mauvais qu'un oyson)
si les estrilles et conclusions. Bo bo, vertu ma vie
(feist Philipot) par la dague saint Chose, s'il faut
que Martin baston trotte ? et qu'est ceci à dire ? je
ne serai donc le maistre à ma maison, Alison ?
croy hardiment qu'il m'en souviendra, et fust à
cent ans d'icy ; et dy à ton pere, que baste [2], et
qu'un bon coup payera tout : à qui pense il
avoir affaire ? sont des contes cela, tu Dieu !
Vrayment (dist Anselme) voylà de tres belles
quereles, et bien fondees. Haa, je vous diray
(respond maistre Huguet) il est malaisé et quasi
impossible que voysins n'ayent quelque different ; je le sçay bien pour moi. Il y a des gens
avec lesquelz vous ne pourriez avoir amytié, tant
sont pleins de mauvaise grace : et ne congnois
homme de ce païs, qui s'y puisse honnestement
reigler. Par mon cotin [3] (dist Lubin) il est vray ;
toutesfois Perrot Claquedent, que tous avez
cogneu, faisoit bien cela : car à grand peine
ouystes vous jamais gueres dire qu'il prinst noise
avec voysin qu'il eust, et tant y a qu'il estoit
d'ordinaire appellé des Nobles, et à leur conseil,
où il s'entendoit tres bien, et y gaigna tout son
bien. Vous dites le mieux du monde (dist Pasquier) mais c'est un entre cent ; ainsi que
tout le monde ne peult pas avoir les couillons

1. Va-t'en.
2. En voilà assez, locution venue de l'italien ou de l'espagnol, car les deux langues ont le mot *bastar*, *bastare*
comme nous avions le vieux mot *bastant*, suffisant.
3. *Cotà*, cabane.

d'acier. J'ai souventesfois (dist Anselme) ouï parler de ce Perrot comme d'un grant allant, et qui (à propos) entretenoit fort ces gentilzhommes, avec lesquelz se trouvoit fort bien; mesmes à quelques banquets qui se fussent faits (s'il en eust senti la fumee) n'eust eu garde d'en perdre sa part : que si vous trouvez bon que je die ce que luy ay vu faire autresfois, je mettray peine[1] m'y acquitter. Alors tout le monde le pria, et qu'il ne falloit ainsi demander congé d'une chose qu'il pouvoit sans commandement.

XII.

De Perrot Claquedent.

Grand mercy (dist Anselme) il n'y a celuy qui ne congnoisse que Perrot fut un bon vilain, tendre du pourpoint et du cerveau, qui voluntiers ne se soucioit qui payast, mais qu'il beust. Mais il avoit un mal en lui (comme nous sommes tous imparfaits) que combien qu'il fust de grand conseil aux affaires estrangeres, aux siennes il estoit aveuglé, abesti, et de nul esprit, pource que (me semble) il est bien facile d'enseigner, combien que le remonstreur ne sauroit faire. De Perrot, il regnoit en son quartier comme un petit demy dieu et vray coq de paroisse. Regnoit, dis je, à cause de sa grande diligence aux affaires d'autruy; par ce moyen, tout le monde accouroit à luy pour sa preu-

---

1. Je m'efforcerai.

dhommie et savoir; car, pour mourir (qui est grand cas) un proces ne se fust intenté, que premier il n'y eust mis la main, assis son jugement seur, et (avec ses lunettes apposees au nez, haussant un peu sa vüe) enfoncé les matieres; et pour recompense avoit la nouveauté de tous les fruits du païs, ou Oysons, Poulets, il ne luy challoit; car indifferemment, et sans grand esgard, il prenoit tout, neantmoins qu'il refusoit un peu, disant (mode des advocats) qu'il estoit assez conténté du bon vouloir; mais puisqu'on estoit tant importun, il n'y avoit remede. Il avoit aussi cela de bon, que quelque banquet qui se feist, il s'y trouvoit, encores sans y estre invité, et commençoit à rire et saluer la compagnie dès l'entree de la maison, disant : Dieu soit ceans et les Moynes chez le Diable! Voylà belle compagnie; Dieu doint qu'à cent ans d'icy nous nous puissions tous estrangler. Et après qu'il avoit devestu sa robe, et mise sur un coffre, se mettoit à la table, où, quelque rebrassé qui y fut, nul n'estoit (a) mieux adroit que lui, et qui mieux tinst son ordre, tousjours en contant quelque fable, quelque cas de nouveau, quelques nouvelles fresches, qu'il inventoit sur le champ, ou bien de quelque procès, que promptement intentoit, et tellement par divers incidens le continuoit, qu'il en venoit à son honneur. Puis disoit : Donnez moy de cecy, prestez moy ce couteau, donnez moy du vin pour boire, n'ostez point cela, servez sans desservir. Dieu pardoint [1] à un tel; car voylà le

---

a. Var. : *Nul estoit.*

1. Pardonne.

morceau que plus voluntiers il mengeoit. De tous poissons, fors de la Tenche [1] : prenez les ailes d'un Chapon, neantmoins qu'aucuns docteurs dient d'une garce. Voylà le morceau pourquoy la bonne femme tua son mouton : et ce morceau honteux [2] demeurera il ? Ma dame, pource que vous ne dormez pas assez, vous plaist il ce pied de poule ? Oh, le bon bœuf ! je croy qu'il soit de carhes [3] : donnez ce pigeon, je le mettrai au busq : encores un filet de ce vinaigre, ma fille. Ha, diable ! ces chambrieres vous l'ont gasté. Eh que vous avez mauvaise teste ! ma Dame, un saupiquet ci dessouz ne seroit pas mauvais : mais qui mettroit encore cecy en la broche ? Haa, gentil Levraut, tu sois le bien venu ; ma foy, il n'est que my crud ; ça, donnez, je le mettrai à la mode de la feu royne Gillette [4]. Comment, Monsieur, cecy demourera il ? Je le croy bien, les premiers morceaux font ennuy aux autres. Tiens, mon filz, mets cecy sur le gril, et je te marieray à ma fille aisnee, ce m'aist dieu, puis me donne à boire de ce flacon. Grand

1. Du Fail a l'habitude de ne donner que les premiers mots d'une chanson, d'un proverbe. Celui-ci est complet ainsi :

De tous poissons, fors que la tenche
Prenez le dos, laissez la penche (panse).

Rabelais dit : *De tous poissons fors que la tenche, prenez l'aesle de la perdrix ou la cuisse d'une nonain.* Le rapprochement de cette phrase et de celle de du Fail nous semble démontrer à nouveau ce que nous avons déjà dit de l'inspiration rabelaisienne chez notre auteur dès les *Propos rustiques*.

2. Solitaire.

3. ?

4. On disait cuisinier de la reine Gillette pour mauvais cuisinier.

mercy, Monsieur, je vous plegerai. Mets comme pour toy. Je vous serviray le jour de vos noces : tenez, mon petit amy, or ne mentez point, combien mengeriez vous de cecy avant que les oreilles vous cheussent [1] ? Cecy ne se fust sauvé devant moy il y a quinze ans. Oh, le bon appetit ! tenez, comme il briffe [2] ! Qui lui attacheroit des sonnettes au menton, vertu saint Gris ! Avoit il mangé son saoul de gland, le gallant ? Je n'ay plus dent qui rien vaille. Il en y a qui ne mengent point entre leurs heures, ou plus au matin que au soir ; je menge à toutes heures, et m'en trouve bien. Faisons comme les sergens, relevons mengerie : je ne donnerois pas de tout ce que nous mengeons, si nous ne buvons, une merde. Ostez cette eaue, il est assez fort sans elle ; au matin tout pur, au soir sans eau : à fol, fromage. Mon ami, leve ceste serviette : baillez à un vilain une serviette, il en fera des estrivieres : de peur d'oublier mon couteau, donne moy à boire. Je suis saoul ; j'ai le ventre tendu comme un tabourin à cordes ; je dancerois bien en rond : mengez ; vous ne beuvez point : après avoir fait un bon repas, il faut devenir chiches. Bren, si mes enfans sont gens de bien, ils vivront : apres avoir bien brouillé, nous n'avons que nos despens : du vin, ou j'en demanderay : après la poire, il faut boire : si femme savoit que vaut pomme, jamais n'en donneroit à homme. Or ça, Compere, à cause de luy, pour l'amour

---

1. De *choir*.
2. On appelait *briffaut*, un grand mangeur ; *brifer* viendrait du bas-breton *brifa*.

d'elle. Là, ma cousine, si j'ay bu à ma commere, ma commere a bu à moy : là, vous n'en mourrez pas pour un coup à la Bretesque [1]. Je ne m'en iray pas de ceans avec la soif. Compere Anselme (dist maistre Huguet) je vous prie, soyez bref, et le faire court; car je veux (avant que la nuit soit plus avancee) vous dire quelque cas d'assez bon goust, le tout pour entretenir le propos de celle antique preudhommie. Par mon serment (dit Pasquier) je dirois bien de Perrot davantage, le tout bien à propos. Mais, à raison de la nuit qui approche, et que nous en avons dit de vertes et de meures, je suis prest de quitter le jeu, vous laissant le temps qu'avois deliberé employer au demeurant de mon propos à vostre dernier conte. Alors Lubin vouloit se lever, disant qu'il estoit las, et qu'à peine pourroit s'en aller, qu'il ne fust longuement attendu de sa femme, au moyen de quoy envoya querir sa jument noire, et demeura encores pour ouyr maistre Huguet, qui commença [disant] :

XIII.

De Gobemousche.

Gobemousche (compagnons et amis) (a) comme vous l'avez congnu, estoit un terrible Senault[2] et bon Vilain, et payoit voluntiers pinte

---

a. Var. : *O mes compagnons et amys.*

1. A la bretonne.
2. Gaillard.

ou tout le pot, quand il n'estoit point en son
Lourdaut. Quelquefois, estant de loisir avec son
compere Trainefournille, faisoit de beaux souhaits et à proufit, entre autres (pour estre brief)
que s'il estoit gros Seigneur, il meneroit ses
bœufs à cheval, ou bien garderoit ses moutons
à pied. Et que s'il y avoit quelque beau manche
de fouet en païs, ou quelque beau quartier de
Cormier, pour faire un manche de coingnee, il
les auroit, ou y auroit bien tiré à la poche. Par
ma vie (lui respondoit de mesmes son compere
Trainefournille) c'est tres bien souhaité à vous :
et ne pensez pas, non, que je voulusse donner
mes souhaits pour beaucoup; car le plus souvent, il m'est advis que je suis un grand Seigneur, et en cet advis, fais mille belles maisons,
et à la fin, je me trouve aussi avancé comme au
paravant. Bo bo [1] (disoit Gobemousche) je ne me
soucierois beaucoup de tant de belles besongnes
qu'ont ces gros et puissans gentilshommes; il
me suffiroit seulement de menger de ce beau
lard jaune, à celle fin que les chiens me regardassent; et croyez d'asseurance que je mengerois tout mon saoul de feves et de pois, si le
quart n'en coustoit plus de deux unzains; autant
en ferois de ces belles andouilles avec de la
porree, et des Oyes grasses lardees de vieil lard,
et en rien ne semble ceux qui aiment mieux
deux chiens qu'un porc, il y a bien difference.
Ce discret honneste homme Gobemousche, un
matin couplant ses bœufs pour charruer, près le
moulin à vent, s'advisa (attendu qu'il estoit bien

---

1. Pour bon! bon!

pour ce faire) qu'il envoyeroit son filz Guillaume à l'escole, souz maistre Bajaret. Nous avons (dist lors Anselme) maintesfois argué de Grecisme ensemble. Je le pense bien (dist maistre Huguet) car il fut bien savant (a), ainsi que m'afferma Haudulphi, un jour que le trouvai peschant à la ligne. Et l'y envoya, pource que sa mere le gastoit à lui apprendre mille sottes façons de dire et manieres de faire fort estranges, comme ne pisser contre le vent, ne dire chat la nuict, ne rongner ses ongles au Dimanche, car le diable en allonge les siennes; ne prendre chemise blanche, ne dancer, ne chanter au vendredy, ne filer au samedy, n'estudier aux festes : mais loisible jouer aux quilles 1, aux bibelots, ou à cochon va devant. Pour guerir des verrues 2, faut toucher à la robe d'un Cocu, [d'un cornu ou d'un mouton]; c'est celuy à qui l'on biscote sa femme, dont à quelque chose sert malheur [moyennant que ce soit à quelque bon diable] : pour la fievre, prendre neuf petites pierres et les envelopper en un mouchouer, puis le premier qui les trouvera prendra la fievre; faut estre huit jours entiers, après les noces faites, sans toucher à sa femme [et au bout du terme, baiser l'autel et aller à l'offrande] encores avec protestation. Qui veult estre marié en l'an, prenne le premier papillon qu'il verra. Qui veut

a. Var. : *Car bien savant fut.*

1. L'éd. de 1549 ajoute seulement : *ou à cornichon va devant*. Rabelais dit : *à cochonnet va devant*.
2. Verrures, 1548; verrues, 1549. Le compositeur de l'édition parisienne était sans doute normand. On dit encore verrure, populairement, dans cette province.

gaigner le pré Raoul de Rennes, ou le pourceau de Bleron [l'arpent de vigne de monsieur de Paris, ou le quartier des foasseries] ne faut se repentir dedans l'an d'avoir esté marié. Qui garde les souliers en quoi on a espousé, cela sert moult à avoir bon menage ; autant en est des treize deniers desquelz sont achetees les femmes [et bonne recette pour les garder et n'estre janin, est de jamais ne les perdre de vue]¹. Guillaume ayant changé presque tous ces petits mots, souz la doctrine de maistre Bajaret, fut mandé par son pere Gobemousche pour rendre raison et du temps et de l'argent ; et fut le messager grand Jean le Beurrier, un ferial beuveur et bon compagnon, auquel Guillaume en contoit de toutes façons, et comme il l'entendoit, le tout à la bonne foy. Morbieu (disoit il) qu'ils seront esbahis de me voir à cette heure ! je suis seur qu'ils me decongnoitront ; car je n'estois pas un tel gallant quand j'y allay. Je n'en doute point (respondit grand Jean) attendu la coustume du païs ; aussi que vous estes habile homme et bon clerc. Per diem (disoit Guillaume) je ne dis pas pour me vanter ; car vanterie, comme dit l'autre. Mais quand il sera question d'arguer (*a*) [je parlerai si bien latin, que ma mere n'y entendra rien. Oui, vertubieu !] je ne dy mot, et gage qu'on verra beau jeu ¹ ; demandez un peu : ha !

a. Var. : *Quand il sera question d'arguer... je ne dis mot.*

1. Toutes ces superstitions, fonds de l'éducation des femmes, sont avec beaucoup d'autres enregistrées et combattues par l'abbé Thiers dans son *Traité des superstitions*. Je ne crois pas cependant que l'habitude de garder la con-

toutesfois, vous ne le recongnoissez pas ; mais à propos, nous avons fait de bons petits tours ensemble. Par ma foy (mais je vous prie n'en dire rien) pour une apres disnee, nous avons, moy et lui et un autre bon garçon, desrobé environ une douzaine de chastaignes à nostre hostesse, tandis qu'elle estoit à matines (*a*), et les allasmes manger au pré Fichaut, au Soleil ; puis chacun tire à la bourse pour avoir des pommes pour un liard et du vin pour un double¹ : et vous respons de cela, que tous fumes yvres, et n'eust esté je ne sçay quoy, comme vous entendez, nous eussions querelé des lavandieres qui estoient là. Voylà, mon amy, comme font les garçons quand se trouvent ensemble : aussi, que après bons vins, bons Chevaux. [Force beurre, force oygnons, et grand planté de moutarde, c'est saulce de morue et de merlans, aussi bonne que le pleur feminin pour les janins.] Je m'esbahis (disoit grand Jean, qui ne cherchoit qu'à s'en deffaire pource qu'il lui rompoit la teste) que vous ne vous hastez, car ils vous attendent de tout le païs. Je croy que vous dites vray (disoit Guillaume) il vaut donc mieux que me diligente : à Dieu donc, grand Jean. A Dieu,

---

a. Var. : *A la messe*.

tinence pendant huit jours après le mariage ait été bien répandue. On se contentait de faire ce qu'on appelait la *nuit de Tobie*, c'est-à-dire de passer une première nuit en prières. En résumé il n'y a d'efficace dans tous ces conseils que le dernier, que la Fontaine a paraphrasé dans l'*Anneau d'Hans Carvel*.

Voyez aussi les *Évangiles des quenouilles*.

1. Le *double* valait deux deniers tournois.

Guillaume. Lequel, hastant ses pas, commença à courir comme le viateur qui, estant à la pluye au milieu d'une plaine, voyant au bout un large chesne, possible creux, ne cesse de courir (le chapeau bridé, le baston par continuelle motion çà et là branlant) jusques à ce qu'il ayt atteint le but pretendu. Aussi Guillaume ne cessa jusques à ce qu'il fut rendu, hors d'haleine, et tirant la langue de demy pied ; et arrivé, trouva son pere Gobemousche emmanchant une faucille, lequel, en sursaut, dit : C'est toi donc, Guillaume ? Et de la chere [1] ? Tousjours plus sain que sage (respondit notre ferial Guillaume). Peu après, il salua mignonnement tous ceux du village, mesmes Tugal le Court, qui, luy ayant fait des chausses deux ans devant, lui avoit attaché la brayette derriere, en sorte qu'il le hayoît (a) mortellement : pourquoy j'eusse pensé qu'il ne l'eust daigné saluer, mais si feit. Depuis fut (à la suasion [2] de sa mere) interrogé par dam Sylvestre Sortes, et fut trouvé bon Grammarien positif et bon petit Sophiste. Au moyen de quoy tint les conclusions à tous venans, sous l'If de la paroisse ; et pource qu'il parloit haut, fut jugé, mesmes par sa mere et sa cousine, les avoir mis tous sur le cul, et rendu quinauds ; tellement qu'on parloit de lui jusques à Becherel, à son bien grand avantage. Il est temps (dist Lubin, faire fin à noz propos [pour ce jour]. De ma part, je m'en vais retirer, prenant congé de

---

a. Var. : *Haïssait.*

1. Chère signifie ici *mine* et par suite *santé*.
2. D'après le désir.

vos bonnes graces, jusques à une autre fois, vous remerciant de votre bonne compagnie. Quoy voyant, tout le reste se retira, chacun à sa chacune (*a*), remettant le surplus à la prochaine feste, et monterent sur leurs jumens, qu'on leur avoit amenees. Mais avant que partir, maistre Huguet, jà à cheval, se tourna vers les jeunes, qui commençoient à s'en aller, et leur dit [après avoir raccoustré son vieux brodequin]: Enfants! tant que preudhomme a vie, il ne se doit esmayer [1]. Au moyen dequoy servez à Dieu et le craingnez, et ne vous souciez au reste; car c'est peu de cas que biens et telz points de fortunes, auxquelz nous nous confions. Faites donc grand' chere, mes petits Enfans, riez, jazez, voltigez, gaudissez, beuvez d'autant, entretenez les Dames, triomphez, pennadez [2], ballez, gambadez, poussez les dets, virez la carte, faites les tours, [fifres sonnez, frappez tambours], faites le pied de veau; long ce revers, roide cette taillade, fort cette pointe, haut le verre, mettez où il faut; entrez d'une estocade (*b*) avec trois pas en arriere, et ne vous souciez que d'escrire toutesfois si vous advisez. Mais rien, ne laissez pas d'aller, et faites ce que je vous ay dit, et vous vous en trouverez bien : allez, mes enfants, que Dieu vous convoye [3]. Adieu donc, puis que boire ne voulez. Je me recommande à vous. Et moy à

---

a. Var. : *A sa chacunière*.
b. Var. : *Pointe*.

1. Émouvoir, verbe tiré régulièrement d'*esmoy*.
2. *Pennade* a le sens de *ruade*.
3. Conduise.

vous. Je vous prie, tel, m'envoyer un cent de lattes pour embesongner mes couvreurs, au matin, en attendant qu'il en soit venu de Monfort. Je le feray, et n'y aura faute. A Dieu donc. Escoutez, allez, allez, si [vous] ne vouliez dire, nenny non [1]. [Bon prou [2] vous face. Que le diable y ait part à ceux qui veulent empescher une bonne partie,]

Puis qu'ainsi est.

XIV.

Les propos de la seconde journee, par Thibaud Monsieur et Fiacre Sire, neveuz de maistre Huguet [3].

La prochaine feste, qui fut de saint Vincent, jour fatal pour les Vignerons et Capettes [4] :

1. Ici finit l'édition de 1549 (Lyon), mais non pas celle de 1548 (Paris), comme le dit M. Guichard. Celle-ci contient bien les deux chapitres suivants. On a pu voir par les variantes et les suppressions faites à l'édition de 1549 qu'il est très-probable qu'elle a bien été revue *par l'auteur* et non *par un de ses amis*. Presque toutes les corrections sont préférables au précédent texte. Si je ne l'ai pas suivie de préférence, c'est que par cela même, elle est moins complète. Il faut tout donner, même le mauvais quand on ne fait pas un choix, mais une restitution. Il est évident aussi que les deux chapitres suivants, incomplets, sans conclusion, avaient été avec raison retranchés par du Fail.

2. Pour *bon proufit ?* bon prou ne peut avoir aucun sens.

3. La nouvelle CII des *Nouvelles* de Bonaventure des Periers est composée avec le commencement du chapitre VI des *Propos rustiques* jusqu'à : *des dangers qui en eussent peu sourdre* et une partie de celui-ci, depuis : *il fut amoureux de son hostesse* jusqu'à la fin de la chanson de maistre Huguet, sauf quelques phrases.

4. La Saint-Vincent, 22 janvier, a fourni beaucoup de

de sorte, que si l'espine y degoute, est aux uns signe de bonne vinee, et aux autres de double portion : maistre Huguet demeuré malade, vindrent ses deux neveuz Fiacre Sire, et Thibaud Monsieur, bons garçons, et ayans toute leur jeunesse couru l'esguillette et la poule [1], pour suppleer au default de leur oncle, et suyvre les propos encommencés. Je suis esmerveillé (dit Fiacre) voyant tous ses compagnons en un monceau, que nous n'avons autres manieres et sortes de contes, que de la charrue, et de nos bœufs ; ce temps n'est plus comme il souloit [2], le present ne semble au passé [3], et demande ce jour autres façons de faire, et difference de passetemps. Par le sang dienne [4], Messieurs, il faut parler de choses plus grandes et hautes. Qu'en dites vous, cousin Thibaud? n'estes vous pas de cest advis? Sainte Marande [5], respond

proverbes ruraux : Je n'en citerai qu'un :
> A la Saint Vincent
> Le vin monte au sarment
> Ou s'il gèle il en descend.
> *Adages français.*
> *Livre des Proverbes* de Leroux de Lincy.

Aussi saint Vincent est-il le patron des vignerons.

1. On prétend que les femmes débauchées de Toulouse étaient obligées de porter une aiguillette sur l'épaule pour se faire reconnaître, d'où *Courir l'aiguillette* c'est ou courir *avec* l'aiguillette ou courir *après* l'aiguillette. Cette locution a donc les deux sexes. *Courir la poule* se trouve dans Rabelais, pour marauder, avec un sens spécial se rapprochant de celui de *courir l'aiguillette*.

2. De *solere*, avoir l'habitude.

3. Le présent ne ressemble pas au passé.

4. Par le sang Dieu ! juron de Charles IX.

5.   Je ne sçay, par sainte Marande,
  Que c'est-à-dire cela.
  Farce du badin qui se loue. *Ancien théâtre français.*

Monsieur, tout ce que vous voudrez : je suis de tous bons accords : baillez moy seulement la partie. Parlons des bons tours, et souveraines sciences, que nous aprenions estudians en la diversité [1] de Sirap. N'est ce pas bien dit, Fiacre? Trop bien, respondit il, par le saint de nostre paroisse, et mieux rencontré que nostre vicaire quand il prosne, qu'en despit de l'yvrongne : alors qu'il nous deust dire les festes de toute la semaine, feignant tanser les petits enfans qui ragent, et crient, s'amuse à regarder les meres d'un tel œil, qu'il s'oublie soy mesmes. Voylà r'entré de cœurs [2] (dist le Sire) est ce point pour l'amour de ta femme? Eh, ne prens point de l'autruy pour ton propre (respond le notable Thibaud) : On sait bien que ta sœur estime plus son ombre que celle des saulsayes [3] de Tours. C'est trop s'esgarer de nostre voye (dist son cousin) rentrons d'où nous sommes sortis. Il me souvient bien avoir autresfois ouy dire à mon oncle dam Huguet, que, du tems de ses terminances [4] il fut amoureux de son hostesse, et se fourra si avant en l'amour, qu'il laissa Dialectique, Logique, Physique, et toutes telles resveries à tous les diables, pour mieux

1. Encore une plaisanterie bien digne de Rabelais : la *diversité de Sirap* pour l'*Université de Paris*.
2. Pour les cartomanciens, le cœur est un signe heureux comme le pique un signe malheureux; *rentrée de cœurs* est un coup favorable, *rentrée de piques noires* défavorable, aussi cette dernière expression désigne-t-elle un trouble apporté dans la conversation de deux interlocuteurs par une nouvelle idée ou un nouveau venu.
3. De *saulx, saulsaie*, comme de *saule, saulaie*.
4. Dernières thèses.

obtemperer à ses passions et entretenir ses fantasies. Si bien que de Sophiste, et fol Logicien, il devint l'un des plus sots amants du monde, venant du premier coup parler à sa grande Perrine, luy disant : Helas, principale et seule regence de mes entrailles! Que n'ay je le moyen de vous en faire l'anatomie sans mort! Vous verriez comme mon cœur s'eschauffe, le foye fume, mon poulmon rostist, et l'espine me brusle si ardemment, que j'en ay la rate (*a*) gatee, et tant que je suis perdu, s'il ne vous plaist me retrouver (*b*). Mon Dieu! que de peines a [1] celuy qui commence à aymer! il n'en peult menger sa soupe, sans engresser sa jaquette. Ha, Amour! quand je pense en vostre assiette, je conclu qu'il y fault entrer par Nature, et pousser en B dur : car le mol n'y vaut rien [2]. C'est à propos de la musique, durant qu'il y apprenoit. J'ay encore bonne memoire, qu'à la fin de telz bragueux [3] deviz mon oncle fut refusé. A raison dequoy se mit à contrepointer une chanson, que j'ay quasi oubliee. Tout beau, tout beau, Thibaud Monsieur, refermez vostre

---

a. Var. : *La teste — la vie.* Des Periers.
b. Var. : *Dont je suis perdu, s'il ne vous plaist me consoler, Id.*

1. Je rétablis *a* au lieu d'*à* que M. L. Lacour, comme M. Guichard, a mis d'après l'éd. de 1548. Ce n'est pas que la phrase soit incompréhensible sans cela ; mais il ne faut pas abuser de l'archaïsme quand on peut faire autrement. Je suis l'éd. de 1549.
2. Nous disons maintenant *bécarre, bémol*, ce qui rend l'allusion moins claire.
3. Comme *braguard,* pimpant, joyeux.

bouche; j'ai advisé le coin du memorial où je l'avois enfermee en mon cerveau, pour la garder plus seurement. Elle estoit telle :

CHANSON DE MAISTRE HUGUET,
DU TEMPS QU'IL ESTOIT AMOUREUX.

Ce refus tout outre me passe,
Et peu s'en fault que n'en trepasse :
Las! il fault endurer beaucoup
Pour aymer un seul petit coup !

Ah! vous avez grand tort, Perrine[1],
Je vous pensois douce et benigne,
Mais j'ay bien congnu à l'effait
Que vous vous moquez de mon fait.

Je vous ay declaré ma peine,
Et que c'est qui vers vous me meine;
J'en souffre trop de la moytié,
Et n'en avez point de pitié.

Or, fault-il bien faire autre chose,
Car l'amour qu'est dans moy enclose
Ne me lairra point en repos,
Si vous n'avez autres propos.

Toutes les fois que vous voy rire,
Je vous viendrois voluntiers dire :
Dites moi, belle, si m'aymez;
Je vous ayme, ne m'en blasmez.

Visage avez de bonne grace,
Comme moy estes grosse et grasse :
Aymez moy donc, Dame, aymez moy,
Et mon cœur jetez hors d'esmoy.

Si mon malayse vous peult plaire,
Mon heur vous pourra il deplaire?
Qui du mal d'autruy s'esjouyst,
Le sien fait qu'on s'en resjouyst.

---

1. Dans la *Nouvelle* de des Periers *Perrine* est remplacée par *voisine*. Il y a d'autres légères différences que je ne crois pas à propos de signaler.

Tous les jours en la patenostre,
Pardonnons à l'ennemy nostre :
Point ne suis je vostre ennemy,
Mais vostre langoureux amy.

Si de m'aymer n'avez envie,
Pardonnez au moins à ma vie
Et en ayez quelque remord,
Ou serez cause de ma mort.

Je ne saurois me plaire au vivre,
Languissant tousjours à poursuyvre.
Il vaudroit trop mieux n'aymer point,
Qu'attendre sans venir au poinct.

Aymez, puis qu'estes tant aymee,
Vous en serez mieux estimee :
Vostre grace et vostre maintien
Me gluént à vostre entretien.

Mon amour commença Dimanche,
N'est-il pas temps que vous emmanche ?
J'ay desjà trois jours attendu,
C'est trop pour un homme entendu.

Je ne puis bonnement comprendre
Quel plaisir c'est de tant attendre :
Du temps perdu je suis marry,
N'en deplaise à vostre mary.

Quel diable de chanson est ce là? dist Thibaud. Lorris [1] ne fit jamais si long plaintif de sa Rose, ni Matheolus de son cocuage et bigamerie. C'estoit un terrible rithmart [2], pour un amy de trois serees [3]. Encores n'est ce pas tout (respond Fiacre). Hoo, attens, laisse moy songer un tantet [4], je te diray la fin en deux mots,

---

1. Dans son *Romant de la Rose*.
2. Rimeur.
3. Soirées. Les *Serées* de Guillaume Bouchet ont popularisé ce mot.
4. Nous disons encore un *tantinet*.

puis viendray au demourant. Davantage, tu dois entendre que ceste ci est une plus qu'autre chanson : car la trouvant à goust, et ayant la veine en poupe, il la voulut encantiquer : je voulois dire mettre en cantique, a fin que la Done eust quelque esgard à sa valeur, comme d'une chose outrepassant la coustume. Sçay tu pas bien l'authorité de messire Morice, touchant la bonne perseverance, qu'il allegue à ce propos ? Outre plus l'on dit communement, que d'une amour aysee et facile, l'entree n'en fut jamais plaisante : car, soustenoit un bon fripon, ou elle est trop large, trop frayee, ou trop desguisee. Mordienne, quel docteur ! (dist Monsieur) et tu y es plus que distinctionnaire, tu entends toutes les questions. Je te prie, ne marchons plus avant (respond le Sire) et que je touche au but. Ta prose est si attirante, qu'elle me fait oublier mes coupletz, de maniere que si tu continuois plus gueres, tu n'aurois quasi que me dire, ne moy que te repliquer. Or, paix donc.

> Ce gros Jean tousjours nous escoute :
> Je croy que de nous deux se doute,
> Et est de peur quasi vaincu ;
> Je te pry, faisons le coqu.
>
> Tu entends très bien la maniere,
> Au soir, par ton huys de derriere ;
> Et sais qu'à moy n'ha pas tenu
> Que plustost n'a esté cornu.
>
> En ta maison n'est point les festes,
> Et ne va cherchant que les bestes :
> Belier il est, bien le sait on,
> Faisons qu'aujourd'huy soit Mouton.

Or çà, Fiacre mon amy (dist Thibaud) quelle

response eust il de cest harmonieux chant ? Il se peult chanter, comme je cuyde, sur : Puis que nouvelle affection [1]. Quelle ? cousin plus que germain (respondit le Sire) pour mourir tout à un coup, s'il n'eust esté des fols de la haute gamme : mais son naturel empescha pour l'heure si bien la passion accidentale, qu'il n'en eut que les fievres. Maistre Curé, luy dit la pute, qui vous fait si hardy de me requerir ? Est ce la bonne opinion que vous devez avoir de moy, comme mon hoste et domestique [2] ? S'ensuyt il, pourtant si tous les prebstres de nostre paroisse vindrent ici chanter l'O le jour saint Thomas [3], que mes besongnes se mesurent à l'esquerre ? Allez, sot, allez, benest, vostre reigle n'est pas bonne, et

1. Voilà cette chanson, vraiment jolie :

>   Puis que nouvelle affection
>   A vaincu la perfection
>   Qui mon cœur peut seule enflammer,
>   Amy, je ne veux plus aymer.
>
>   Je ne veux plus que l'on me voye
>   Porter ennuy et feindre joye,
>   Mal recueillir et bien semer,
>   Amy, je ne veux plus aymer.
>
>   Desormais en ma fantasie
>   N'entreront peur ne jalousie
>   Qui mon cœur puissent entamer,
>   Amy, je ne veux plus aymer.
>
>   Desormais de sain jugement
>   Je pourray juger franchement,
>   Le faux et le vray affermer.
>   Amy, je ne veux plus aymer.
>
>   La belle me semblera belle,
>   La laide me semblera laide,
>   Le doux, doux et l'amer, amer,
>   Amy, je ne veux plus aymer.

2. Vivant dans la maison, *domus*.

3. La Saint-Thomas tombe le 21 décembre, c'est-à-dire au moment où se chantent les O de Noël?

est vostre plomb trop legier, pour compasser telles matieres. Saint Veset[1] ! dist lors mon oncle, si pensois je bien entendre la prospective d'un fondement si souvent descouvert que le vostre. Par ma foy, cousin mon amy, mon povre oncle (ce voyant) eut recours aux reservateurs de la doctrine amoureuse de son temps, mesmes à Fines esguilles, Raves, douces raves, et à Longue eschigne, Balays, balays[2] : estimant par le moyen de telles reverentes personnes, venir au bout de ses ententes. Quoy ? du premier coup se descouvrir aux maquereaux et maquerelles ? Par les dignes pierres, dont saint Estienne fut lapidé (dist Thibaud Monsieur) c'est mal entendu le per. Il n'y a au monde si seur messager ne mediateur d'amours, que le dedans d'une bourse bien garnie, et un cœur hardy et advantageux de demander, sans faire tant le puceau honteux, et le Babouin.

Ouy mais, cousin Thibaud (respond Fiacre) il la vouloit avoir comme amie, par bon, long, et obeissant service, non comme putain ; joint qu'il avoit appris la theorique de l'amour, et par livre, sans qu'il l'eust onc pratiquee. Entre autres il avoit leu la repetition Bragmardienne, et sur la loy de Julius des Adulteres, faite à Thoulouse en l'an cinq cents et sept. Là met l'autheur la difference entre Putain, Paillarde, Dame, Maistresse, et Amye. Sans point de faulte, c'estoit une

---

1. On ne se doute pas du nombre des saints inconnus !
2. Les marchands ambulants jouaient fort bien ce rôle d'entremetteurs. La Célestine s'introduit chez Mélibée, sous prétexte de vendre du fil. Voyez : *la Célestine* par Fernand de Rojas, traduction de M. Germond de Lavigne.

question qui passoit le commun du village, aussi ne l'avoit il jamais bien entendue : mesmement qu'à grand peine un rustique de sa sorte peult estre civil au fleur de la marmyte [1]. Il fault marcher un peu plus loin, qui veult voir les hauts clochers. Et voicy rage (dist Monsieur) et où en as-tu tant estudié? Je te prendrois aussi bien pour l'enseigne des brevieres du Curé, qui donne de si bon cœur les fievres quartaines aux hommes de sa paroisse, et excuse tant bien ses paroissiennes. Tu sçay qu'il est, je te diray seulement ce mot en passant. Ce bon zelateur du deshonneur des femmes reprenoit, un lendemain de Noël, ses pitaux [2] de leur mode de faire assez inconsideree et sotte, et leur disoit : Je suis tout esbahy de vous autres, qui avez robes courtes, et les chemises serrees dans vos chausses, que vous ne suyvez, en venant à la messe, les voyettes [3] des gueretz, et ne passez par les rottes [4], sans monter, comme hernez [5], pas à pas sur les eschalliers, avec vos souliers et sabots tout fangeux? vos pauvres femmes, filles et chambrieres s'y crottent toutes leurs chemises, je m'en suis bien aperçu. Et te voylà plus meslé que l'escheveau de nostre chambriere (dist le bon Thibaud). Ha! coūsin (respond Fiacre) la brayette sacerdotale est chose trop digne pour toy. Mais toy, cousin Sire, où as tu peu en-

---

1. Du premier coup, rien qu'en regardant les choses superficiellement.
2. Paysans.
3. Sentiers.
4. Routes.
5. Hernieux.

tendre, et qui t'a si bien dissouls les methodes de planter le may ¹ au trou d'antan? Je n'eusse pas sceu que tu t'en estois fuy à Lyon, après que tu eus descouvert les Sirapiennes ², si tu ne m'eusses dit trois mots du jargon de la done Pernetta? Ainsi s'accusa le Curé d'avoir levé le corset des pacientes Dames. Asseure toy, Thibaud Domine, que l'on apprend pour le jourd'huy plus avec aucuns Sires, que des quadrangulaires³? Si pour le jourd'huy l'un de ces messires se trouve en noce, banquet, ou festin d'accouchee, avec leur clerc damp Josse le Bossu, il n'y aura bon morceau que pour eux, au moins s'ilz sont privés de l'F tranchee ⁴ : puis apres avoir masché à la libre Tudesque, saouls comme Grives, font leurs declamations des peines qu'ilz ont pour servir leur mere, et à confesser (a). Voylà la plus grande et saine partie des propos de telles bestiales personnes. Mais d'un Sire bien entendu, qui sait que c'est de vivre entre les hommes de bon jugement, d'esprit, et de vertu, ses deviz ne sont point sans proufit. De sorte qu'on s'en esbahyt, et les a l'on en admiration, mesmes le Noble de notre bourg. Car s'il est question de parler outre leurs marchandises, de navigation, d'Architec-

---

a. Var. : *Cons fecer* (1548).

1. *Lomay,* disent les éditions de 1548 et de 1549. *Planter le mai* a un sens libre, qu'il est inutile d'expliquer plus en détail.
2. Parisiennes.
3. Les bonnets carrés des prêtres autorisent cette désignation au moins aussi inusitée que singulière.
4. Femme.

ture, des ars liberaux et Mathematiques, civilité, honnesteté, science, et bonne experience des manieres de vivre et façons modernes, les bonnets à l'orbalestre en triomphent autant bien, que nos nouveaux Cremonistes et Florentins, dont la pluspart n'a l'usage que de faire arrester[1] l'espee, dresser la parade, et porter l'arriere niece d'une gibessiere pleine de coton, feignans estre acquits, ou commissions, pour les nouvelles guerres de Savoye[2]. Et quant aux femmes de chaperon doublé d'un faux manchon de quelque vieil damas, et à bord par derriere de veloux, où en trouvez vous de plus galantes (nos gentifemmes et courtisanes exceptees) excellentes et braves, que nos glorieuses de Sirap? Il ne s'en fault que les Martres sublimes qu'elles n'osent mettre au col : mais pour s'en venger elles en doublent leurs pelissons de taffetas changeant. Vrayment la coiffure de credit a transferé le bon savoir, entretien, beau et bon parler, de l'extremité à son mylieu. Ha! ha! seigneur! respond Thibaud) : car je ne t'ose plus appeller (tant je te voy scientissime) Fiacre, Sire, ne cousin, vous vous oubliez, et sortez de nos terres. Retournons, que les Anglois ne nous surprennent. Que feit nostre oncle Huguet apres l'outrageuse response de son hostesse? Sur mon ame, tu as bonne retentoufle[3], je l'avois mise dans mes choux de disner, si tu ne la m'eusses r'amenee en memoire. Que penserois tu qu'il eust fait

1. Lever.
2. La grande guerre entre Charles-Quint et François Ier qui se termina par la paix de Cateau-Cambrésis.
3. Mémoire, de retenir, se rappeler.

(dist Fiacre) fors recommencer une plus urgente poursuyte? Sçay tu pas bien, qu'à gueule eschauffee la decoction de joberde [1] et verjust est plus saine que l'eaue fraische et claire? Il est bien vray que la dissimulation est une grande recepte pour nos rusees du jourd'huy. Mais quoy? chacun ne se plaist pas à attendre dix ans pour un baiser, mesmes d'une qui en derriere chauvist des oreilles [2], pretendant le coucher. La bonne personne r'entre d'une fievre lente en continue, passe tous les jours vingt fois devant sa porte, salue les fenestres, adore l'huys, se passionne, se crucie [3] et se tourmente : brief, fait plus de soupirs et admiratives à l'endroit de sa chambre, qu'un Mylanois devant le dosme Saint Ambroise, ou un Vénitien devant saint Marc : mande, et contremande, escrit, donne resveils et aubades de sa vieille guiterre, qu'on souloit nommer guiterne, loüe les savetiers du clos Moreau, pour les chansons [4], vend tous ses livres, sayes et robes fourrees au printemps, pour la resjouir d'une algarade d'espinette desemplumee, avec quatre violons à treize cordes ensemble, et huict cornets, le tout à quinze accords. Or cuydoit il après ces motets de chahuant avoir quelque bon tour d'œil, joyeux visage, et gaye caresse; si que le vendredy d'après Quasimodo, ayant sa lourde aymee acheté pour dix ou douze sols de menuyse, pour traiter ses cameristes au vin aigre, et valets au

1. Joubarbe.
2. Dresse les oreilles.
3. Se met comme en croix.
4. Les sérénades.

persil, le poursuyvant et venerable amoureux, vestu d'une saye de la robe nuptiale de son pere, que sa sotte mere lui avoit envoyee, au bust noir, d'unes chausses [1] à la cuyssotte et d'une marabaise [2] grise, la voulut aller voir. Advint qu'en entrant, elle (qui estoit maistresse chambriere de chambre, et cuysiniere) tenoit sa jate toute pleine d'eau seigneuse, tripes, amers, escailles de poisson, dont en couvrit ma nouvelle personne (pensant la jeter dans la rue) depuys sa coronne jusqu'aux talonnets de ses chausses, et si à point, que vous l'eussiez dit estre une trainee [3], pour les Escoufles et pyes, ou le vieil gendarme d'Essone atout son jaques de la paroisse. Luy, accoustré de ce nouveau masque, rentra dans son estude par l'huys de la ruelle, et se consoloit en luy mesmes d'avoir receu ce recent desplaisir : d'autant, disoit il, qu'il luy fut advis qu'elle avoit eu quelque dueil de luy avoir fait ce tort, qui seroit (possible) occasion de renfort d'amytié, et commencement d'alliance asseuree. Comment? repliqua lors Monsieur, les Dames de ville s'esbattent donc à faire endurer leurs amoureux, et prennent plaisir

---

1. D'*unes chausses* et non d'*une chausse* comme écrit M. Guichard. Chausses sont toujours doubles et *uns*, *unes* signifie, d'après du Cange, *la paire*. Quant aux *chausses à la cuyssotte* c'étaient probablement des chausses renflées à la façon d'un jambon (*cuysot*), comme les *chausses à tabourin* l'étaient à la façon d'un tambour.

2. On appelait *maranes* et *marabais* les descendants des Maures d'Espagne et les juifs de ce pays. La *marabaise* était la longue houppelande dont ils étaient généralement couverts.

3. Un épouvantail.

à les fascher? C'est bien au rebours de Colette de Monsoreau, qui se resjouissoit depuis mynuict jusques au poinct du jour, pour avoir ouy chanter seulement le coq du Secretain [1] de Candes, qu'elle avoit prins en amour le jour saint Martin en faisant son offrande. Aussi, respondit Fiacre, estoit elle du temps de la passion de Saumur [2], où les femmes des anges aymerent les diables. Finablement, maistre Huguet nostre oncle se despouilla, et retournant le lendemain au matin à la premiere messe, trouva son tourment, dont luy esmeu, et impacient de bon espoir, luy donna tel soufflet de cinq ou six francs qui lui restoient dans sa bourse, qu'il la rendit plus douce que la grande Gilette, que sa petite chienne mignonne contrefait si souvent et bien sur le dos. Et c'est ainsi, qu'il y faut aller, de par sa mere (dist Thibaud) non pas simuler le marmiteux [3] et l'observantin [4] trente deux, ou trente trois mois : à quoy me vouloit contraindre Colichon,

---

1. Sacristain.
2. « Il m'est advis que je joue encores le dieu de la Passion de Saumur accompagné de ses anges et chérubins. » Rabelais, livre III, chap. 3. On trouvera aux mots *Mystère* et Jehan *Michel* dans le *Manuel du libraire* des détails sur ce mystère joué, d'après le titre même, pour la première fois à Angers. Bouchet dans ses *Serées* dit qu'il fut joué aussi à Poitiers ; d'après du Fail et Rabelais il l'aurait été de même à Saumur. Nous savons qu'il le fut à Paris en 1490. On dit encore la *Passion de Saint-Maixent*.
3. Affligé.
        Faictz noz cœurs piteux
        Et fort marmiteux
        Remplis de destresse.
           Farce de Folle Bobance (*Ancien théâtre*).
4. Circonspect.

si je ne luy eusse apporté un demy ceint[1] de la foire de Chandeleur. Aussi n'estimez vous pas, quand on fait l'amour à une femme qui a quelque peu d'esprit, qu'elle ne se doute bien à quelle fin c'est, et pourquoy? C'est donc folie de luy dire. Parquoy si l'occasion s'offre, vous n'attendrez qu'on vous die : Hors d'icy nyais : vuydez hors de ma presence, nouveau partout[2] : voulez vous qu'on vous ouvre avec les deux pouces ce qui se plaist à estre prins par force ? Par l'esprit de ma feu mere (dist Guillot) le plus ancien et premier des valets de la paroisse, c'est trop musé aux maladies de Nature. Parlons un petit[3] de nostre assemblee prochaine, et avisons comme nous pourrons traiter les resveurs de Cunaud[4], s'ilz nous viennent [voir] à nostre confrerie de la Dedicace, où monsieur Œnotrius sera prevost de la Hemee. C'est bien dit, respondirent les neveux du vieil amant : et alloient coucher d'ordre les rengs qui y seroient tenus, si la pluie ne fust venue, qui les feist departir.

1. C'était une ceinture ordinairement enrichie de plaques d'argent. Voir *le Parement ou triumphe des dames* par Olivier de la Marche. Paris, veuve Trepperel, s. d.
2. Inexpérimenté.
3. Un peu. Se dit encore en Normandie.
4. Rabelais parle aussi de Notre-Dame de Cunault, gros prieuré de l'Anjou. Mais pourquoi *les resveurs de Cunaud?* Mon Dieu, comme on dit, *les Bavards de Confort, les bauffreurs de Mascon, les grandgouziers d'Avallon, les mocqueurs de Dijon, les dormeurs de Compiègne, les bragards d'Angiers, les fous de Bagneux*, etc., etc.

XV.

La deliberation de Guillot sur l'ordre de la Hemee, ou banquet de la dedicace de Borneu, feste annuelle de toute la chastellenie de Vaudevire.

Guillot, impacient (comme sont communement tous gens de village) et assez indiscret, ne sceut attendre au jour accoustumé, qui devoit estre la feste suivante, à declarer sa fantasie touchant l'appareil du banquet des confreres; mais sitost qu'il fust arrivé à Borneu, après toutesfois qu'il eut beu une tierce de vin, mesure du lieu, qui ne vaut seulement que neuf chopines de Chousé, et s'estre seiché en l'ombre de cinq ou six gros fagotz et autant de bourrees, envoya querir le Vicaire de la paroisse (sans lequel en telz actes on ne fait jamais rien), Tonin l'Estonné, Hubert du gué d'Ancone, Bastien Bibus et Philipe Davon, les plus beaux et gentilz fesseurs de pain de toute la chastellenie. Auxquelz venus il dist de bonne sorte : He! compagnons, vous soyez les tresbien venus : vous ne savez pourquoy je vous ai mandez? Non! non! Holà hee! tout beau. Je le vous vais dire, car à peine le devineriez vous. Je croy que vous m'avez autresfois ouy parler des bons tours que me firent les moynes de Cunaud, quand j'y fus à la my aoust mener la fleur de ce bourg, et comme ilz renvoyerent quinze jours apres vos cousines et ma seur, sentans leur corduan¹ à pleine gorge, et le maroquin d'une lieue, et si foupies ², qu'il les fallut mettre un mois en mue ³ devant qu'elles eussent repris leur ply. J'ay tousjours pensé depuis à m'en venger, et leur dresser une trainee ⁴, pour mieux les prendre au piege, que entre vous m'ayderez à tendre. De Dimenche en trois semaines sera nostre feste, et par mesme moyen le jour de nos confrairies, auxquelles on vient de tous costez, et d'Andrezé mesmes et de la Seiguiniere. Je serois d'advis, à fin que nos voysins eussent meilleure envie d'y venir despendre ⁵ leurs six sols et trois, dresser quelques assiettes nouvelles et entremetz pour desennuyer la compagnie, sans nous amuser aujourd'huy ne jeudy à un tas de folies que nous ont amenees une maniere de nos bragards ⁶ qui ont hanté les villes et gens de bien, à deviser toutes les festes, les vespres dites. Cela ne me plaist point; mais que leur sert il de vouloir apprendre ceux qu'on ne peult enseigner, et perdre leur temps après vaines personnes ? Qu'ilz

---

1. Cuir. C'est-à-dire rapportant l'odeur du lieu. Voir : *Monacologie* Paulin, 1844, pour se rendre compte de cette odeur.

2. Chiffonnées.

En me criant, vilain, tu foupis tout mon linge.
Scarron : *Jodelet duelliste*.

3. On appelle encore *mue* une grande cage d'osier où l'on tient en repos les volailles qu'on veut engraisser. La phrase signifie donc qu'il fallut laisser reposer un mois les pauvres filles des fatigues qu'elles avaient endurées.

4. Appeau.

5. Dépenser. Avait encore cours au XVII° siècle.

6. Élégants.

nous laissent telz que nous sommes. Boire bien aux jours festés, regarder si on a gaigné sur son bled et comme l'on pourra prendre nouveau terme de ce que l'on doit, n'est ce pas nostre estat? Si est, et maudit soit celuy qui abolist les bonnes usances [1]. Nous aurons donc, la soupe mangée et le brouet avallé, des oreilles de vache à l'estuvee, le poil osté, cela s'entend ; des piedz de bœuf rostis, lardez de riforts [2]; des testes de veau en paste, farcils de culs de poule, et ce pour nous moquer de noz Cunaudistes ; piedz de chapon à la fricassee, gesiers au civé, chefs de belin [3] dorez, autrement appellez perdrix de la truanderie ; gambes de cabre [4] à la sauce verde, saoul à la vinaigrette, hachis de groins de truyes, cochon bouluz [5], pource que l'on s'ennuye du rosti ; levrauts flambés, puis à my cuits les garnir d'orties, de peur qu'ilz sentent leur lande, avec quelques salades d'escorces de chastaignes, queües de poires et testes de rabes [6]. Pour l'entremetz, jardz [7] de dix huit ans, cuits au four, entre deux pastes, et avec leurs plumes. Il me souvient que l'annee passee ceux de Villedieu mengerent toute la peau, et laisserent la chair à qui la vouloit prendre. Par sainte Agnès, marraine de ma feuë tante, s'ils en veulent menger encore un coup, ils auront la peine de la plu-

1. Usages.
2. Raiforts.
3. Têtes de mouton.
4. Pieds de chevreaux.
5. Bouillis.
6. Raves.
7. Oies mâles.

mer, s'ilz n'ont les gosiers pavez de gresse.
L'anatomie d'un vieux mouton, et des Canards
à dodo l'enfant. Et si ne sont bien entremestés,
appellez moi Nisques¹ ou plus sot encore. C'est
quelque chose de savoir la cuysine avec son labourage; aumoins si l'on se trouve en quelques
bons lieux on est estimé des fripons²; mais s'amuser (en lieu de congnoistre les saisons de
l'annee, l'opportunité du temps, et savoir conter³ combien ont despendu les chevaux à Monsieur en herbe, et le mulet de ma Demoyselle à
l'avoine) à moucher une chandelle pour l'amour
de Catin, à bien tiser une torche, et regarder
s'il fault rien à Monsieur de Galopinerie, et au
vieux rechignard pelé de Chalonne, et n'estre
loué d'autre chose, ce n'est pas grand interest
pour avancer ces sept vingts francs⁴ qu'il a eus
pour toute succession de ses parents. Je sçay
bien que Catin la Rude a dit qu'il y en avoit
cent quarante et dix; mais je n'en croy rien si
je ne voy le conte. Et dea ce veau dismeret⁵,
qu'à mille de millions de pannerees de beaux
diables⁶ : et trut, que bon gré, il ne vault pas

1. Pour *nice*, niais. — 2. Gourmands.
3. Pour *compter*. L'orthographe conter a duré jusqu'au XVIIIᵉ siècle.
4. Cent quarante, comme *six-vingt*, cent vingt, ce qui explique les *cent quarante et dix* de tout à l'heure.
5. De dîme. Voir plus haut.
6. De par trente légions de diables;
   De par cinq cent mille et millions de charretées de diables;
   A mille et millions et centaines de millions de diables soit;
   Je me donne à nonante et seize diables;
   Je me donne à cent pipes de vieux diables, — à cent mille
   pannerées de beaux diables — à tous les diables;
telles sont quelques-unes des multiplications du diable que

que j'acheve. J'eusse eû le joyau sans luy, le gros maroufle embadaudé; mais il me fit chere d'une jambette si vertement, que je rompy les maschoueres de la creature que je menois. C'est tout un, il sera du nombre de mes mignons. Et du dessert vous n'en dites mot? (feist Toni) Comment? y aura il du four? Ouy, et de la cheminee. Pensez vous (respond Guillot) qu'on depesche ainsi les matieres? Attendez du reste à demain. Beuvons, et nous allons coucher. Voylà le retour de matines; si vous fussiez venu avec Maheu Bridou, ce fust fait. Et quoi! vous ne demourez pas ceans? Adieu donc, messieurs [1].

Jouyr ou rien.

FIN.

se permettaient nos bons aïeux.

1. La fin de ce chapitre est brusquée et ce qui est promis dans le titre n'est qu'à moitié donné. C'est donc, comme je l'ai dit plus haut, un simple canevas que du Fail a pu faire disparaître sans graves inconvénients. Il y a cependant de jolis détails dans ces deux châpitres et une remarquable façon de montrer et peindre les personnages, rien qu'en les faisant parler.

BALIVERNERIES

OU

CONTES NOUVEAUX D'EUTRAPEL,

AUTREMENT DIT

LÉON LADULFI.

A PARIS,

Par Estienne GROULLEAU, libraire, demourant en la rue Neuve Nostre-Dame, à l'enseigne Saint Jean-Baptiste.

1548

L'AUTHEUR A SON GRAND AMY H. R.

Tu troveras estrange, mon compagnon et amy, qu'estant ataché à une tant grave et solide profession, me remettre, contre le naturel d'icelle, à forger (ce que l'on dit) sur une mesme enclume, et retourner la periode estant revoluë, dont nagueres je suis issu. En quoy je suis veu contrarier à ce que dernierement tu m'objectois, et en joyeuse colere, mon naturel (sçavoir) estre du tout à contrepoil et biais, et qu'à mon horoscope estimois le mouvement du ciel avoir esté tout irregulier et de travers [1]. Voulois davantage, pour

---

1. Du Fail répond ici à ceux de ses amis qui lui avaient fait comprendre l'incompatibilité qui existe entre l'état de jurisconsulte et celui de conteur. Quoi qu'il en dise, les objections ont eu un grand effet sur sa conduite puisque ces *Baliverneries* sont le second et dernier livre facétieux édité par lui de son vivant. Encore est-il très-court. Les *Contes et Discours* n'ont vu le jour qu'après sa mort, près de qua-

me rendre parfait jurisconsulte, me bailler force livres de medicine en main, comme si, suivant le naturel de tous hommes, je me fusse efforcé contre les choses defenduës. Cela disois folastrant et par jeu, mais à bon escient, ayant deschiffré par le menu maintes belles et graves authorités touchant la parsimonie et chicheté [1] du temps, non moindres en doctrine, que bien tirees de la Philosophie ; jointes à ce doctes et bien enrichies admonitions, d'atteindre mon but d'assez longue main pretendu ; concluois par bons et bien rendus silogismes, à me divertir [2] de ces folastres et inutiles ecrits, m'invitant à tascher je ne sçay quoy du plus haut qui sentist ma vacation. Et, me piquant doucement, reprenois fort l'edition de quelque œuvre assez inconsultement [3] mise en avant, qui, pour le devoir de la matiere, devoit encore estre (suivant le conseil d'Horace) quelque nombre d'ans en mon estude. Cela (amy) comme je le trouvois bon, et venant d'un estomac [4] affectionné, et sans fard, aussi t'en rends je grand mercy. Mais, ainsi que l'amy a cette familiere puissance d'honnestement amonnester, conjointe à ce une modeste reprehension, aussi n'est il pas defendu à l'amonnesté, sans s'opiniastrer, se purger [5] vers son amy, au moins par telles quelles raisons satisfaire à ses impressions aucunesfois assez soudaines. Car, à

---

rante ans plus tard et rien n'indique que ce soit par sa volonté. Il a donc dû être toute sa vie dans cette pénible situation où se trouvent tant de gens, de ne pouvoir, grâce à son état, suivre sa vocation.

1. L'emploi réglé et l'épargne.
2. Dans le sens d'éloigner, *divertere*.
3. Inconsidérément.
4. Nous dirions aujourd'hui cœur.
5. Se disculper.

la verité, le plus souvent blasmons l'institut [1] et façon deliberee d'autruy, ayant mal avisé sur ce qu'il a projeté en soy mesme de longue main, nous arrestans par une amour de nous (que les Grecs proprement apellent philautie) en nos seules conceptions. Je m'esbahis (dira quelqu'un qui veut (a) mourir pour le peuple) comment il est allé là. Mais pourquoy (dit un autre qui n'a que faire) fit il cela? Sont les interrogatoires et admirations du fait d'autruy, qui beaucoup plus les malaisent et tourmentent que les leurs propres, peu, ou rien entendans qu'on se reserve toujours quelque point secret, qu'on ne veult, ou ne peult on honnestement communiquer, et, pour ce, faut alleguer quelques raisons crües et superficiaires, pour contenter si fascheuse importunité, qui est un vice qu'on n'évite du I. coup, si on n'y regarde de bien près. Non que te voudrois rejeter cette legiereté sur tes saintes amonitions, et desquelles je te tiens grand' obligacion; mais en usant de solucion, ou plutost de diffuges [2] à tes contraires, je te pourrois, usant de compensation, balivernant et riant avec toi, deduire partie de mes motifz et arrestz; En te confessant que mon naturel est folastre, rire et escrire choses de mesme, encore ne sera ce rien estrange et hors le naturel des hommes.

Pense tu pas que cette vivacité, ou plustost inconstance amortie, et le but de ma liberté rompu, je ne fusse un nyais et abesty, comme je ne suis gueres sage? Il ne faut pas cuider du beau premier coup vouloir changer cette nature, et rompre les andouilles

a. Var. : Qui va.

1. La conduite.
2. Chicanes. Du Cange au mot *Diffugia*.

avec les genoux [1], pour la raison que c'est une chose de trop grand' peine. Quelques Singes, par le commandement d'un Roy Egyptiac, ont esté appris à voltiger, baller [2], et à toutes façons de soubressaux instruitz, tellement qu'en rien ne ressembloient l'idee de leur premier animant [3] : toutesfois, leur estant jetees quelques noix par la salle, tournans leur robe, coururent à ce que nature n'avoit voulu qu'ilz oubliassent.

Mesme apologue d'une Chate, qui fut longuement chambriere de Venus; mais, ayant aperceu une souris, qui fretilloit je ne sçay quoy, changeant son service à une prompte et allaigre course, la gripa [4]. Ceci nous amonneste qu'il ne se faut oublier d'estre homme, et cuyder qu'en changeant nostre façon de faire le plus souvent à une plus depravee, nous devenions plus sages. De ma part, si faut il que les meilleures heures (que j'ay disposé à mon principal estude) dispensees, je remue mesnage, je tracasse, je brouille ces belles besognes que tu voy, aux heures où les autres coutumierement s'escurent les dens. Combien y a il d'hommes au monde qui ne vivroient

---

1. On a dit plus tard : rompre l'*anguille* au genou.
2. Danser, de l'italien *ballare*. V. La Fontaine, *Le Singe et le Léopard*.
3. *Animant* signifie, proprement, ce qui est animé, animal. Ici il peut vouloir dire : ce qui anime, l'instinct, le naturel.
4. La Fontaine a mis en scène, comme il savait le faire, *la Chatte métamorphosée en femme*; mais il y a sur ce sujet du naturel qui revient quoi qu'on fasse quelque chose de plus joli encore et qui sort non plus d'Ésope mais du pays même des fables : l'Inde. C'est *la Souris métamorphosée en fille* qu'on peut lire au livre III du *Pantchatantra*, traduit par M. Édouard Lancereau auquel la *Bibliothèque elzevirienne* doit déjà la traduction de l'*Hitopadésa*.

sans procès? Combien de gens autrement empeschés aux affaires graves et politiques, qui se reservent quelques heures pour jouer du Luth, ou Viole, ecrire un Epigramme? J'aurois grand peur, ayant laissé de brouiller, que je ne fisse comme Theophraste, lequel, ayant commué son labeur d'estude à ses ayses, mourut [1] : dont m'est avis que peu à peu se faut derober de toutes choses qu'on veut changer, non de prime face s'adresser à choses eslevees et enflees, ayant desdaigné les humbles et abaissees.

Mars, selon le proverbe, fut premierement loué pour ses filz, et en rien je ne consens avec Pindare, qui, en paradoxe et en chose arrestee, veut quiconque a volonté de perpetuer son nom, lui estre de besoin de commencer par choses non basses : mais de grande estofe, et haulx points; car, pour resolution, il faut premier en dire de vertes et de meures, ensemble baliverner, de sorte qu'avec le temps on puisse parler à bon escient. Quand à l'edition de mes rusticitez, et cecy (mon grand amy) je te confesseray toujours, entre deux portes et honnestement, estre choses indisposees [2], mal couchees, mal dressees, sans lime, encore moins de grace; que veux tu davantage, si le papier souffre tout? mais je te diray que j'y songe une finesse, et l'ay fait tout exprès : car le sujet de l'œuvre bien troussé, rendu par

---

1. Diogène Laërce dit avoir fait sur ce sujet les vers suivants :

« Quelqu'un a dit avec raison que l'esprit est un arc qui souvent se rompt s'il se relâche. Tant que Théophraste a travaillé, il a joui d'une santé robuste, à peine prend-il du relâche qu'il meurt privé de l'usage de ses membres. »

Théophraste mourut à quatre-vingt-cinq ans.

2. Mal arrangées.

bonne forme et elegante, n'eust d'asseurance jamais eschapé les calomnies et hautes interprétations de ces braves cerveaux : Ou, comme ilz sont en leur lourdoys ¹, homme ne s'y oseroit, ni daigneroit attacher, comme n'estant chose de grand prix, si ce n'estoit quelque Democrite, ou Diogene avec sa bezace, qu'ilz indifferemment s'empeschent de tout. Qui fera que, me recommandant à toy, je m'obligeray que, si croissant l'aage, le savoir s'amplifie tellement que la plume plus vivement se puisse tourner, je te ferai part de plus amples Baliverneries.

1. Naïveté. Le mot est pris aussi adjectivement, comme dans ces vers à rimes riches :

> Plus je congnois que mon parler lourdoys
> Ma sotte rime, escrite de lourds doigts.....

BALIVERNERIES

ou

CONTES NOUVEAUX D'EUTRAPEL.

I.

Eutrapel amene un villageois coqu à Polygame.

Eutrapel, un matin, s'estant essuyé les yeux au mieux qu'il avoit pu, escuré et adoucy son estomac de quelque pied de mouton, bu à l'esgard [1] d'un vin blanc, sur lequel voltigeaient mile petits estradiots [2], print ses Ephemerides, et là commence, par merveilleuse industrie faire ses elections [3], voir s'il luy seroit point improspere faire une saillie [4] aux champs, et le tout

---

1. En même temps.
2. Un vin blanc pétillant. « Estradiots sont gens vestus à pied et à cheval, comme Turcs, sauf la teste où ils ne portent cette toile qu'ils appellent Turban et sont durs gens et couchent dehors tout l'an et leurs chevaux. » *Comines*, liv. VIII, c. 5. C'était une milice très-active et très remuante.
3. Délibérer.
4. Sortie.

revolu, et veu mesmement que Mercure venoit en trin aspect avec la Lune, ne crainant que Saturne, ce vieux rassoté, vint en opposition par la quadrature que pouvoit ensuivir [1], prie l'un de ses compagnous lui faire compagnie, l'asseurant qu'il y avoit je ne sçay quoy de travers par le païs; et, sur ce pas, lui monstre, à main gauche, une Corneille [2], ainsi qu'il affermoit un mauvais signe, et que le coup tomberait sur quelqu'un. Mais, non pourtant, ne laissons pas d'aller (dit Eutrapel). Ce faisant, et en disant propos Dieu sçait quelz, et aussitost de costé, comme à biays, s'esloignerent d'une bonne demye lieue. Eutrapel, qui jamais n'avoit l'œil en un lieu, ains inconstant et vague, choysit à quartier et non loing un villageoys s'estant forvoyé du grand chemin, pour illec plus à l'aise endurer ses passions. Le vilain, silogisant à par luy, faisait terribles et enormes figures; une fois, hauçant son chapeau, passant le doigt à sa ceinture, grondoit certains gros motz entre les machouëres, puis soudain, reculant deux pas en arriere, mettant les deux mains sur le cul, jetoit profonds soupirs avec aclamations. A qui le

1. Superstitions astrologiques. J'ai dit quelques mots sur ce sujet dans l'*Encyclopédie générale*, article *Astrologie*. On peut consulter Alfred Maury : *la Magie et l'Astrologie*. Du Fail se moque avec raison de ce vieux *rassoté* de Saturne qui représente la peine, l'effort, la male chance; qui préside au vendredi ; est représenté dans l'alchimie par le plomb, lourd et terne, et siége, d'après la chiromancie, au bout du doigt annulaire.
On dit que deux planètes sont en trine aspect lorsqu'elles se présentent éloignées l'une de l'autre du tiers du zodiaque.
2. Ceci est de l'ornithoscopie.

vous compareray je mieux qu'à un jouëur de Luth? Le joueur de Luth, ayant sa tabulature devant lui, son bonnet haucé ou sans, bien et ententivement regardant l'acord de l'instrument, commence par une desesperee agonie à entrecroiser ses doigtz, eslargir sa main, pour plus prendre d'acordz, supliant[1] l'adresse du doigt par un certain mouvement de bouche, par un honneste allongement de museau, par une morsure de levre outre le point de bonne grace, par un contour excellent du menton, tirant parfois la langue à quartier, enfonçant ses sourcilz, serrant de rage les dens; puis, tout à un coup, laissant les outilz, se gratte l'oreille gauche avec un regard essoré[2], et s'il est lunatic, le pauvre Luth est fecé[3].

Mort de diable, dit Eutrapel, qui est ce melancolic icy? qui m'a amené ce resveur? quel dissimulateur de verité! quelle mine il fait! Il le vouloit aller aborder, quand son compagnon, qui avoit peur de telles grimaces, le retint, luy alleguant que ce pouvoit estre quelque Philosophe, qui deschiffroit par nombres l'harmonie des corps superieurs, ou bien estre quelque Vaudoyeur, ou Sorcier, faisant le circuit dans ses champs[4]. Toutesfois, quel qu'il soit, sçavez vous pas (il allegua cecy davantage) que le plus grand tort

---

1. Suppléant. — 2. Effaré, hagard.
3. Touché brusquement. On a dit *fesser* une bouteille pour la boire vite, *fesser* la messe pour l'expédier. V. Littré, *Dictionnaire historique de la langue française*.
4. Quand les sorciers faisaient le circuit dans les champs c'était dans le but d'attirer dans les leurs les récoltes des voisins.

qu'on eust pu faire jadis à un chevalier errant, c'estoit lui rompre le plaisir conceu par les pensemens ? Et qu'il soit vray, Perceforest[1] n'en fait point de doute. Vous dites vray (dist Eutrapel). Çà, çà, hau, maistre vilain (dist il au mélancolic); qu'est ce que tu marmones là ? quelz diables de singeries fais tu là ? est ce par mal, ou comment ?

Le vilain eust voluntiers gaigné le hault, s'il eust osé; mais, estant pris à l'improviste et sur le fait, ayant repris, por[2] trois grands traits, son aleine, prit son chapeau à deux mains, faisant une bien profonde reverance, voulut passer outre. Mais, estant retenu par le compagnon d'Eutrapel assez importunement, fut par iceluy trop lourdement repris d'ainsi parler et faire la teste esventee, et que c'estoit signe d'un cerveau vide et non gueres asseuré. Rien moins que tout ce que vous dites (dist Eutrapel) c'est bien à luy que s'adressent telz propos ! Viens çà, qu'as tu ? bonhomme. Monsieur, respondit le païsant, onc homme de ma paroisse ne près, ne environ, n'en eut si près des sangles [3]. O ! si vous sçaviez ? Comment ? dist Eutrapel, lui tirant une aureille, mon mignon, qu'est ce qu'il y a ? As tu perdu quelque vache ? Nenny, monsieur, sauf votre grace. Qu'est ce qu'il y a donc ? es tu point ma-

---

1. V. *la treselegante, delicieuse, melliflue et tresplaisante hystoire du tresnoble et victorieux et excellentissime roy Perceforest, roy de la Grande Bretaigne,* 1528.

2. Par.

3. Ne fut si mal en point. Jupiter est sanglé, dit Scarron dans la *Gygantomachie* pour : il est perdu. La Fontaine l'a employé dans le même sens. *En avoir près des sangles* c'est être tout près d'être sanglé.

rié? Si tu l'es, tu es achevé de peindre. Le pehon [1] hauça la teste, se mordant une levre, et escrivant de ses doigtz contre la piece de son pourpoint. Je ne sçay pas (dit il) qui vous a dit mon cas, il est aussi vray que vous le dites. Vertu Dienne! comme il m'a incontinent, sans aller au tour du pot, touché là! Vertu saint Gris d'hiver, quel enfant! Ha! de par le diable, dist le compagnon d'Eutrapel, c'est un client, il en sçait bien d'autres. Baille luy voir ta main, tu verras qu'il dira. Eutrapel, tout du beau premier coup, sans y penser, lui dit qu'il estoit coqu à peine de, etc. Par ma conscience, dist le vilain, monsieur, il est vray; mon Dieu! comme vous sçavez tout! Dieu, voylà grand cas, m'avoir ainsi dit mon fait! S'il vous plaist, monsieur : Car j'allois à M. Polygame, mon maistre et seigneur, voir s'il me donneroit quelque conseil. Mais, si vous vouliez, ô vertu bieu [2]! vous me releveriez bien de ceste peine. Mort d'Adam! dist Eutrapel, vas tu là? je t'y mene, je te fais tes despens, je te fais parler au gentilhomme, c'est moy qui le gouverne. Il ayme bien telles fredaines; mais, escoute, coqu mon ami, ne faux pas à dire, sans rien laisser : car une fois, c'est un diable depuys qu'on fait le fin ne petit ne grand aupres de lui. Le diable l'emport, dist le coqu, si j'en mens d'un seul mot, et si je ne luy conte, et au delà, je sois tondu. Ce faisant,

---

1. Paysan, rustre, homme qui va à pied, de classe inférieure comme le pion (*péon*) aux échecs.

2. On a dit d'abord *Vertu-Dieu* qui était un juron; puis *vertubieu* qui était un premier adoucissement et enfin *vertubleu* qui ne pouvait plus scandaliser personne.

tiroient toujours païs vers la maison; et, jà estant en la basse cour, Eutrapel ouït que Polygame n'avoit sceu disner, au moyen ¹ de son absence. Vistes vous jamais celuy qui, attendant la response de quelque chose pour son profit, par le messager qu'il a envoyé tout exprès, comme il mesure ses journees, compasse ses pas; il le fait aucunesfois cheminant, ou le bon homme se repose, ou bien fait emplir sa bouteille, ou icelle, sous quelque ombre, vuyde joliment.

Il est maintenant (dist ce pauvre attendant) en un tel lieu, à ceste heure il commence à passer une telle ville; il ne boira pas là, car il a haste. Que si quelqu'un le contrarie (comme dire qu'il n'est pas possible qu'il soit là), il desespere, il fend, protestant qu'il a passé et au delà plus d'un trait d'arc. Tel estoit Polygame, qui non plus se fust passé d'Eutrapel, qu'un Chat de sa queue, ou un coquin de sa bezace. Eutrapel, entrant : Scavez vous qu'il y a, monsieur? voicy un gentilhomme que je vous amene, et avec, ce ferial oiseau, du pennage ² duquel s'en trouve assez competentement par païs. C'est un coqu, monsieur; le preud'homme et sa preude femme n'ont garde s'entre trouver, à cause qu'il chevauche d'un costé, et elle de l'autre. Au moyen desquelz prealables, monsieur, il vous dira le motif de vous estre venu voir. Polygame, tout esbaudy pour la venue d'Eutrapel, ayant soif pour l'atention ardante qu'il prestoit,

---

1. A cause.
2. Plumage. C'est de là qu'est sorti *pennache,* puis *panache.*

s'assit ayant beu, et disant au vilain : Boute, boute, et ne laisse rien, je te pry. Monsieur, respondit le rustique, puis qu'il n'y a qu'un bon coup à perdre, je vous diray de fil en esguille. Eutrapel, considerant d'assez près la grace de ce bon gentilhomme, comme celuy qui avoit son chapeau sous son aisselle, se frottant assez gracieusement le jarret, et avec grace s'escrimant, au moins mal qu'il pouvoit, de l'oree de sa sourquenie [1], commença s'esclatter de rire pour la nouveauté d'une beste tant privee; quand le vilain, se sentant piqué au vif, le prit assez lourdement par le manche, et en taille, lui dit : Escoute, autant vous en pend à l'aureille, je suis autant fin qu'un autre, et, peut estre, aussi fin valet, et autant vert galant comme, je ne dy mot. Monsieur, dist Eutrapel, vous plaist il pas qu'il tienne sa contenance sur moi? J'avois, ce m'estoit avis, pourpensé en mon fait jusques où il faloit. Je l'avois, me sembloit, choisie, mais combien faucement, et triee entre mille, comme entre une douzaine de pommes de rouget une de blanc dureau [2]. J'avois atinté [3] mes bezicles, je dy comme il faloit, et quelque chose davantage, ainsi que l'affaire le pouvoit requerir. Item j'avois esté au Devin, où il m'avoit cousté deux bons carolus, sans mes despens. Somme, j'avois fait ce qu'un homme de bon esprit doit, ou devroit faire en tel acte; non pourtant, on m'a

---

1. Souquenille.
2. Pomme blanche et ferme. Celle de Rouget ou de Rougelet était rouge.
3. Arrangé. « Et remarquez que tout nostre bagage soit bien attinté. » *Les Cent nouvelles nouvelles*. Nouvelle XXVI.

bien appris à me tourner; c'est un passetemps que de ma femme tout le monde s'en sert; ma femme a beau monter aux eschaffaux, je suis des jouans [1]. Tu, dist Eutrapel, es trop heureux, et plus que sage; on te fait ta besongne, que veux tu davantage? Ce n'est pas cela, dist le vilain : car, continuant ce que j'ay commencé, et revenant où il me tient, sa mere (une bonne piece, ma foy!) m'avoit dit tant de belles besongnes d'elle, que c'estoit la plus terrible menagere, la plus douce petite mignonne, au diable la douceur! la mieux entretenante les gens, qu'elle voyoit par tout une fois, et qu'on ne lui passoit rien par sous le nez, une femme atout le poil [2], et qu'il ne faloit pas, non, lui dire ne quoi, ne comment : car, agardez [3], elle eust eschiné un homme, defiguré le bas du ventre, accoustré en dixhuit sortes. Nous fusmes mariez, il n'y a homme de vous qui ne le sache. Personne n'en doute, dist Eutrapel, boute. Un mois, deux mois, un an, autant du plus que du moins. Oh! de par tous les chiens, nous triomphions, j'estois son filz, son mignon, son petit garçon, son boudin, son fuseau, son couillaud, que diray je? J'estois son amy, son petit meschant, son tout,

1. Échaffaud signifie la scène ou montaient les comédiens, les *jouants*.
2. *Atout*, avec. On dit encore populairement dans le même sens *un homme à poil*, un gaillard qui ne se laisse pas marcher sur le pied. V. Larchey, *Dictionnaire de l'argot parisien*.
3. Regardez, prenez garde. Très employé. V. le *Glossaire de l'Ancien théâtre français* dans la *Bibliothèque elzevirienne*.

son beda [1] ; à tous boutz de champ baiser, un
petit coup de poing, je vous pinse sans rire, et,
le plus souvent, nous entrecullebuter par terre,
et à ce drap. Tu estois (dit Eutrapel) regardant
les soliveaux de la salle et contournant sa barbe,
trop acharné sur la beste; poursuy. La festé
dura tant que le virolet [2] eut vent en gré, et,
peu à peu, comme vous entendez les choses, me
faschay, et avec ce, les aureilles m'allongerent
de demy pied. Je commençai regarder à mes
pieces, besongner entour mon menage, aller de
çà, de là, et à ne plus folastrer contre l'ordinaire.
Que fis je ? que je fis ! En ma conscience (notez
icy que le vilain alloit de l'un pié sur l'autre,
comme un apprentif de basse dance) je voys aux
marchés d'un costé et d'autre; si je voys à Montroveau, j'acheteray ou latte, pour le lundy ensuyvant la porter à Beaupreau; ou clou, pour le
jeudy, à Saint Florent; ô les bonnes garces !
Voylà mon cas, dist Eutrapel. Et ainsi employois
le temps aller, venir, perdre, gagner, comme
marchans font. A ton avis, dist Eutrapel, que
faisoit, ce pendant, ta femme ? Ha, monsieur,
mon amy, dit le complaignant, pardonnez moy,
s'il vous plaist; qu'elle faisoit ? Bonne dame :
elle besongnoit à toutes restes de ses pieces, et
je, pauvre vilain, estois, peut estre, en un chemin à toucher ma jument, la tirer d'une fange,
relever la charge d'un costé, et icelle mesme
sangler, tandis, hauf ! qu'on sangloit celle de

1. De bedaine, comme mon *bedon*, mot caressant, dit
Le Roux. *Dict. comique.*
2. Virolet désignait entre autres choses un petit moulin à
vent, jouet d'enfant, mais plus spécialement la girouette.

chez nous. J'estois, possible, beuvant chopine au Fief Sauvain, ou à Ville Neuve, ma jument ayant une goulee de foin devant elle, tandis que ma femme, etc. Ilz beuvoient aussi, dit Eutrapel, et à tes depens. Mais à l'avenir, je te pry, autant que tu aimes ton honneur, que ce peu de gain que tu fais ne soit employé au galop des maschoueres. Plagues [1] ! ce seroit assez pour devenir pire que fol, regarde y avec un bout de chandelle ; mais, je t'en pry, fillol mon ami ; car tu sçais bien (tu en sçais bien d'autres) qu'il n'y auroit ordre, encores moins de raison.

Le vilain, ayant jeté sa vuë de travers sur Eutrapel, marmonnant entre les dents, descroisa ses jambes, et, de ce pas, sans mot dire, s'en voulut aller ; mais Eutrapel, qui savoit gaingner toutes manieres de gens par une grace qu'il avoit, outre le naturel des hommes, l'arresta, le priant, pour la pareille, aussi bien, puis qu'on savoit qu'il estoit coqu, d'achever, et qu'il avoit grand'hâte pour un homme de pié. L'offensé, moytié force, moytié droit, demeura ; et, s'estant couvert les genoux de son saye, soupirant avec un frappement sur sa cuisse, dist : Ah ! meschant razé [2] ! je m'en doutois bien ; tu ne venois sans cause emprunter ma coingnee. Mais, qui n'y seroit abusé ? Venir là sous ombre de bonne foy ! sans mal penser ! Hauf ! Eutrapel le

---

1. Plaies. Dans quelques éditions de Rabelais le juron : *Plagues-Dieu* se trouve au chap. XVII du 1er livre, lorsque les Parisiens fuient devant l'inondation que lâche Gargantua du haut des Tours de Notre-Dame.

2. Il veut parler du curé, qu'il va mettre bientôt en scène.

vouloit apaiser, mais il le pria le laisser endurer ses passions et se colerer, car tel estoit son naturel ; qu'en celle peau mourroit Renard, et que, en ce faisant, il se sentoit bien vengé ; mais qu'apres luy diroit en toute honnesteté le tout de l'affaire. Et en cet instant le coqu commença à joindre et serrer les mains, et par cinq foys les esbranler, sans mot dire ; puys, alongeant le museau, grinçant les dens, prit son chapeau, et, d'un coup demy feint, le jette en l'air, prononçant telles ou semblables paroles : Aussi hault de femmes mortes ! Puis, ayant, d'une grande importunité, emprunté un couteau, descousit la brayette de ses chausses, et icelle doucement posa en sa gibessiere, treschaussa [1] ses souliers, et de l'aiguillette de dessus la hanche gauche noua son petit doigt à sa ceinture, mit son bonnet de biays, et, priant que silence fust fait, commença, et qu'ils orroient merveilles. Je (dist il) pleurerois volontiers d'un despit. Point, point, mon petit sabat (dist Eutrapel, le caressant avec une chiquenaude sur le groin) poursuy de ce venerable : car, ainsi que je peux colliger et calculer de ton dire, c'est luy qui fait la dyablerie. Je vous ai jà dit (dist le païsant) que je devins bon petit marchand. De ce temps, messire Jean, assez et trop près mon voysin, comme chacun sait, au moins ceux qui me cognoissent, passant ou repassant, me disoit toujours quelque sornette, me contoit quelque conte, s'arrestoit à me demander quelque cas, et ce, outre la coustume : car auparavant je ne suis point souvenant

1. Retira.

d'avoir parlé à lui, qu'une fois qu'il entoit un poirier. S'il avoit soif, il demandoit à boire à ma femme, la remerciant assez doucement; avisez, je ne m'en doutois point, disant qu'elle prenoit beaucoup de peine, et qu'il la serviroit le jour de ses noces; puis, se tournant vers moi, me montroit un couteau, un chaussepié qu'il (disoit il) avoit acheté à Chalonne, me demandant, en conscience, s'il estoit point trompé. Je lui en disois ma fantasie, estimant qu'il faisoit cela sans mal penser. Aussi, me sentant bien heureux qu'il daignast venir chez moi, je lui presentois une selle¹ pour se mettre à l'ayse; disois à cette bonne Damoyselle, qu'elle lui dependit une poire de Sarceau², ce qu'elle faisoit, la luy presentant de je ne sçay quelle mine là, que je ne trouvois mauvaise pour lors. Mais tant y a que, depuys, j'ay bien pensé, et est vray cela que c'estoient ajournements de fesses. Est elle belle, dist Eutrapel? Oui, oui, ma foy, dist le vilain, et un petit beaucoup. Il y avoit en la compagnie un vieux preud'homme, appelé Lupolde, qui estoit procureur de Polygame, qui s'entendoit en beaucoup d'affaires, mesme politiques et domestiques, lequel, prenant un singulier plaisir au discours, parla ainsi à l'offensé, voulant sauver l'honneur des femmes, et rongner la broche aux jaloux : Je m'esbahis (dist il, silogisant de l'un doigt sur l'autre) comme tu es si soubçonneux. Il ne faut pas ainsi soudain

---

1. Siége sans dossier.
2. Probablement la poire de *serteau*, de *certiau* dont il est question dans la chanson des *Cris de Paris*, ci-dessus p. 66.

juger des choses, et tant indiscretement. S'il est ainsi, qu'en parlant à une femme par quelques diverses fois, ce soit dejà un jugement contre son honneur, je serois d'avis qu'on leur baillast un masque, ou bien les rembarrer [1] comme Nonnains. Mais (ô bon Dieu!) quelle playe pour la conservation de la société humaine! ce seroit proposer erreur à toute honnesteté, et rompre toute bonne compagnie. Je vous pry, nostre maistre, dist lors Eutrapel, le laisser conter à son aise, sans luy rien interrompre par vostre philologie. Boute, compere, je te promets que tu as grace. Ah! ce n'est pas tout, dist le coqu, vous orrez, je commence d'entendre le pair [2]? Il m'invitoit à manger chez luy, et user familierement de sa maison. Je le faisois. Si j'avois affaire d'un crible, d'un marteau, je l'envoyois querir chez messire Jan. Et par qui? dist Eutrapel en souriant. Ha dame! dist le vilain, c'est entendu cela, par ma femme, en bonne fille, qui y estoit aucunesfois plus, aucunesfois moins. Ils ne l'avoient pu trouver, disoit elle, retournee bien eschauffee; il estoit derriere un coffre caché; il avoit fallu avoir de la chandelle pour le trouver; que c'estoit grand cas aussi qu'on n'en achetoit un, aller tousjours en emprunter chez les autres, qu'on ne craignoit point faire ennuy aux gens, et presser son amy; et autres beaux petitz motz qu'elle me disoit, sans que j'y pensasse emplus, ou jamais je n'entre en

---

1. Enfermer.
2. Entendre le pair et la praize, c'est être au courant d'une affaire, y voir clair.

moulin, qu'à ma premiere chemise. Bien est il vrai (il faut que je le confesse) qu'un jour je luy vis un demy ceint, outre l'ordinaire, et des souliers descouvers; et cuyday lors me douter de quelque chose; mais elle me fist à entendre (car que ne m'eust elle fait à croyre) que sa preude femme de mere l'avoit estrenee de cela. Non pourtant il me sembloit qu'elle estoit trop frisque, quelque cas qu'il y eust. Et ce diable de messire Jan, de son costé, tant mignon que rage [1], la chemise plus tiree, la chausse faite de mesme; il me disoit qu'il avoit gagné cela sur une disme, et, ce pendant, me montroit ses vins, ses bledz, me retenoit à souper; mais, devant toutes choses, il faloit que sa commere vint : car, disoit il, elle soupera là toute seule comme une beste; ayons la, compere, je vous pry. Et bien de par Dieu, sa comere venoit presque par force, disant et protestant à l'entree, que toujours estions dedans, ou dehors, et qu'autant vaudroit estre à pain et à pot [2]. Et moy, le bon Jan, disois, pensant couvrir ce qu'elle disoit en mieux (et, mon Dieu, que j'estois sot!) que puys qu'il plaisoit à messire Jan, il n'y avoit remede. Oh! quantesfois ils m'ont enyvré! car vous pouvez entendre que j'ayme le piot, que voulez vous? et puis me mettre à dormir tout le long de la belle nuit. Ce pendant

---

1. Rage dans : dire rage, faire rage indique simplement l'excès. Ici il signifie que messire Jean soignait extrêmement sa toilette pour être plus séduisant, plus *mignon*.

2. Être à pain et à pot, à pot et à rôt ou à pot et à cuiller, comme disait Menot suivant H. Estienne, c'est faire ménage ensemble.

(dist Eutrapel) il lui monstroit la façon d'un chalit. Par ma bote fauve [1], respondit le pauvre Jan, je n'en voudrois mettre mon doigt au feu, car il y brusleroit. Mais nous retournez, et que j'avois (entendez vous) passé mon vin, elle me remonstroit les grandes honnestetez qui estoient en cette personne d'Église; comme il nous aymoit, nous envoyer ainsi querir à manger privement avec luy, ce qu'il ne faisoit à piece des voysins; m'allegoit aussi je ne sçay quoy de lignage d'entr'eux, qu'il luy avoit dit l'apres souper, et qu'encore s'entretenoient quelque cas. Et je te dy, mon pataut, mon amy (me disoit elle me sautant au collet), que si tu estois mort, et que les Prestres fussent mariés, comme l'on disoit [2] je ne sçay quand, je serois sienne. Pour tout cela, ne avant, ne arriere, j'alois comme vous sçavez, aux marchez, et estant retourné (je retournois assez tard), je trouvois ce maistre Curé à ma maison, et, me sentant près, faisoit bien de l'embesogné, criant haut, demandant si j'estois point venu, si le lendemain j'yrois à Ansenis, et qu'il y avoit affaire. D'autre costé, lorsque je desbastois ma bonne femme de jument, et feignant de point ne me voir, elle luy demandoit s'il m'avoit veu, que j'estois toujours dix heures en la nuyt avant qu'arriver, et que quelque jour je trouverois pire que

---

1. On jurait par la grande bottine, par le houzeau et par la botte de Saint Benoît. Cette botte était une énorme tonne conservée dans le couvent des Bénédictins de Boulogne-sur-Mer, dit de l'Aulnaye, de Bologne, dit Huët. *Botta* en italien signifie bouteille.

2. Sous entendu : qu'ils l'étaient.

moy, comme volleurs, qui m'apprendroient à me retirer de meilleure heure, et s'esbahissoit fort que je n'avois honte de moy. Je trouvois cela tant bon que rien plus ; toutesfois que mon compere Damp Josse l'escumeur (je ne sçay si vous le cognoissez, mais c'est un bon vilain) m'en avoit touché quelque cas à la traverse, comme nous revenions de Nantes ; et, pource qu'il ne fut onc feu sans fumee, je le luy dis un matin : Venez cà, lui di je, Janne, on dit tel cas et tel, ainsi et ainsi ; je te pry, ne hante plus si souvent avec nostre compere ; non pas que, par ma conscience, je le trouve mauvais ; mais voylà, rompons, si faire se peut, le coup, devant qu'il procede outre. O mon Dieu ! comment diray je l'horrible mine que ce diable coiffé fist ? Par ma foy, j'en tremble encore. Elle jette sa quenoille d'un costé, son couvrechef de l'autre, commence à tourner par la maison deux ou trois fois, ouvrir un coffre, le fermer assez lourdement, enfin s'assoir sur un billot de boys, et là des mains jointes se donner au travers de quinze beaux jeunes diables botés s'elle y avoit onc pensé, et que (feste Dieu) ilz s'en repentiroient, en feroit faire un monitoire [1], ou n'y auroit point de justice par païs, protestant que de quatre mois ne feroit chere à personne, non pas de six ; puys, se tournant vers moy : Ah ! Jan (Quand le nom convient aux choses, dist Eutrapel, cela est galant) est ce l'honnesteté que tu as

---

1. C'est-à-dire qu'elle ferait signifier aux fidèles, au prône, d'avoir à venir témoigner, pour ou contre elle, sous peine d'excommunication.

trouvée en moy? dy, vieux yvrogne, ta pauvre femme (en plorant) qui tout le jour est à sa quenoille, faisant du mieux qu'elle peult, mettant tout bout à bout, encore ne pouvant vivre; et qu'on parloit toujours des femmes de bien; concluant que n'estois aucunement digne d'elle, qui de si près regardasse sur elle. Que diable eussé je fait là? il n'y a autre chose, sinon que j'avois tort. Toujours (dist Lupolde) les battus payent l'amende, ceux qui nous doivent nous demandent. Rien moins que tout ce que tu as dit, dist Eutrapel, encore n'est ce point assez touché le but. Tu me fais icy ouvrir la bouche, attendant quelque grand cas; sera ce point la Souriz d'Horace? Monsieur (dit le pauvre landore [1]), je diray tout, m'asseurant que ma consultation sera faite. Vertu bieu! (dist Eutrapel, lui mignardant une aureille) en es tu encore là? Je vous diray donc en deux mots, dist le requerant et sans varier. Je voys un jour au marché sans m'amuser à boyre; je revien de bonne heure; je trouve le galand, pensez le reste. Je fu aussi esbahy comme qui m'eust donné d'une

---

1. L'explication lourdaud ne me paraît pas tout à fait satisfaisante. M. Hippeau, dans son *Dictionnaire de la langue française* aux XIIe et XIIIe siècles, rapproche *landore* de *landreus* qui signifie infirme, maladif; M. Francisque Michel, dans ses *Études sur l'argot*, cite ces vers d'un manuscrit:

> Dans ma maison je n'ay point de beau-père.
> Hélas! pour mon malheur
> Je n'ay trouvé qu'un landreux de beau-frère,
> Un mary sans vigueur.

Concluons donc que *landore* doit être pris ici dans le sens de malade d'ennui, dolent.

bouze de vache à travers le museau, et plus ne vous en dy. Monsieur (dist Eutrapel parlant à Polygame) il y a bien des incidens en cecy; la journee d'un homme n'y paroistroit guere : de ma part, je ne demanderois point plus ample probation [1], semblable au vif à celle de l'Eunuche de Lucien, le galand dedans, le galand [2]. Vous y fiez vous? dist Lupolde, ce vieux resveur. J'ay ouy dire au grand pere de ma bissayeule, je ne parle pas de ceste heure, que la preude femme est celle qui a les pattes velues : la hardie, qui atendroit deux hommes à un trou; la couarde, qui met la queuë entre les jambes; la honteuse, qui couvre ses yeux de ses genoux; la peureuse, qui n'ose coucher sans homme; la despiteuse, quand on lui baille un coup, elle en rend deux; la paresseuse, qu'avant de l'oster, le laisseroit pourrir dedans; la debonnaire, quand on luy leve une jambe, elle leve l'autre. Et qu'il ne soit vray (dist ce vieux grison [3]) le Musnier le fait par où l'eau saut? le Peletier, par où la peau faut; le Boulanger, sur le sac au bran [4]; le Boucher, sur le baquet aux tripes; le Laboureur, en la raie; le Maçon, sur le fondement; le Charpentier, en la mortaise; le Mareschal, sur le soufflet; et puys, dites que je n'y entends

---

1. Terme juridique pour preuve, démonstration de la vérité d'un fait.
2. V. dans Lucien le XXXVe Dialogue entre Pamphile et Lycinus.
3. Toujours Lupolde.
4. L'ancienne forme du proverbe : Faire l'âne pour avoir du *bran* (du *son*, comme on dit aujourd'hui) explique le sens du mot bran dans cette phrase.

rien. Il faut, dist Eutrapel, que ce vieux rassoté
parle encore de cela, lui qui n'a dent en gueule ;
mais voylà, jamais bon cheval ne devint rosse.
Le bonhomme de Polygame prenoit plaisir à
tout ; mais, voyant que le païsant se faschoit,
parce qu'il se grattoit la teste du bout du pouce,
dist : Je vous prie, enfans, que vous donnez
conseil au pauvre diable, et que commune resolution en soit faite. Eutrapel prit la parole, et à
la volee, comme estoit sa coutume, dist : Monsieur le coqu, croy moi, tu t'en iras à ta maison,
feras semblant de l'avoir songé, feras bonne
mine ; prieras le Curé, pour la pareille, de ne te
plus fascher en tes possessions, autrement tu entens avoir mandement de maintenue et sauvegarde [1] ; et à Dieu sois, mon petit coqu mon
amy. Et, sur ce point, lui bailla une nasarde,
disant : Qui prens tu ? Quant au point que tu le
trouvas en l'affaire, tu devois prendre son bonnet, pour (s'il ne se fust obligé à payer pinte) le
jeter par terre. Et vous, nostre maistre Lupolde,
dist il continuant, qui estes docteur en Israël et
maistre ès arts de Crotelles, je voulois dire bachelier, si le cas vous fust advenu, par vostre
foy, qu'eussiez vous fait ? lui eussiez vous point
donné les etrivieres, comme firent ces venerables
coqus romains Semp. Musica à C. Gallus, lequel
fut pris sur les œufz, et C. Manius à L. Octavius,
un autre alteré ? Fut ce bien fait, à vostre advis ?
Non. Je feray le Prestre Martin [2]. Car en cas,

---

1. Termes de jurisprudence qui indiquaient la confirmation du plaideur dans sa possession.
2. Faire le prêtre Martin, est faire une chose soi-même

par la vertu de la verte [1], que je ne l'eusse escourté et rendu monsieur sans queuë, je voudrois qu'on m'appelleroit Huet. Ha! de par le diable, il en y eut d'autres du mesme quartier, car cette plage est fort subjete à coquage, qui furent plus avertis; l'un appelé Bibiemus qui coupa les couillons rasibus qui bouge à un autre brimbaleur, qui en faisoit mestier et sembloit qu'il y fust loué, qu'on appeloit Actiemus. Autant et non moins en fist Cerne à Ponce, et mille autres; tellement qu'en (diligemment et de longue leçon) voyant leurs histoires, vous trouverez toujours plus de coquz (combien que ce nom soit dit par antiphrase et tout au contraire?) que d'autres gens. Monsieur, vous qui avez eu tant de femmes en main, n'en direz vous rien? J'en laisse l'offre à Lupolde (dist Polygame) car je cognois le gentilhomme tel, qu'il eust pratiqué la loi Gracchus. Enfoncez un petit les matieres, Lupolde. Je (dist le bonhomme Lupolde) songeois, monsieur, contemplant la grace du requerant; et m'est avis, sous correction (ce faisant, il rebraça sa manche, et de l'autre s'es-

---

et sans aide. On appelait ainsi le prêtre qui disait la messe et la répondait.

> Moy mesme je me veux respondre
> Et feray le prestre Martin.
>   Marot. Epistre XLIII.

1. Par hasard, par la force de la chance. *Verte* de *vertere*, changer?

2. Du Fail accepte ici l'étymologie *coucou*, qui signifie en effet le contraire de cocu, puisque le coucou va pondre dans le nid des autres oiseaux. C'est du reste l'étymologie classique. M. Littré suppose la forme latine *cucutus*, signifiant : traité en coucou.

suya le bout du nez) que prealablement et avant toutes choses, en ces matieres, on doit regarder, comme au niveau, toutes circonstances, avant que, peult estre, indiscretement juger de chose tant dangereuse, et asseoir une tache qu'encore avec le temps on ne pourroit effacer. De moy j'ay cognu femmes, autrement chastes, et qui oncques n'avoient rompu le lien et alliance de mariage, l'honneur desquelles neantmoins auroit esté par la trop grande et furieuse curiosité de leurs maris, blessé et vilainement souillé. J'appelle curiosité, en contre gardant par une extreme servitude un animant tant sociable, et qui avec l'homme est né libre et afranchy de mesme puissance. J'appelle curiosité, en compassant de trop près ses pas, observant soingneusement ses graces et contenances, espiant les rabais et couleurs d'œil, calumniant et interpretant à contrepoil l'entretien avec l'estrangier, affable et doux, pour la raison du naturel, la privant de compagnie accoustumee, qui aymoit à honnestement folastrer, et luy bailler quelque vieille (ô peste et abastardissement de ce bon esprit!) qui lui en contera de bien cornuës; aucunesfois assez lourdement retirant la pauvre malheureuse, qui avoit derobé un regard sur la rue, pour l'intention que la vilaine conçoit qu'elle ayt jà projeté quelque train [1]. Non que ce soit par sagesse, ou service qu'elle vueille au mari, car le premier present la rendra maquerelle; mais un despit de ne plus estre caressee, et ennuiee du bien que sa maistresse (luy semble) veut pourchasser. La

---

1. Affaire, intrigue.

pauvre captive, ce temps pendant, trouvera tous moyens (pource que nous taschons aux choses defenduës) s'emanciper comme hors d'espoir, hors les bordz et limites de son honneur, aymant trop mieux servir celuy qui point ne luy doit d'obligation, que d'estre serve à celuy qui luy devroit estre compagnon. Et si les comparaisons des choses sans ame et animees sont suportables, aura l'on longuement arresté le cours de quelque eau, qu'elle (se voulant venger par une resistance du tord qu'on lui tient) ne se deborde ? Toutesfois, laissant son premier canal, qui luy est comme epoux, vague, et partie en divers lieux court çà et là, enfin tombant en un fleuve etranger, un adultere, qui soudain lui ostera sa naïve pureté et douceur accoustumee; que si monsieur le jaloux, se purgeant en sa conscience, vouloit penser que l'amour qu'il luy porte est cause de luy faire souffrir telles passions, il faut qu'il entende que combien que l'amour en femme estrangiere est reprouvé, en la sienne trop desesperé et ardant, est à detester et beaucoup moins qu'honneste. Ce que tout ensemble amassé a esté cause de beaucoup de tels maux advenuz. Il faut donc, qui veult estre sage, faire l'un de ces deux pointz : Ou lui donner telle et si grande liberté (pourveu qu'il entende qu'elle n'en vueille abuser) que jamais ne la pense repeter [1]; trompez vostre valet sujet au grip [2], baillez lui vostre bourse, ou du commen-

---

1. Reprendre, réclamer. Usité dans la langue du droit.
2. Vol. Plus usité sous la forme féminine *grippe*, de *gripper*, prendre, d'où les noms de *Gripis* et de *Gripemini* donnés aux gens de justice jusqu'à la fin du xviii⁰ siècle, et

cement, par une egale mediocrité, compassez si justement son ply qu'elle soit asseurée de son office, lors elle ne taschera usurper points avantageux, se voyant bridee par les bordz qui lui sont constituez.

Cela, dist Eutrapel, ne s'adresse point à ce jeune homme, car (par l'ame de feu Baudet!) il est coqu du tout. Par ma foy! monsieur (dist le folastre) je le suis sans faute. Il n'y a point de remede. Dea mon amy, dit Lupolde, je te diray : Il te faut piller[1] patience : une fois, tu n'es trop interessé, au moins pas tant que te semble [et moins encore qu'il ne te semble] on ne t'a rien desrobé, tu n'es en rien spolié, non plus que si de ta chandelle tu avois allumé une autre. Aussi, monsieur, que selon que j'ay colligé, et, au moins mal que j'ay pu, compris de son miserable discours, c'est un rufian, un paillard ordinaire; qui est un point assez suffisant et necessaire pour donner occasion à ta femme d'en chercher ailleurs, se voyant frustree de ce que par droit justement est sien, dont toy, non elle, es à blamer; et ainsi, monsieur, le veut Ulpian Jurisconsulte. Quoy voyant Innocent Pape tiers, consulté par l'evesque d'Amiens sur le cas avenu entre le mari et la femme, qui en prenoient où ilz pouvoient, et diversement l'un par despit de l'autre, respondist que compensation fust faite, et que qui plus auroit mis, plus

aussi celui de Gripeminaud, archiduc des Châts fourrés dans Rabelais.

1. Prendre. « Hola! hola, dist l'oste, pille la pacience, ce qui est fait est fait; laissez-vous adouber. » *Les Cent nouvelles nouvelles,* nouvelle LXIV.

auroit perdu. Il me semble donc, monsieur, sauf meilleur jugement, que le bon Jan doit se contenter de tel appointement, et qu'il n'aille plus à l'equart. Car n'est il pas escrit au saint Evangile qu'on aura telle mesure qu'on a faite ? Au parsus, que le curé se retirera sur ses brisees, fera semblant que ce n'est pas luy, pourveu que tout luy soit deument signifié dès lors comme dès à present. Au vin. Le paysan fouilloit je ne sçay quoy en sa gibessiere, c'estoient deux carolus à l'espee[1], dequoy il vouloit à toute force faire present à Lupolde. Mais Eutrapel retint gracieusement sa cholere : car, disoit le vilain, comment ? il ne daigneroit prendre mon argent, et luy dit : Coqu, mon ami, ne te scandalize point, de grace, veux tu compagnie ? Non, monsieur, dist le pehon; mais grand'merci; à Dieu doncques.

II.

Eutrapel ayant assisté à une luite, desespere de fain.

Il y avoit deux gentilshommes voysins qui devant deux Notaires avoient en forme de-

---

1. Monnaie d'argent qui valait dix deniers. Frappée sous Charles VIII elle était marquée de la première lettre de son nom, K. Les carolus semblent avoir tous porté les fleurs de lys; mais le peuple a donné après la mort de Charles VIII le même nom à d'autres monnaies, entre autres à des pièces de cuivre; c'est sans doute parmi celles-là que se trouva la marque signalée par Du Fail.

posé une bonne somme de deniers sur une
entreprise de luite¹. L'un stipula, l'autre l'eut
agreable. Eutrapel jamais ne perdoit telles assemblees; car tousjours s'y trouvoit à propos,
comme tabourin à noces, et toujours estoit le
plus que bien venu. Le jour dit venu, chacun
amena des luiteurs, tous d'epreuve, et experi-
mentés : uns de Renes, autres de Dinan, aucuns
de Lambale; et, estant arrivés au pré (lieu pre-
fix par le contrat) chacun presenta son homme.
Le premier qui entra eut nom Pasquier, qui
avoit luité, le dimanche precedent, à Vannes,
et bien sçachant qu'on luy bailleroit un bon
rustre, il entre avec son pourpoint estroit, sa
chemise attachee entre les jambes avec une esguillette, parce qu'il n'avoit sceu trouver brayes
à prest. L'autre, bien rebracé, entra par un autre
costé, bien eschauffé, et avec une grande brave²,
protestant par son grand Dieu qu'il ne lui arres-
teroit emplus qu'un grain de mil en la gueule
d'un belier. Il me semble voir Milo ou Itamatus,
ces bons et excellents luiteurs, estendant leurs
nerveux et muscleux bras, bons luiteurs, ay je
dit, si onc en fut, neantmoins qu'en parlant privement Hercule leur eust tousjours donné demi
quinze et une chasse³. De ce pas il se baisse,
prend de l'herbe et s'en frotte les mains par une
singuliere façon de faire, s'en vient à Pasquier

---

1. La lutte était un jeu national en Bretagne. On verra
par la suite que c'était la lutte à main plate et non la
boxe.
2. Pour *braverie*, fierté, bravade.
3. Nous dirions : leur eût rendu des points. C'est une
expression usitée dans le jeu de paume.

les bras tenduz avec un eslargissement de main, disant : Donne toy garde de moy, si tu veux. Il y eut Siclère, qui se leva son chapeau sous son aisselle, l'un des juges commis, disant que le jeu devoit estre sans vilanie [1], et qu'ainsi estoit pratiqué par tout le païs, et qu'il ne gaigneroit rien à luy rompre un bras, ou autre chose, et autres cas qu'il promettoit dire, sinon qu'il eust esté veu favorit. Le galand n'en fist pas grand conte, et pour tous potages, luy dist que c'estoit un habile homme et qu'il se meslast de froter ses couilles au soleil. Pasquier, palissant, pour r'abaisser la gloire de ce jeune homme, et vivement l'aborder, partit (aussi qu'il faut dire le vrai) d'un petit de peur que lui faisoit ce grand mangeur d'honneur, s'adresse à lui, sans daigner ou toucher en la main, ou faire autres honnestetés qu'on fait du commencement. Vous avez autresfois veu deux chiens, qui, ne s'osans attacher [2], tournent l'un vers l'autre et grondent, n'atendans que le coup. Tels estoient ces gens de bien, tournans à l'entour du rouet, taschant par toutes manieres de se happer, chacun à son avantage, et Eutrapel crioit : Au diable soit la vilenaille, et gripez vistement. Pasquier fut fin et rusé, qui prit mon homme par le bras droit, le charge du croc dedans, l'enleve et tellement le poursuit, que le pourpoint, ô meschante toile ! rompt et en emporte sa piece hautement et net. Au moyen de quoy le coup fut si grand que tous deux vont tomber aux deux quantons du jeu de

1. Sans rien contre les règles de la lutte.
2. Saisir.

roideur[1], Dieu sait quelle, cestuy cy pour sa force renversee, par l'espoir qu'il avoit que tout tiendroit coup ; l'autre, par un mesme moyen ayant mis sa force en l'air, se confiant en mesme seureté que son compagnon. O la belle cheute! deux gros lourdaux, deux gros mastins ; il me semble ouïr un grand chesne en la forest de Chinon, qui, par la force du vent desraciné, tombant, renverse tout ce qu'il trouve. De cette secousse ne s'estonna gueres Pasquier, si fist bien son compagnon ; toutesfois il s'excusa au mieux qu'il peut sur son pourpoint, le regardant de travers, maudissant je ne sçay quel coquin de Cousturier qui le lui avoit basty n'y avoit pas trois jours, parce qu'estoit ne près ne environ honnestement cousu. Pour cela ne avant, ne arriere, dist Eutrapel ; tenez, voicy vostre fin diable de cas, lui en baillant un. Le pitaut endossa sur sa grosse eschine ce pourpoint tout fin neuf, regarda haut et bas, s'il lui estoit bien fait, saute trois pas à quartier[2], puis, en haussant les espaules, rouillant[3] les yeux, s'en vient à Pasquier, qui ne faisoit pas moindre mine qu'adverse partie. De premiere entree s'entrecrochent non gueres gracieusement. Pasquier fait tant par ses journées, qu'il gagne l'espaule gauche, et sur icelle galantement lie sa main, taschant, à toutes forces, luy mettre le bout de l'orteil au jarret ; l'autre, voyant la prise estre de dangereuse defaite, luy met les deux mains

---

1. Vont tomber brusquement aux deux extrémités du champ-clos.
2. De côté.
3. Roulant.

par sous la poytrine, tient royde le jarret, se forçant le lever : mais rien. Pasquier, qui entendoit la ruse, laissant l'espaule, saisit seulement le bras, tournant voir s'il le pourra aucunement esbranler; il le croche, tantost lui donne l'estrape [1], tantost lui baille la jambe, toujours le pié en l'air, tachant, s'il peult (mais nenny) luy mettre cul en giron [2], une fois l'esbranllant d'un costé, pour vistement le detourner de l'autre d'un tour de bras. L'autre, d'une mesme forme l'empoigne au travers du corps en le levant, et en se voulant derober de luy par une traisne, le laisse aller, non pourtant il ne veult tomber, il en a fait serment. Il ne trouve cela ne beau ne honneste; il aymeroit mieux avoir perdu un bon liard barré [3]. Comment ! dist Eutrapel, que veut dire tout cecy ? ils ne tomberont donc ne l'un ne l'autre ? se moquent ils des gens? font ils cela tout exprès pour nous faire attendre? Par Dieu, je m'en iray : car je commence à avoir faim. Les pauvres diables menoient encore, cherchant les moyens de s'entrecullebuter. Il y eut quelque controverse pour une cheute, mais il fut decidé que le saut devoit pour le moins avoir trois quartiers : ils s'entr'empoignent, et de plus belle recommencent à escrimer des pieds. Les uns sont là qui disent : Donne luy du croc dehors; l'autre : Poursuys ta prise; l'autre : Si c'estoit moy, il ne m'ar-

---

[1]. Le soulève pour le faire retomber comme dans le supplice de l'estrapade.
[2]. A terre.
[3]. Valeur de trois deniers, un peu plus d'un centime.

resteroit gueres pour un tel bout ; l'autre, qui leur semble aider par un occulte haussement d'espaules, s'allongeant le bout des doigts de fascherie ; l'autre, ayant la bouche ouverte, regardant par sus l'espaule de plus près, se hauçant sur le bout des orteils. Je vous diray verité, dist Eutrapel, nous pouvons bien en mettre deux autres, car ceux cy ont marchandé[1] ensemble, ilz se cognoissent. Les juges delegués en furent de cet avis, mesme Louaybaut de Partenay le confirma, et qu'il l'avoit vu pratiquer quelque fois à Vezins et à Saint Mars. L'apointement donné, chacune des deux parties dist qu'ilz avoient gaigné, et qu'ilz ne se soucioient pas de tout cela ; qu'on amenast un homme, et que de leur part ilz en fournissoient un. Les mesmes allegations et pareilz argumens produisoient les autres. Sur lequel differend, Eutrapel, qui mouroit de faim tout outre, prit congé de la compagnie, et andar vie[2] à la prochaine maison, qu'il pensoit trouver, pour apaiser l'ire de son ventre affamé comme un loup. Ce que voyant, la compagnie en fist autant, chacun prenant congé. Il y avoit deux

---

1. Se sont entendus.
2. M. Guichard met ici : et annar vite, avec la note : *annar* est un mot patois. L'édition de 1815 qui reproduit celle de 1548 met : et andar vie. Je n'ose pas dire qu'*andar* est un mot patois, ces mots, non soulignés, sont rares dans l'œuvre de Du Fail. C'est simplement le mot espagnol *aller*, comme *annar* était le mot de la langue provençale qui avait le même sens (Bartsch, *Chrestomathie provençale*). Il n'y aurait donc ici qu'un pléonasme, seulement le mot étranger n'a point été conjugué.

gentilshommes congnoissant Eutrapel, qui le vont trouver tout fasché; et, interrogé par eux où il alloit, et raison pourquoy il portoit un si mauvais et estrange visage, respondit : N'est il pas escrit que d'un homme las, affamé, malade, amoureux, jamais n'aurez belle parole ? Par Dieu ! jamais tous ceux qui estoient à Sagunce[1] n'eurent si grand' fain, jamais Enee et ses compagnons n'eurent les dens si longues que le pauvre diable.

S'il vous plaist, lui dirent ilz, venir avec nous icy près, chez un gentilhomme qui fait banquet à une troupe de Gentilshommes et Damoyselles, vous nous ferez honneur. Eutrapel leve l'oreille. Parens, dist il, puys que vous avez credit de mener quelqu'un en crope[2], laissez faire; mais, enfans, depeschons nous. Ils n'eurent longuement chevauché, qu'ils arrivent à la maison, toute remplie de robes de velours, de parades, et jà estoient prestz à se mettre à table. Ces deux Gentilshommes, descendus, vont faire la cour aux Damoyselles et caresser leurs compagnons; mais Eutrapel, auquel ne tenoit de baiser, et moins de rendre çà et là à tas d'accolades, laisse son cheval ataché à une grille basse, et, sans dire mot, entre en la basse salle, où jà commençoit se faire le service, lave ses mains, se met à table, voyant toute la compagnie qui se prioyent [l'un] l'autre à laver, et s'assoir selon les maisons. Eutrapel, entendant

---

1. Les Sagontins soutinrent huit mois le siége à la suite duquel Annibal s'empara de leur ville.
2. Amener un convive.

à ses pieces, commence à morfier [1] et galloper des machouëres, de façon non veuë; tantost la main au verre (car devant que s'assoir, s'estoit saisi d'un broc de vin) tantost au plat, il faisoit rage; ce qu'apercevans ses compagnons, vindrent par derriere à luy, disans : Mon compagnon, que fais tu? tu gastes tout. Pourquoy m'y ameniez vous? disoit Eutrapel. Ouy: mais; disoient ilz, demiz colerez, tu nous fais honte; par Dieu! tu as tord; mais, pour la pareille, oste toi d'icy. Pardieu, mes comperes, mes petitz couillons, je me trouve bien; à quoy m'y ameniez vous? Par la mort de diable, disoit l'un, je voudrois qu'il m'eust cousté ma dague doree, et n'estre point venu. Je te pry, mon grand amy, ne sois point opiniastre; fay je ne sçay quoy pour l'amour de moy; je te pry, oblige moi. Bren (disoit Eutrapel, qui ne faisoit qu'estourdir les morceaux et leur faire demy façon [2], à quoy m'y ameniez vous? Je te prometz, mon compagnon, mon amy (disoit l'autre) que tu fais tord à ton honneur. Pardieu! mon amy, disoit Eutrapel, à quoy m'y ameniez vous? Voicy, sur ces entrefaites, un bonhomme de maistre d'hostel auquel on avoit dit qu'il estoit arrivé un diable qui mangeoit tout, si on n'y donnoit ordre, lequel avec son saye à bombarde, bonnet à cropiere, gibessiere de fauconnier, et un petit baston à crochet, arriva, et en voix quasse et enrouee : Mon Gentilhomme, dit il,

---

1. L'argot a conservé ce mot qui veut dire manger, comme *morfiailler* dans Rabelais, *Gargantua*, c. 5.
2. Comme nous disons : ne faisait que tordre et avaler.

que faites vous là ? Preud'homme, dist Eutrapel, fay servir, et ne me tabuste [1] plus la teste. Je suis un diable moy. Le pauvre vieillard tourne bride vers la cuisine, disant quelques sufrages, affermant que ce n'estoit pas un homme, de verité. Mais les compagnons, à chaque morceau, le prioient se retirer, qui n'avoient autre response : A quoy m'y ameniez vous ? Le reste de la compagnie et de sotz monsieurs qui estoient là, pensant qu'il en deust faire cas, se cuydoient quasi moquer de luy ; mais, voyant que rien ne luy arrestoit, se mirent pesle mesle à table. Eutrapel n'en fist pas grand cas, et estant saoul comme un prestre à Noces franches, sortit hors la table, sans faire autre mine, fors qu'à l'issue de la salle il fist un gros pet, et leur dist : Enfans, faites vous gens de bien. Et de ce pas monte sur son courtaud, s'en allant balivernant et se moquant d'eux, de quoy il en fist une rithme, qu'il mist en un passepié [2]. Et le tout conta au bonhommeau Polygame, qui en rist plus de deux heures, dodinant de la teste et aucunes fois bavant sur la piece de son saye, le bon Gentilhomme.

---

1. Molière (*le Festin de Pierre*) a dit : « Pourquoi me viens-tu tarabuster l'esprit ? » On trouve le mot *tabuster*, *tabustar*, *tabucquer* dans bon nombre d'auteurs du XVIe siècle. V. Bonaventure des Perriers. Les Provençaux avaient le verbe *tabustar*.

2. Air de danse propre surtout à la Bretagne, comme le trihori que nous retrouverons plus loin. V. aussi Bonaventure des Perriers, nouvelle V.

III.

Eutrapel conte d'une compagnie de gens ramassez.

Vous avez bien veu ce bourg, où vous avez voulu descendre pour boyre, Monsieur, dist Eutrapel à Polygame ; je me suis avisé, en venant, d'un cas arivé lorsque j'estois jeune garçon. Quel ? dit Polygame. C'est que, les guerres finies entre les Rois de Laringues et Pharingues [1], et que commandement exprès estoit aux souldats se retirer chacun avec sa chacune, le plus tost et honnestement qu'il leur seroit possible, sans que le bonhomme fust mangé, s'amassa (toutesfois sans aveu, sans soulde) une compagnie de gens bien aguerriz, et adroits aux armes, ne se pouvans remettre à leur premier mestier, et n'estant moins à craindre que fut Spartacus, un tel ramasseur de gens habandonnez, qui si bien donna à doz à Lentule, Romain, ou les unze mille diables à la journee des sabotz [2]. Tels estoient ces soldatz, qui, au moyen qu'on n'y donna ordre, firent un nombre, non seulement pour resister aux communes vilageoises, mais pour assaillir quelque forte ville.

1. Nous avons déjà rencontré la ville de Pharingues, celle de Laringues est dans les environs. Il est évident que Du Fail a appris cette géographie de son maître Rabelais.
2. Nous connaissons dans l'histoire de France la journée des âniers, celle des harengs, celle des éperons et quelques autres, mais nous n'avons aucun détail sur la journée des sabots.

Et, parce qu'ils avoient un prevost ou deux aux trousses, ils estoient merveilleusement provoquez à mal pour double raison, le butin et proye les y invitoit, et la mort prochaine s'ilz failloient à charrier droit ; dont imprimoient desespoir de leur salut, s'estant lourdement et sans avis esquartez hors leur charge. Au moyen dequoy faisoient mille maux, mesme à ces pauvres prestres, comme leur faire racheter leurs lettres [1] beaucoup plus qu'elles n'avoient cousté, et iceluy pauvre lioyent sur un banc, et là vendoient ses couilles au dernier encherisseur et estainte de chandelle. Quoy voyant, le pauvre diable estoit contraint (autrement il estoit escourté) faire le dernier offrant, et mettre par sus les autres. Le bruit courut par le païs qu'ilz devoient le lendemain venir à Mortagne, et que jà la compagnie commençoit à desmarcher. Mais (ô bon Dieu ! monsieur) par quel bout deschifreray je la peur, l'estonnement, l'effroy, que sentirent de ces simples nouvelles les pauvres gens et de là et environ ? Je me perds, je ne sçay plus où j'en suis. L'un jetoit sa palle, son tripié, son cousteau crochu au puy ; l'autre, ayant sa cramaillere atachee à sa ceinture, son chaudron sur sa teste, son pot à lessive en une main, son soulier, qu'il escachoit [2] en l'autre, couroit, tant qu'il pouvoit, vers le boys de Landefleurie, pour illec cacher tout son mesnage. L'autre, ayant chargé sa poisle à chastaignes sur son espaule, mis son chausse pié en la piece de son pourpoint, et sous

---

1. Sous-entendu : de tonsure, de prêtrise.
2. Écrasait, de *quatere, quassere*.

le gousset d'iceluy cousu huit unzains, descendu quelques andouilles de la cheminee, et icelles joliment entour-lyees à son vouge, couroit à la prochaine paroisse, disant : Au moins si n'auront ilz pas tout. L'autre, avec une hart ayant lié son sabot, sa bouteille, son alesne, son crible, sa brayette, son pot à gresse et ses ciseaux, couroit, à toute haleine, vers les navines [1] de Mazé. Item, j'en vy deux, l'un chargé d'un bissac plein d'un costé de pommes de Hery, en l'autre des saucices et force moutarde, l'autre chargé d'un panier à laine, qui coururent par comparaison d'escriture plus que de Saint Mathurin aux rosiers. Autres chassoient leur bestail devant eux, et le chargeoient suivant l'exigence du cas. Les bœufz et vaches portoient entre leurs cornes force bassins, lanternes, fusils, ratouëres, entonnouërs, bastons à deux bouts [2] : Car, disoient ils, au moins, nous n'en serons point trouvez saisiz. Il y avoit un chien qui oncques ne cessa, par importunes adulations, cherissemens, puys à l'un, puys à l'autre, frappement de queue, signe evident de vouloir soulager son maistre par un service non accoustumé; il ne cessa (je dy) qu'on ne l'eust chargé de demy douzaine de fuseaux, qui fut occasion que tous les chiens, à l'exemple de l'autre, furent en semblable degré, et ceux qu'on ne vouloit charger, eux mesmes prenoient quelque faucille, on manche de fouët, afin qu'on ne leur eust reproché au giste quelque point d'ingratitude, ou

1. Champs de navets.
2. Bâton ferré par les deux bouts, arme.

quelque insinuation d'amitié avec l'ennemy.

Les femmes estoient plus embesognees que vingt à embaler leurs pelotons, engaisner leurs forcettes [1], enfiler leurs aisguilles, contrepasser [2] leurs espingliers, empeser leurs couvre chefz, pimpeloter [3] leurs taboretz, hanicrocher [4] leurs moustardiers, faire de fauces fesses [5], atinter leurs coletz, enferrer leurs demy ceints, contre-biller [6] leurs paquets, ensacher leurs devidets, entraver [7] leur garde culs [8], tabouler leurs cassettes, rembarer leurs huges [9], consolider leurs pesons [10], enfoncer leurs sarbateines, contrepeter leurs outilz, envelopper leurs quenouilles, confondre leurs hanicrochemens [11], instruire leurs metz [12], calfeuter leurs travoilz [13], emmancher

---

1. Diminutif des *forces* dont on se sert encore pour tondre les moutons et qui ont été les premiers ciseaux.

2. Mettre l'un sur l'autre, comme dans le blason se rencontrent deux animaux passant l'un d'un côté l'autre de l'autre.

3. *Pinpeloter, pipeloter, pipeler;* ajuster.

4. Accrocher.

5. Se charger de paquets sous leurs robes.

6. Attacher ensemble.

7. Et non pas : *ensacher devidets en travers leurs gardeculs*.

8. *Tabouler, tabourer,* faire du bruit en choquant leurs cassettes.

9. Fermer leurs coffres.

10. Rattacher afin qu'il ne s'égare pas le morceau de plomb, qui, mis au bout du fuseau, en rend le maniement plus facile.

11. Mettre des obstacles pour empêcher l'ouverture des portes.

12. Cacher leur petrin derrière des constructions improvisées.

13. Dissimuler leurs travails?

leurs sabotz[1], crocheter leurs contre-huys[2]. Somme, c'estoit une merveilleuse desbauche, une desesperee furie, une tragedie pire que celle de Sirap, quand l'oyseau à la grand' coronne s'apparut devant entre les deux colonnes Herculiennes. Puys disoient : ma cousine, m'amye, mettez moy cecy, s'il vous plaist en votre faisceau ; ma commere, mananda[3] ! depeschons nous, car si ces gensd'armes nous vont une fois trouver, nous en serons tant halebotees, au fort nous n'en mourrions pas[4]. Vous (disoit une qui emballoit une faucille de Quintin) en avez vu beaucoup mourir ? Je ne dy pas pour cela, disoit une autre, mais puys qu'à faire faire, j'ayme mieux mourir de cette mort là qu'autrement. Par ma foy ! monsieur, peu s'en fallut qu'elles ne demeurassent ; mais (ô meschante quenaille!) voici dix ou douze grand's meres, voyant le desordre qu'elles brassoient[5] à leurs filz, neveux, cousins, aussi bien averties que quand ainsi seroit on ne feroit cas d'elles non plus que de vieux cabatz qu'elles estoient, soudain et en un moment en avertirent leurs mariz, lesquels, non contents de ce, acheverent d'empaqueter le reste des hardes, reservans l'information plus ample et punition de la trahison quasi commise, lors-

---

1. Ces trois mots ont été supprimés dans l'éd. de 1842.
2. Accrocher les volets.
3. Et non : *ma commere Mananda. Anda, anenda, par mon enda, par manenda, parnenda*, sont des jurons équivalant à *par mon âme !*
4. Nous en serons tant *violentées* qu'il serait impossible que nous n'en mourrions pas.
5. Préparaient.

qu'ilz seroient à Fougeres, où ilz tiroient de droit fil, et le grand chemin batant :

> Aymans trop mieux perdre courtilz[1] et granges,
> Que d'asseurer leur salut aux estranges.

IV.

Eutrapel mene Polygame voir la maison d'un païsant, et pourquoy la goute habite les Cours des grands Seigneurs, et l'Hyraigne[2] la maison des Pauvres.

Monsieur, dist Eutrapel à Polygame, il semble que vous ayez perdu vos couillons aux dés, vous estes aussi melancolic, aussi biscasié[3] ; faites grand' chère (corbeau) le roy le veult bien. Voylà le soleil qui, jà ayant descouvert la sime du tertre de saint Laurent, et voltigé sur la chesnaye de Bon-Espoir, nous invite sortir hors et nous essorer[4]. Polygame, qui jamais ne contrarioit personne, et estoit de tous bons accords, le bonhomme, fut contant, et ayant à toute peine monté sur sa mulle, et Eutrapel sur son petit chevalin, qu'il appeloit par honneur Aguysel[5],

---

1. Jardin, de *hortus*; en picard *courti*; en champenois *cortin*.
2. Araignée. V. la fable VIII du livre III, dans La Fontaine.
3. Rabelais écrit *biscarié*, défait, de mauvaise mine.
4. Mettre à l'air comme le linge qu'on y étend pour l'essorer, le sécher; ou s'envoler, comme le faucon.
5. D'*aguise*, aiguillon.

prinrent chemin tout le long de la prarie, tousjours balivernant et riant du meilleur de la ratelle. Au bout tirant la Gouterie, le bonhomme Polygame eut soif, et par une mesme impression, convenance et sympathie de mœurs (comme en une contagion) Eutrapel commença enrager de mesme accident. Il falut descendre ; mais où, à vostre avis ? Tout beau, à l'ayse, compere, j'en parleray. Chez un prud'homme rustique bon vilain, et qui jamais ne reculoit quant au fait et train de bien boyre. Escoutez donc comme le vilain estoit logé. Estans entrés en la cour, close de beaux esglantiers et espines blanches, voyez en une oree un beau fumier amassé, des tectz çà et là bastiz, en forme quarree, haux environ de trois pieds et quelque poucee. Je laisse un petit apentiz joignant l'entree, sous lequel étoient force charrettes, aisseulx[1], timons et limons, et viens au principal estage, qui en sa circonference avoit XVII piedz en carré, et XXVIII en large et non plus, à raison que le villageois disoit le nid estre assez grand pour l'oyseau. Le paroy ne fut ne Jaspe, Porphyre, Marbre ; encore moins Raiasse, Tuffeau, Querignan, ou Dinge[2], ains sur belle terre detrempee avec beau foin, que le paillard avoit robé[3]

---

1. Essieux.
2. La *raiasse* est une pierre blanche très-dure employée par les sculpteurs ; le *tuffeau* est aussi une pierre blanche, plus tendre, mais qui durcit en séchant. Quant au *querignon* et au *dinge* c'étaient sans doute des pierres estimées en Bretagne, mais il ne nous est rien resté qui puisse nous en faire reconnaître la nature.
3. Dérobé.

de belle nuit, pour faire ceste belle maison en belle heure. Sur la muraille estoient très bien et très beau entravees [1] iiij poutres en iiij mortaises, le tout perpendiculairement et au niveau jointes ; au dessous force sableres et chevrons [2], dont estoit enlevé le beau pignon vers soleil couchant, guinchant [3] un peu sur le midy d'un costé ; de l'autre costé, regardant sur les prés de la Basmette, avec la lucane [4] que j'ay cuydé oublier. La couverture fut de paille et Joncs entremeslés: Car (disoit le vedel [5]) l'ardoise me cousteroit à amener. Toutesfois, le tout estoit si proprement agencé, que Hugues mesme, excellent couvreur, confessa que de mieux estoit impossible, et mesme à luy, qui de longue memoire exerçoit le mestier, à raison de la propre et jolie petite besogne : car l'un (une fois) ne passoit l'autre ; le jonc de l'autre costé verd et aucunement paslissant, qui donnoit un merveilleux lustre au chaume, les uns parmy les autres entremeslez ; avec ce qu'il avoit une veue tant ingenieusement desrobee avec une pierre ardoisine qui se tiroit avec une corde, que plus, par ma foy, je n'en sçache point ; et au dessus du feste [6] force Marjo-

---

1. Fixées.
2. Les sablières et les chevrons sont encore employés dans les constructions en bois.
3. Biaisant.
4. Lucarne.
5. Dans le commentaire de son édition de Marot, Lenglet Dufresnoy dit ignorer la signification de ce mot, mais, dit-il, « on voit bien que c'est une injure. » Dans tous les cas c'est une injure sans fiel. *Vedel* en gascon est *veel* dans la vieille langue française : veau.
6. Faîte.

laine, et herbe au Charpentier [1]; toutesfois que par le derriere il estoit apuyé d'un chevron pour le vent, le tout en forme d'arc boutant. Au dedans n'estoient fenestrages à l'antique, manquinages, lembrissemens, ouvrages Damasquins [2], ne autres enrichissemens ; mais en lieu de telles pompes estoient force bonnes pieces de grosse estoffe [3] pour serrer ses oustilz. Mais entrons en la maison devant. A l'entree, en lieu d'escalier, estoit le billot de bois plus bas que le seuil de l'huys, à fin que, sans se malaiser, on entrast facilement.

Entré, voyez justement près l'huys une cheville, à laquelle pendoit d'ordre, colliers, estulles [4], aguillons, fouëtz, paronnes [5], brides, et semblables esquipages du mestier, et ce à main gauche ; de l'autre vous destournant, comme si quelqu'un vous frappoit sur l'espaule, voyez (si le vouliez regarder, car de s'avancer tant) tout en juste ordre tant que l'un ne passoit l'autre, faucilles, vouges, serpes, fourches, leviers, socz, coutres, avec un boisseau plein de clouz, tenailles, marteaux, cordes, alesnes et menuës

---

1. Ce nom a été donné à beaucoup de plantes champêtres : l'oseille rouge, le plantain lancéolé, la millefeuille, le seneçon commun, le cresson alénois, l'orpin. C'est surtout l'orpin (*sedum*), de la même famille que les joubarbes, qui croît sur les toits des chaumières.
2. Tous ces mots indiquent une riche ornementation en sculptures et reliefs variés.
3. De bois grossier.
4. Je lirais volontiers ici *estrilles*, vu l'ensemble des objets catalogués.
5. Pièce de la charrue à laquelle on attelle les chevaux (Guichard).

ferrailles, qui toutes servoient à mesnage, ainsi qu'affermoit le vilageois, interrogué principalement sur cet article. De là en avant poussant outre, comme le naturel des hommes est insatiable, j'entends deux pas ou cela, trouveriez, si voyez l'avoir affaire, une table de bonne estoffe, sans mignarderie [1], sans ouvrage, que plain, sur le bout de laquelle la touaille, ou nape, ce m'est tout un, estoit encore du reste du disner, comme voulant inviter et semondre [2] l'étranger, ou le las, se recreer et solatier [3] avec elle ; et ce qu'estoit dedans, c'estoit le bon pain frais et quelque lopin de lard restant du disner, en rien ressemblant ces beaux et magnifiques bastimens, où les yeux sont aucunement recreez, mais le ventre crie à la fin à l'aide. Brief, ce n'est pas son gibier. Tirant vers le foyer, estoit un coffre, auquel estoient en elegante disposicion les hardes du bourgeois champestre, comme chapeau, gibessiere, sa ceinture bigarree, et demy ceint de sa femme, entremeslee d'odorante marjolaine, et là dessus estoient les ecuelles de bois, vollets [4] et un picher [5] de terre, vous appelez cestuy cy un pot à eau, une bue, ou un cruon, un tranchoir, ou selon la petite bouche une toude. Baste. Le lit du bonhomme estoit joignant le

---

1. Solide, sans ornement.
2. Synonyme d'inviter.
3. Se consoler, se reposer, se réjouir.
4. Vollet doit être ici un ustensile de ménage, comme un plateau de bois mince et non une flèche, un javelot.
5. Le mot *pichet* pour cruchon est encore employé. Les suivants donnent une synonymie fort intéressante de ce vocable.

foyer, clos et fermé de mesme et assez haut enlevé.

Je laisse les selles et chaises de boys tortuës de nature, et les pieces bien raportees, et vien au tect aux vaches ; car celuy des brebis estoit de l'autre costé clos de gaules de coudres entrelacees subtilement. Je vous asseure, mon Dieu, que Polygame trouvoit cela bien fort bon ; et, ayant la main sur son braquemard [1], contemploit tout d'assez bonne forme, estimant la vacation estre de beaucoup meilleure condition qu'une plus haute, et moins sujette et plus affranchie d'envie et emulation, choses qu'on trouve assez privees et non estranges à plus haux estats ; lequel, ayant beu de tel quel vin, et egalement secondé par Eutrapel, s'esmerveilloit fort que, attendu que tout estoit honnestement accoustré, qu'ils n'avoient mesme cure de chasser et nettoyer la maison de force Hyraignes avec leurs rhetz, tellement qu'il conta plus de dix sept mouches, qui toutes y perdirent lou cap [2], et la moindre le pied, ce qu'il trouvoit assez mauvais. Mais Eutrapel, qui faisoit le sufisant et bonne mine, deschargea sa conception par une apologie non moindre en doctrine qu'en balivernerie : Monsieur, dist il, du temps que le renard preschoit aux poules, à fin qu'aucun scandale ne vous amadoue, entendez vous ? Jupiter estant dispost de sa personne, ayant pris son nectar de l'apres disnee, au moyen de la chaleur trop vio-

1. Épée courte et large.
2. La tête, de *caput*. *Cap* ou *cab de biou*, tête de bœuf, était un juron assez usité, principalement en Gascogne. Fæneste jure souvent par *Cap de Diou*.

lente qui le tourmentoit, issit hors salle, et, comme estoit l'ordinaire, trouve à chaque costé un tas de requerans, le petit libelle en main, lesquelz il entendoit, et faloit estre depeschés par ses maistres aux requestes : car de ses affaires privees et de la maison, comme contes, rentes, revenuz et estape d'hostel, de tout cela luy mesme en tenoit le bureau les samediz. Entre autres requerans choisit entre tous en un coin une pauvrette et miserable femme apuyee sur des potences[1] mal habillee, tousjours rechignant, diablassant, tant fascheuse, de mauvaise grace, à laquelle aucunement n'estoit loysible de buquer[2] sans luy desrober une bastonnade ; et s'appeloit ceste bonne dame (mais qu'il ne vous desplaise) madame la Goute, ayant requeste en sa main. Auprès d'elle, en pareil ordre, sans s'avancer ou retirer arriere, estoit une pauvre et souffreteuse hyraigne, aussi requerante, s'enveloppant (de honte, je le croy ainsy) le nez du bout d'une meschante bezace. Jupiter, non meu de la nouveauté (car Chevres, Loups, Cerviers, Singes, Escrevisses et semblable menuail[3] estoient à tout propos là, requerans formules, neantmoins que abastardies, pour s'enquerir des tords qu'on faisoit çà bas) et plus d'affection print leurs requestes, et icelles par diverses fois lut, s'estant accoudé sur le timon d'une brouette, et sembloit bien, à voir sa mine, qu'il y avoit de la folie. Le libelle de madame la Goute, ainsi

1. Béquilles ; de l'ancienne forme de cette machine orthopédique.
2. Toucher, heurter.
3. *Minutus*, menu peuple. Du Cange écrit *menuaille*.

que disoient les Maistres, n'estoit fondé qu'en faveur, qui portoit que, supposé et qu'à la vérité ainsy fust que Jupiter de sa grace ne renvoyast jamais tel quel requerant non contant, ains autour de ses demandes, moyennant que raisonnables, satisfait, que elle, neantmoins que indigne, ayant besoin de son ayde, avoit pris l'audace, conjointe peult estre avec temerité, luy presenter, pour sur ce luy faire droit, sa suplication assez mal escrite ; mais qu'il excusast l'impuissance des doigtz, qui aussi ne tendoit qu'à une fin accoustumee : c'est que, combien qu'elle eust comme les autres animants sa demeure constituee et en certains lieux bornee, où elle auroit passé la meilleure part et plus de son aage ; toutesfois, estant jà abattue par la longueur de ses ans, et venant au point mortel, auquel elle prouvoit nous tous estre fardez [1], n'estimant sa personne plus privilegiee qu'une autre, avoit deliberé (si Sa Majesté trouvoit cela honneste) pour le peu qu'elle disoit avoir à vivre, prendre desmeshuy ses aises et du bon temps, attendu mesmement qu'elle avoit souffert autant ou plus que femme du quartier. En allegant la cause et fondement total de sa misere, disoit qu'elle avoit demeuré, par son commandement, comme Goute, et en cette qualité, aux maisons des pauvres gens, où de grace lui avoit daigné decerner sa demeure et assoir son domicile, auquel lieu avoit tant eu de mal, tant de calamités, que, s'il n'y donnoit ordre et de bref, elle estimoit que Goute jamais n'auroit grand'vigueur ; et, discou-

---

1. Dont nous devons tous porter le fardeau.

rant de plus loin, disoit que ayant au plus habité la maison un ou deux jours de quelque laboureur, il lui faisoit mille maux, comme la mener à toutes heures aux champs, et là extraordinairement travailler, tracasser, aller aux vignes, fendre du bois, fagoter, relier tonneaux, moissonner ; somme, tant barbouiller, qu'elle vouloit et concluoit par ses moyens que s'il avoit deliberé la tenir là plus longuement en cet estat, qu'elle protestoit d'injure, de tous dommages et interestz, n'entendant toutefois aucunement le fascher, et que si elle estoit trop importune, qu'il pardonnast à son naturel. Voylà sa requeste, laquelle Jupiter ne voulut depescher sans que prealablement n'eust vu celle de l'hyraigne, qui ne concluoit qu'au contraire, et à toutes forces demandoit congé de librement habiter les maisons des pauvres gens, quitant, cedant et transportant le droit qu'elle pouvoit pretendre aux maisons des riches, qui n'étoit pas petit, ainsi qu'elle l'affermoit à madame la Goute, là presente. Car, au moyen qu'on la brouilloit, tourmentoit sur son escot, chassoit avec force balais, estant autant asseuree de sa demeurance comme un pont sur rouëlles [1], n'entendoit que de plus y estre, implorant Sa Majesté lui assigner quelque coing où elle peut seurement et librement baliverner, autrement qu'elle entendoit (sauf sa discretion) venir habiter avec lui, avoir lettres d'estat et estre de ses commensaux. Beaucoup d'autres bonnes choses estoient contenues là dedans. Tout quoy ayant lu d'un fin bout jusqu'à

---

1. Roues, roulettes.

l'autre, Jupiter se retira par merveilleuse et estrange façon, et hauçant une main en l'air, croulant [1] la teste, dit qu'il y donneroit telle provision que de raison. Eut il dit cela ? Il appelle ses maistres de requestes, sans admettre cause d'absence, fust probable ou necessaire; proposa l'espece de l'argument, en fonçant les merites de la cause *in foro conscientiæ, quod aiunt*. Sainte Marie ! dit Polygame, que tu fais trouver le conte bon ! Un potage, dist Eutrapel, ne vaut rien sans sel. Jupiter tonna, rouilla les yeux, gronda trois fois, signes evidents qu'il ne faloit faire la beste. Ma dame la Goute et damoiselle Hyraigne, deument appelees, assisterent là par grande honnesteté, premier d'une pointe et d'un simple double, secondement d'une reprise avec une profonde reverance [2]. Le tout vu au net, fut dit et apointé que l'Hyraigne, changeant de maison, demeureroit paisiblement, sans lui faire tort ne violence, aux maisons du pauvre populaire. Sur quoy elle voulut contester je ne sçay quoy, et qu'elle ne demandoit que paix; mais on lui fit signe qu'on l'envoyroit là dedans! Au reste, que dame Goute, suivant sa requeste et legitime et civile, laissant les maisonnettes des pauvres gens, iroit habiter aux Cours des gros Seigneurs, Gentilzhommes (j'entends des otieux [3]) à Presidens, Conseillers, Avocats, Marchands. Et deslors fut donné Commissaire pour les mettre en possession respectivement, et est la

---

1. Branlant. Jupiter est ici presque aussi majestueux que dans Homère ou que dans Scarron.
2. Agréable moquerie des formes judiciaires du temps.
3. Oisifs, *otiosus*.

raison pourquoy vous voyez ceste tant belle et bien figuree tapisserie cy dedans. A la bonne heure, dit Polygame, vous n'estes pas mal monté de fait, beuvons. Ce qu'il vous plaira (dist Eutrapel reculant un pas). Ce faisant, son espee lui batoit un jarret. Dequoy se moquoit fort Polygame, produisant son malchus [1], qu'il avoit joint près la piece de son pourpoint, et allegant maintes raisons de douter, concluoit qu'au regard de son temps, où ilz se batoient en croix saint André [2], ce n'estoient en ce siecle que petitz espadassins.

V.

Lupolde conte de quelques harengues dites par un se mescognoissant et voulant muer son naturel.

Le preud'homme Lupolde s'en revenoit à l'ayse de tenir les assises ou plaitz de son maistre Polygame, et estant monté le tout à l'avantage sur une meschante haridelle de cheval, son braquemard sur sa robe ceinte, avec le chapeau bridé. Il ne faut point mentir qu'il estoit en bon equipage. Ha! bon pere! ha! escuz!

---

1. Épée. Le mot est tiré de l'Écriture sainte.
2. Le duel à quatre, si l'on peut ainsi parler, aurait donc été à la mode dès le règne de Louis XII. Témoins et adversaires se croisaient. On formait ainsi la croix de Saint André. Mais ce n'étaient point de petits spadassins que les contemporains de Polygame puisque, sous François Ier et surtout sous ses successeurs, jamais le duel ne fut plus fréquent et que c'est à cette époque qu'on fait remonter l'introduction des témoins dans la lutte ; fait que nous voyons ici être de beaucoup plus ancien.

(dist Eutrapel) vous soyez le mieux que bien arrivé ! et bien, de nouveau ? Mentez un peu pour nous esbaudir ¹, aussi bien, monsieur est tout triste. Je fais bon vœu à Dieu, dit le bonhomme, si oncques j'eus tant mal à me contenir. Comment ? dist Eutrapel, sentez vous quelques aguillons de la chair qui vous piquent ? ô laid amour en vieille chair ! Baille luy belle, rencontra Lupolde ; mais à bon escient, cognoissiez vous pas, les ans passés, un Fiacre, un sire ² ; mais un badaud qui se retira je ne sçay où, tellement qu'il nous a eschappé quelque temps ? Par ma vie, le pauvre sot ne cuyde pas que le monde soit si grand. Mon Dieu ! que c'est grand cas ainsi se mecognoistre, et, à son desavantage, avoir une fausse presumption de soy ! Mon bon amy, dit Eutrapel, je vous pry, je cognois le venerable de longue main : a il fait quelque beau coup d'essay ? Je me doute qu'il ne vous ayt tous cullebutez et mis hors les arçons ; car il vient de Lyon et est tout frais esmoulu. C'est assez, dist Lupolde, puisque vous cognoissez le galand. C'est mon, ma foy ! il nous a bien escarmouchez et d'une belle levee de bouclier. Tenans nos assises, que chacun faisoit son devoir d'expedier en sommaire les matieres, rendans droit à chacun, ceste savante personne s'est presentee en assez bonne trongne ; je vous asseure, mon Dieu, que je le mecognoissois. Peult estre, dist Eutrapel, qu'il ne se cognoissoit non plus. Lu-

---

1. Réjouir, comme ébattre.
2. V. à la fin des *Propos rustiques* le chapitre de Thibaud, Monsieur et de Fiacre, sire.

polde, continuant, riant du bout des dents, disoit que le survenu, ayant prins place assez eminente, commandé aux assistans faire silence, touché seulement la corniere [1] de son bonnet, avoit commencé d'une longue et prolixe harangue, et de peur de faillir au beau commencement du monde, avoit aussi par le menu deschiffré la Legende Doree, ensemble la vie des Peres, disant esclarcir les allegories qui s'y pouvoient trouver. Il s'y en trouve (disoit il) assez souvent. De ce pas se mist à nous exposer les esmolumens qui provenoient de grammaire ; puis, par merveilleuses demonstrations, monstra les commoditez de la terre. Finalement, se voyant hors propos (combien qu'il n'y fust entré ne près ne loing), nous donne à entendre, par une galante description de lieu, la situation de Lyon, où il avoit esté à la derniere foire, et par addition, substraction et deduction, a monstré combien c'est qu'il pouvoit tous les jours despendre [2] ; et, prenant congé de nous, proposa son affaire, qui estoit de quelqu'un qui avoit hanicroché dans le froment de je ne sçay qui, concluant à tout interest de la cause d'apel. Voylà la plaisante histoire de notre ferial juvene, qui mescognoist le rateau, contrefait son naturel ; il lui est bien avis qu'il est bien autre ; somme, c'est un habile homme. Jamais ne me parlez de telz clients, dist Polygame ; encore si c'estoit quelqu'un de mediocre [3] esprit ou quelque cas ; mais ces aneantiz

---

1. La corne.
2. Dépenser.
3. D'un peu d'esprit.

qui veulent paroistre, tant de bastonnades. Au contraire, s'il avoit je ne sçay quoy de bon d'estrange, il ne le faudroit sitost insinuer, mais peu à peu desrober au populaire, pour, avec le temps, en faire estat, et le rendre, d'estrange, propre et legitime. J'ayme tant cela, quand ils me viennent mesler à leur retour seigle avec froment, et (ce que l'on dit) les choses prophanes avec les sacrees ! Pensez vous qu'il luy eust fait la responce des Lacedemones estans importunez par une longue lettre des Argiens ? mais trop mal eust esté employee à ce folet. *Janotus de Bragmardo* eut plus de grace. Je, dist Eutrapel, ne veux rien conferer : car comparaisons sont etc. Mais de ces longues oraisons jamais n'en fut bonne chanson chantee ; voulez vous quelque cas d'exprès ? Pensez vous que celuy qui fut envoyé devers un grand seigneur de notre temps, enchargé de legation, et ayant ainsi commencé sa harangue : Quand Scipion partit de Chartage, Sire... fut esbahy quand ce seigneur lui respondit : Après, après, on sçait bien qu'il estoit à cheval. A vostre avis, que vostre client, Lupolde, eust esté là le bien venu. Il me semble, sous correction, que trop longuement l'avez souffert s'egarer : que ne lui disiez vous, comme l'on fist à un prescheur près La Guerche : Beau pere, preschez vostre Evangile ? aussi, monsieur le mercadant[1], montrez vostre bec jaune en deux mots ? Mais voylà il a vu quelque galand homme, peult estre près d'un contouër, et iceluy discourir et repeter quelque fondement de plus

---

1. Marchand ; italien : *mercadante*.

haut, et ce bon gentilhomme icy veut faire comme luy, ressemblant le petit homme, qui, au temps des neiges, veut asseoir ses pas où celuy de grande et belle stature les avoit assis. Il le fait bon voir tirer ses petites jambettes contre le naturel de son marcher ; ne sera il montré au doigt et ridicule aux enfans mesmes ? Tel est vôtre scientifique docteur, Lupolde, qui, d'un procès d'une vache, deduit toute la genealogie d'un veau ; c'est bailler les bottes de Hercules à un garçon, et accoustrer Lupolde, que voicy, ce bon vieux praticien, d'un corselet gravé, le morion en teste, et lui faire branler la pique¹. Allon, mon petit, allon boire, et te suffise que *Durerius*, cet excellent Paintre, ayant en ses jeunes ans fait des cannes petieres², et mettoit aussitost une gibessiere au bonhomme Bias, comme une panneree de feves à Pythagoras, ce luy estoit tout un. Il luy sembloit bien une besongne estre bien tracee et tous ses lineamens et traitz compassez, s'elle estoit bien painte de diverses couleurs. Toutesfois, ayant regardé de plus sain et net jugement, enfin ne fist rien que le naturel, qui l'a rendu l'excellence de l'Europe³. Lupolde se sentoit piqué, au moyen qu'il avoit entendu (et mal) qu'il le faloit accoustrer d'un corselet, et s'en scandalisoit fort ; mais Eutrapel, l'ayant

---

1. Comme un soudard dont il aurait porté l'habit, cuirasse et casque. *Branler la pique* a passé dans la langue comique avec une autre acception.

2. Des essais malheureux ; la canne petière passe pour craintive, lourde et maladroite.

3. C'est Du Fail qui le premier en France, croyons-nous, a fait ce bel éloge d'Albert Durer.

manié à l'ombre d'un pot de vin de Fouassiere, le rendit contant et de bonne volunté; car l'homme de bien n'estoit pas fascheux, mesmes à Eutrapel, qui le rembarroit à chaque bout de champ; puys, pour apointer, beuvoient du meilleur tandis que l'autre amandoit, le tout aux despens du preudhomme Polygame, qui, les y trouvant, donnoit dessus comme un quasseur d'acier, mais, sur toutes choses, disoit il, que ma femme ne nous y trouve point, ce seroit autant de depesché.

Puys qu'ainsi est.

LES

CONTES ET DISCOURS

D'EUTRAPEL

PAR LE FEU SEIGNEUR DE LA HERISSAYE

GENTIL-HOMME BRETON.

Ridentem dicere verum quid vetat ?
Le ris n'empesche pas qu'on ne die vérité.
HORATIUS.

Omne tulit punctum qui miscuit utile dulci.
Qui profite et qui plaist a gagné tout l'honneur.
(*Id.*)

———

A RENNES,
Pour Noël Glamet, de Quimpercorentin
1585

SUR LES CONTES D'EUTRAPEL

SONNET

Quand je lis tes Discours, Eutrapel, ag-
 greables.
Doctes-dous, sacré-saints, je te dis un Proté,
Un Proté, non humain : car nostre humanité
Ne peut representer des faits si variables.

Tantost parlant de Christ, tes propos admirables
Nous font voir qu'en tes sens quelque divinité,
Son empire exerçant, sainte, t'a incité
A ces lieus esclarcir obscurs, mais veritables.

Puis abbaissant ton vol, nous promenes en terre,
Au vif representans les bigearres humains,
De leurs esprits les fruits, et les fruits de leurs
 mains :

Lorsque vivant aus champs, gaillard, tu fais la
 guerre
Par lignes, par filets, et par menus gluaus,
Aux animaux muets, forestiers et oiseaus.

PIBAREIL.

Nostre Dieu en foy (a) et d'esprit
On doit servir par Jesus Christ :
En luy seul ton appuy se fonde,
Le reste n'est rien que du monde.
De ton labeur gaigne ta vie,
Vivant chez toy sans jalousie.
Femme pren, qui l'obeissance
Apporte plustost que chevance.
Il faut rendre de mesme grace
Le pareil que veux qu'on te face.
L'esprit tousjours tendu aux Cieux
Par ce moïen [1] vivras heureux.

a. Var. : *en soy* (1603).

1. Ces trois mots ont été supprimés dans l'éd. de 1842.

L'IMPRIMEUR AU LECTEUR

DESIRE JOYE ET FELICITÉ [1].

Amy lecteur, estant l'esprit de l'homme de telle nature qu'il ne peut demeurer à requoy [2], employant sa langue à deschiffrer les actions d'autruy ou les siennes propres, faute d'autre subject, en quoy nous nous portons et poussons de nous mesmes à des merveilleux accidens, ou de flaterie ou de calomnie, il ne faut aucunement doubter que les CONTES D'EUTRAPEL, qui ont jusques icy veu le jour soubs l'abry du venerable nom du Seigneur de la Herissaye Gentilhomme Breton, n'ayent encouru le danger, auquel sont subjects les escripts de ceux qui excellent en quelque chose par dessus les autres, au siecle principalement où nous sommes, siecle vrayement de fer [3], toutes choses y estans miserablement

---

1. Cette épître n'est pas dans l'édition de 1585, la première et celle dont nous reproduisons le texte. Elle donne donc la date de la mort de Du Fail qui serait advenue dès lors en cette année 1585.
2. En repos, *requies*. Du Cange cite *en requy*, en secret qu'il dérive de *repositus*.
3. Toujours la même plainte ! Qu'auraient-ils donc dit, nos mécontents des siècles passés, s'ils avaient vu le nôtre ?

perverties et corrompues. Partant espoinçonné [1] *du desir de les remettre à la veuë de nos François, beaucoup mieux disposez que par le passé, je leur ay premis ce discours en forme d'Avertissement, pour les vendiquer* [2] *des vehementes censures de tels calomniateurs, et convier un chacun à l'admirer plustost que censurer, ne contenans rien d'où on ne puisse rapporter quelque fruict. Ce que je monstreray aisement, pourveu que l'on vueille apporter en les lisant toutes les considerations qui se doivent observer en la lecture de tels discours lesquels sont pleins de mille et mille fictions tirees des Poëtes, sans la cognoissance desquelles ne peut parfaitement gausser celui qui en veut faire estat, comme l'ont sceu tresbien practiquer Rabelais et Des-Accords* [3] *scientifiques gausseurs. Ce seroit nous esloigner de nostre propos, de vouloir faire icy mention de l'origine et excellence des fables Poëtiques : mais nous nous contenterons de donner le moyen qu'il faut tenir pour les entendre : d'autant qu'elles sont comme un accessoire très necessaire aux contes et sornettes. Le plaisir des fables Poëtiques est très grand, et qui a bien dequoy repaistre l'entendement humain, mais il n'y a pas moins de quoy le faire vaciller et le troubler, s'il ne s'y comporte sagement : tellement*

1. Tourmenté, piqué.
2. Venger, de *vindicare*.
3. Nous n'avons rien à dire de Rabelais. Quant à Tabourot, seigneur des Accords, scientifique farceur, comme l'appelle l'auteur de l'Epître, disons seulement à sa louange que si son nom est oublié et ses œuvres à peu près sérieuses aussi, il vit toujours dans nos petits journaux, grâce au type de Calinot qu'il a été le premier à mettre en scène, d'une façon suivie. Il ne se passe pas de jour que nous ne voyions répéter sous ce nom moderne une des sottises de son naïf sieur Gaulard, gentilhomme de la Franche-Comté Bourguignotte.

que, comme pour oster au vin la puissance de nuire et non pas ensemble [1] la force qu'il a de profiter, convient le meslanger d'eau : aussi pour empescher que la grande delectation des choses fabuleuses ne vienne à imprimer en nous quelque mauvaise opinion, il faut tellement attacher nostre jugement avec les discours de la vraye raison, que nous descouvrions le profit qui y sera, sans nous laisser aller aux allechemens du plaisir seul. Ainsi nous percevrons l'utilité, en ce que sous l'envelopement des fables nous trouverons infinis preceptes et enseignemens pour nous rendre vertueux, ne les tirans point par les cheveux (comme l'on dict) mais rapportans à leur naifve intelligence. Que s'il y a quelques fois des propos estranges, et qui ont quelque apparence de mal, faut avoir recours au souverain remede, qui est l'opposition qu'il convient faire des sentences et opinions contraires des hommes illustres, afin que contrebalançant le bien avec le mal, nous tirions et des uns et des autres le sens mysterieux et allegorique entendu sous telle fiction, de soy vaine et sans fruict? estant trescertain que la representation des choses vicieuses ne nuit point, ains rend à la fin à ceux qui les ont faictes la honte et le deshonneur qu'ils meritent, donne terreur à ceux qui les lisent et occasion de les fuyr. Car tout ainsi qu'un Peintre voyant l'ouvrage d'un autre tresmal faict, s'esvertue par la cognoissance du defaut recogneu d'apporter au sien la perfection requise : de mesme en faisons nous en la lecture des livres fabuleux, contes et sornettes, qui bien qu'ils nous representent des actes infames et meschans, ce neantmoins les recevans non comme veritables, ains comme bien

---

1. Mais non.

appropriez à leur subject, nous en tirons des bonnes et salutaires instructions. Et à cest effect est grandement necessaire d'avoir et entendre les propres significations, esloignees et metaphoriques des mots communs et familiers en telles gausseries. Or d'autant que les exemples sont tesmoignages asseurez par lesquels il appert de la verité ou non de quelque chose, j'en ameneray quelques uns seulement pour descouvrir le voyle mystique des discours fabuleux. Jupiter a esté tenu de l'Antiquité ignorante pour le grand Dieu supreme et surpassant toute autre Deité, mais qu'a elle voulu signifier autre chose par iceluy, que la cause premiere, qu'elle a recogneu donner estre à tout ce qui est [1] *? Et où se peuvent mieux rapporter les puissances et facultez de tous les autres Dieux (ostee son erreur impie et ignorance) qu'aux effects divers de la Nature en tous les corps humains? L'adultere de Mars et Venus represente au vray les hommes lubriques addonnez à leurs voluptez, et effeminez, ainsi devenus par le moyen des propos lascifs, salles et impudiques congrez* [2] *avec les folles femmes. Les Harpyes et Vaultours que signifient ils autres que les avaricieux, qui comme ces animaux sont aspres et desordonnément actifs à posseder les biens de ce monde,* per fas et nefas? *Puis donc, Amy Lecteur, qu'il est très manifeste que l'utilité des contes facetieux est si grande, et que tu as la voye par laquelle tu y peux aisement arriver, reçoy les de bonne part, ly les avec jugement et raison, rapporte les à leur vraye intelligence, et tu en ressentiras le fruict et plaisir tout ensemble. A Dieu.*

---

1. Cette opinion sur Jupiter n'est pas trop arriérée.
2. Rapports, *congressus*. Nous n'avons pas besoin à ce propos de rappeler l'ancienne épreuve et les vers de Boileau, satire VIII.

LES
CONTES ET DISCOURS
D'EUTRAPEL

*Par le feu Seigneur de la Herissaye,
Gentil-homme Breton.*

I.

DE LA JUSTICE.

Eutrapel et ses Compagnons, car il avoit sa bande à part, se promenoient à l'issuë [1] de Messieurs de Parlement, et devisoient des fascheries, importunitez, longueurs, dissimulations, eloignemens et traverses qui se font aux proces : mettans en avant ce qu'ils avoient veu exploiter en tels affaires : et après plusieurs longs propos, s'adviserent aller trouver et passer le temps avec Lupolde, grand et souverain Practicien, et magnifique songeur de finesses, sachans bien que

1. A la sortie.

pour un teston ils le feroient babiller un long-temps, et en auroient le plaisir : lui proposant plusieurs petites questions de neige [1], pour lui troubler l'esprit, le mettre aux champs et en cholere. Plusieurs furent appellez à ceste conferance, lesquels estans arrivez, Eutrapel qui en estoit conducteur, et auquel les autres avoient laissé la charge de mouvoir les questions, frappa un petit et foible coup à la porte de l'Estude, encore qu'elle fust ouverte. Incontinent voici le jeune Clerc en chausses à bourrelet [2], chiqueté sur les fesses, nos neveus et successeurs auroient bien afaire d'un Dictionnaire à cent ans d'icy, pour savoir que c'est : le pourpoint gros et enflé de bourre, descendant jusques au fin fond des parties casuelles d'entre les cuisses, à la Polaque, ou, selon nos anciens, à la Polaine [3], une plume à escrire pendante aux oreilles, et je ne sçay quel parchemin en son poing, signal d'un homme bien embesongné : lequel ayant fait une grande reverance à cul ouvert [4], demanda que c'est

---

1. Questions oiseuses. On a dit plus tard, un bel habit de neige, un bel homme de neige pour signifier quelque chose sans consistance.

   Voyez le beau héros de neige,

dit Scarron dans le *Virgile travesti*, liv. 6.

2. Nous avons déjà eu l'occasion de voir des chausses d'une autre mode. Rabelais en a donné une longue nomenclature à laquelle on peut ajouter les chausses à la bigotte, à la garguesse, à la gigotte, à tabourin, foncées, etc. Du Fail a bien raison de dire qu'un dictionnaire nous serait nécessaire pour comprendre ces diversités. Malheureusement ce dictionnaire n'a point été fait.

3. Polaque, c'est-à-dire polonaise, même étymologie que pour les souliers à la poulaine qui ont été cités plus haut.

4. Jambes écartées. L'auteur du *Moyen de Parvenir* s'est

qu'on vouloit. Lors Eutrapel respondit qu'il estoit venu pour consulter, et avoir l'opinion de Monsieur, ainsi appelloit il l'Advocat, sur certaines grosses difficultez. Je m'en vois, respondit le Clerc, voir s'il est point empesché : ce-pendant ils regardoient trois ou quatre tableaux attachez par cy, par là, où estoient depeints entre autres un relief d'appel, en l'autre fines esguilles [1], et en plusieurs l'invention saincte Croix. Incontinent revint le Clerc faisant signe de bien loing qu'on se fust approché, et estant un peu avancé, leur dit, comme hors d'haleine, qu'ils n'eussent seu choisir heure plus opportune, et que Monsieur achevoit des contredits [2] de lettres où il avoit sué sang et eauë. Lors entrans en l'Estude, trouverent ce venerable assis en une chaire de bois, emmaillotté et fagotté dans une grosse robe fourrée, deux bonnets en un chappeau, avec ses lunettes entravees sur le nez, faisant semblant minuter quelque chose de haut appareil [3] : et en sursaut, et comme ne sachant qu'il y fust survenu aucun, se destourna vers eux ; les saluant d'un petit clin de teste seulement, comme font les Nonnains en leurs reverences claustrales, Eutrapel au contraire luy fit deux terribles et profondes reverences à deux estages, luy demandant s'il auroit bien loisir

---

aussi moqué des révérences et n'a point été le dernier.

1. Choses assez difficiles à se représenter en peinture, aussi bien que l'*Invention Sainte-Croix* qui dans la langue populaire signifie : moyen d'avoir de l'argent.

2. Réponses. Terme de pratique, employé encore par Voltaire.

3. D'importance. Terme emprunté à l'architecture.

d'entendre à quelques petites difficultez qui lui tourmentoient l'esprit, aiant ce-pendant la teste descouverte, et faisant bien le marmiteux [1] : l'Advocat au contraire, les jambes croisees l'une sur l'autre, et se renversant sur sa chaire, advançoit à demy le bras, signifiant qu'il eust à se couvrir, disant, ma foy mon bon amy, nous estions cy pour les affaires de Monsieur tel, pour une demye-heure, toutesfois ne nous espargnez pas. Comment, dit Eutrapel, faisant du courroucé, vostre amy [2], qui en a faict le marché? c'est parler en maistre, en Prelat fasché, ou en President de la nouvelle creuë [3] : ha Monsieur, respond l'Advocat, voiant n'avoir affaire à un apprentif, comme il cuidoit, pardonnez moy, s'il vous plaist, c'est un mot de Praticque, dequoy nous usons volontiers. Encore pis que devant, respondit Eutrapel, ce larron chiquaneur icy use du mot de *nous*, comme si c'estoit un grand Seigneur. Maioris excusoit le bonhomme d'Advocat, disant, que parlant ainsi par ce mot de *nous*, il entendoit qu'il failloit pour le moins bailler une reale [4], sur laquelle il chaffaudoit et

---

1. Le honteux, v. aux *Propos rustiques*.
> Et vous le ferez plus honteux,
> Plus esbahy, plus marmiteux,
> Qu'il fust oncques jour de sa vie
> *Farce des femmes. Ancien théâtre.*

M. Genin, *Récréations philologiques*, dit que *marmiteux* vient de *malè-mitis*. V. aussi F. Michel, *Dictionnaire d'argot*.

2. Cette petite querelle sur les grands airs des gens de justice est instructive.

3. De la dernière promotion.

4. Monnaie espagnole de peu de valeur. Nous disons aujourd'hui *un real*. Il y a le réal d'argent qui vaut 68 ma-

bastissoit ses moyens pour parvenir à l'escu. L'Advocat lors se voyant soustenu et favorisé, dit, qu'il protestoit d'injure, concluoit à reparation honorable, prenoit les assistans pour tesmoins, et en tout evenement leur en demandoit acte et instrument. Non, non, dit Eutrapel, je te mets en ma sauvegarde, *Usque modò feci tibi honorem* (disoit le Diable à un Prestre, au livre des Conformitez Sainct François à Jesus Christ [1]) *dicendo Vos. Sed de cætero non loquar sic : sed dicam Tu :* donc n'auras mal ne ennuy, et ne trouveras estrange si j'use en ton endroit de propos vehemens et de remonstrances aigres : toy, dis je, qui es icy assis comme une ratouëre à prendre les passans, et attraper quelque piece d'argent par finesses et ruses de ton mestier, auquel pour le moins t'es ainsi entretenu l'espace de quarante ans, servant d'espion à toutes bonnes et religieuses consciences, les divertissant et empeschant de requerir et demander la paix, laquelle nous est tant recommandee par ce sacrésainct Evangile : et au contraire poussant les hommes en guerres, proces et differends. O, dit ce pipeur icy aux bonnes gens, donnez vous bien garde d'accorder, nous ferons cecy, nous ferons cela, c'est des-honneur parler le premier en matiere d'accord, marchandise offerte est à demy venduë, il n'est que d'avoir une bonne sentence,

---

ravédis et le real de vallon qui en vaut 34. La valeur du maravédi a beaucoup varié.

1. Excellent livre où il est péremptoirement démontré que Saint François est bien supérieur à Jésus-Christ. Henri Estienne dans l'*Apologie pour Hérodote* s'en est longuement occupé.

un bon arrest, et le garder bien soigneusement en l'escrin de son coffre : cela fera entendre à la posterité et ceux qui viendront après, que nous avons esté bons mesnagers, ne nous sommes laissé aller sans baisser les lances [1] : qu'un homme qui accorde facilement, en est plus aisément assailly, *qui veterem injuriam fert, novam invitat* : Il faut tenir bon jusques à la derniere piece, comme devant Cambray [2]. Et bien, il y va de l'argent, couste et vaille, qui bon l'achete bon le boit, tandis vous estes craint et redouté de vos voisins, tout le monde vous fait la court, et n'y a presse à qui vous attachera en proces, pource que vous estes bon opiniastre, homme roide, et qui ne pardonnez rien. Voilà les belles consultations que tu fais, pecheur Extravagant que tu es, ta vie est assignee sur ces beaux conseils, au lieu que tu devrais inviter et semondre toutes personnes à douceur, paix, et tranquillité : exhorter les pauvres parties faire juger leurs differents par leurs parens, voisins et amys : adoucir les esprits revesches et opiniastres, t'adjurant et promettant que si tu continues à l'advenir en une telle meschante vie, et que tu n'appelles tout le monde à reconciliation et amitié, je mettrai sur ton (*a*) sepulchre (car tu n'as plus que deux jours utiles et de palais en ceste terre) un trophee de tes belles victoires, savoir deux grandes perches de bois, semees et cou-

---

a. Var. : *Je mettrai sur toy, sepulchre.*

1. Nous n'avons pas cédé sans combattre.
2. Cambray a soutenu beaucoup de siéges. Il est question ici de celui de 1553 par Henri II. Il resta infructueux.

sues [1] de recolemens et confrontations de tesmoings, griefs, salvations, contredits, advertissemens, interrogations, incidens de faux comparans, avec plusieurs fins de non recevoir, foles intimations et interlocutoires [2] : tes lunettes et escritoires joignantes artificiellement le plant du tombeau, sans comprendre ton Code et Decretales, les vrais outils et instrumens pour forger un bon Chiquaneur, ensemble ton livre Coustumer, broüillé, noté et marqué, et tout ce mesnage attaché avec une belle hart [3], pour la memoire du pauvre Chiquaneur, et dès ceste heure je vois appendre à ton logis l'image d'un appellant, avec un escriteau, *Ceans y a bonne Pratique*.

Les Platoniques affermerent en leurs Escholes, que les ames dont les corps avoient esté souillez et impurs, brouilloient quelquesfois entre les sepulchres, et là tracassoient aux vieilles ruines et masures, en icelles residoient et faisoient mille gambades : de sorte que Mercure [4] trois fois le plus grand entre les Egyptiens, tenoit y avoir

---

1. Couvertes. « *Semé*, des pièces dont l'écu est chargé, tant plein que vuide, et dont quelques parties sortent de toutes les extrémités de l'écu. *Cousu* se dit du chef quand il est de métal sur métal ou de couleur sur couleur. » La *Nouvelle méthode raisonnée du Blason* par le P. C. F. Menestrier.
2. Tous termes de pratique dont se sont toujours moqués les plaisants, depuis Coquillart qui était du métier jusqu'à Racine, dans *les Plaideurs*. Beaucoup de ces termes ont toujours cours.
3. Corde. *Peine de la hart*, pendaison. Ce mot est encore employé dans le sens de lien pour attacher les fagots.
4. Du Fail, parmi les nombreux Mercure, choisit celui que Diodore de Sicile fait fils du Nil.

en ces basses et elementaires regions, lieux propres, et specialement designez pour les ames qui auroient autresfois reposé aux corps vitieux, remplis d'ordure et peché. Aussi toy, qui as habité aux Palais, Courts, et Barres Presidiales, travaillant les hommes, et le repos de leur communauté, je t'oirois volontiers après ta mort, lutinant, barbouillant, et faisant le loup-garou, par ces vieux auditoires d'Archediaconez, embarrassé en quelques treilles de greffe, où jadis tu persecutas tant de bonnes gens. Je te verrois, ou plustost le Diable, dont tu es le vray gibier, errant, fouillant, et remuant les vieilles ferrailles de plaidoirie, et après te conjurerois, te renvoirois en quelque Prieuré caduc et desert, te citerois à trois termes, devant la statue de Venus en Delphes, où souloient, selon l'antique sottise des Stoïques, respondre les ames bien et deuement appellees, et te rendrois vray contumax : et te ferois dire en barbe [1], que tes proces, amorce et feu le plus cruel, et dissipation de toute raisonnable et civile amitié, t'auroient perdu, et rendu la pareille de toutes tes meschancetez passees, chargé de despens, tant de l'instance principale que d'appel, dommages et interests, de l'execution reelle, et de ce que s'en est ensuivy. Le preudhomme d'Advocat fut fort estonné, et sans l'assistance des autres, sous la faveur desquels il se tenoit asseuré, il eust crié à la force, haro, ou quelque autre interjection bondissante et collegiale, et faict quelque esclandre notable : toutesfois il se contenta de

---

1. En face.

repeter ses premieres protestations, et neantmoins qu'il se pourvoiroit où et comme il voiroit en raison appartenir, au fond qu'il se garderoit de mesprendre. Joinct qu'il apprendroit bien à ce galant le venir fascher jusques sus son fouyer, toutesfois vrayment, que s'il estoit regardé, car la robe longue [1] craint les coups, n'a qu'une pointe, encore entre les murs, où elle faict bien le quant à moy, il pairoit pinte, sans prejudice de ses droits, et autres actions reservees. Polygame print la parole, blasmant quelque peu Eutrapel, de telle sorte toutesfois, que le bon homme Lupolde n'en estoit pas mieux : car, disoit il, encore que la charge de l'Advocat, ou de l'homme de Justice soit d'aider, ou favoriser le bon droit et l'equité de la cause, neantmoins soit ou pour la necessité du temps, ou ne congnoistre les commandemens et ordonnances de Dieu, les affaires sont venus en tel estat, qu'il ne nous reste que la seule ombre de Justice : la cause de tel mal venant premierement des Prestres, et autres Ministres d'Eglise, qui ne parlent au peuple de ce qu'ils devroient, ains seulement de ce qui concerne et appartient à la gibessiere [2] : puis comme l'un mal suit l'autre, des parties plaidantes, qui ne tendent qu'à leur avarice et entreprinses ambitieuses; et après aux officiers de Justice, lesquelz sont comparez par les Anciens aux Vautours, qui ne vivent que de la charongne des corps morts :

---

1. Costume des magistrats du parlement. Les gens de robe courte étaient les militaires.
2. De ce qui leur rapporte.

ainsi ceux cy ne vivent que des debats et differens des pauvres hommes. Nous vivons, dit lors Lupolde, de ce que nous pouvons, nostre mestier est volontaire, il ne nous donne qui ne veut : vous m'en direz ce que voudrez, trop bonne et si aysee Justice que vous la faictes, n'est pas bonne : et qui n'entend filer et manier un proces, par ses longueurs et beautez, autre chose n'a aprins que manger son pain en son sac [1], mourir de faim près le mestier : tousjours l'ay ainsi veu de temps immemorial praticquer, il y a arrest en mesmes termes de reigle de Chancelerie gardee inviolablement, *et lis perpetua* (disions nous aux cliens) *luceat vobis : qui altari servit, de altari vivere debet* [2], c. *Pastoribus ff. de nant. foeur. et ibi Panor.* Ma foy, je ne gaigne plus rien, le temps n'est plus comme il souloit, le monde s'est apparessé, toutesfois vient tousjours quelque peu d'eau au moulin : s'il ne pleut, il degoute : mais que faisois je, bon Dieu ! consulter des deux costez, et estre au jugement du proces, puis en cause d'appel faire les griefs ou les memoires de la requeste civile, accorder *de quola litis*, mettre un *defecit* en l'inventaire, retarder le jugement d'un proces de benefice, et ce-pendant praticquer une nouvelle provision pour un tiers, je te feray obtenir, pourveu que tu sois gentil payeur : cestuy cy ayme l'argent, l'autre les garses, l'autre veut qu'on lui face de grandes reverences et bare-

---

1. On disait aussi : *manger son pain dans sa poche* pour : être misérable ou avare.
2. « Ki autel sert, d'autel doit vivre, » *Prov.* XIIIe siècle. Le Roux de Lincy.

tades [1] ; un autre ayme le jeu, il seroit bon de perdre avec luy, ou bien se laisser tromper en quelque eschange de cheval, un tel gouverne un tel, faut envoyer des gibiers chez un autre, consentir un eslargissement d'un accusé, et le juger de mesme à deux [2], un beau petit renvoy par sous la corde [3], une traverse, un coup donné sous main, sans savoir d'où vient le vent, un bon ligueur, un bon taxeur de frais et despens, faiseur de menees, un Juge soliciteur, un Messieurs il n'y a point de difficulté en ce proces, une fricassee sans despens, un dos à dos, et hors de court et de proces sans apparence, un avant que proceder, pour indirectement tirer les parties en accord, et y perdre la moitié, recuser une partie des Juges pour en choisir à sa devotion, cestuy est de ma façon, je luy prestay l'argent pour avoir son office, il fera cela pour moy, car il sait bien ce que je scay. L'autre ne prent pas de l'argent, mais une haquenee de cinquante escus, ou bien dix aunes de satin à Madamoiselle : il faut avoir ceste terre par droit de bien seance, et pour cest effect luy suposer un crime, il est craintif : jetter cestuy cy en necessité d'argent, pour lui donner ma fille, un notable acheteur de causaians [4] et choses litigieuses, emprunter le nom de quinze ou vingt Prestres, et Prothnotaires à courtes chausses [5],

1. Saluts. La barrette est le bonnet plat que portaient les juges, et que portent les cardinaux.
2. Et s'entendre pour être deux juges du même avis.
3. S'échapper par dessous la corde, c'est s'en aller à la dérobée, sortir du cercle sans être vu.
4. Ayant-causes.
5. Pauvres. Ceux-là servaient de prête-noms pour per-

pour avoir plusieurs benefices, introduire de petites gabelles [1] aux Clercs de nos sieurs qui portent et rapportent les sacs, pour faire parler à Monsieur, qui fait bonne pipee à un treillis, regardant les pauvres parties toutes morfondues à sa porte : *cætera suplebit consilium*. Eutrapel alors reculant un pas, jettant l'oree de sa cappe sur son espaule, filant ses moustaches, signe d'un homme mal content, repliqua maintes choses, et notamment qu'il s'estonnoit comme Lupolde pouvoit en quelque conscience que ce fust, regarder et advisager un homme, auquel il auroit fait le moindre trait de ses tromperies [2] : tout ainsi que les deux Augures de Rome, lesquels estoient vis à vis l'un de l'autre habillez de leurs longues chapes pontificales, l'un desquels disoit à son compagnon qu'il s'esmerveilloit que se voians ainsi vestus par une superstitieuse mocquerie, ils ne s'esclaffoient de rire devant tout le monde. Et d'avantage, adjoustoit il, ne craignez vous point, ame damnee que vous estes, l'horrible Jugement de Dieu, par devant lequel vous rendrez compte de toutes vos cautelles [3], impostures, et actions, et peut estre dès vostre vivant, comme les exemples familiers et domestiques le nous tesmoignent assez : car il ne faut que quelqu'un poussé et suscité par la permission divine, et dont vous ne saurez d'où viendra

mettre le cumul des bénéfices.
1. Donner des pourboires. On disait *frauder la gabelle* pour *faire danser l'anse du panier*.
2. Eutrapel avait raison, mais malgré toutes les railleries, la chicane n'a jamais changé ses habitudes ni diminué ses profits.
3. Ruses.

le vent [1], qui sera occasion que tout à un coup vous cracherez dans le bacin [2] tout ce que vous avez jamais humé et desrobé, comme faisoit l'Empereur Vespasian, qui disoit ses receveurs ressembler une esponge, laquelle s'enfle dedans l'eau, et en prend si grand' quantité qu'après en l'estraignant elle laisse tout et devient seiche : ainsi il souffroit ses tresoriers se perdre au milieu des finances, et icelles desrober, puis tout à un coup leur faisoit rendre son argent, outre les grosses amendes extraordinaires, en quoi il les faisoit condamner, dont ils estoient ruinez et accablez eux et leur posterité : Quoy que ce soit, si Dieu te laisse demeurer pour quelque temps en tes tromperies et meschancetez, comme souvent il le permet par ses obscurs jugemens, tu te peux bien résouldre en ce point, que toy ou tes enfans satisferez quelque matin à telles injustices et desloyautez.

Crœsus paya le peché de son ayeul [3], lequel ayant tué son maistre et violé sa femme, tomba selon la Justice de Dieu, miserablement entre les mains de Cyrus son ennemy. Ceux de Corcyre interrogeans Agathocles, pourquoy tant furieusement il auroit assailly, puis gasté leur pays : Rien plus ne respondit, fors que autresfois ils avoient recueilly et faict plaisir à Ulysses

---

1. Dont vous ne devinerez pas le motif.
2. *Cracher au bassin*, c'est rendre gorge, être obligé de débourser ce qui avait paru bon à prendre et qu'on croyait bon à garder.
3. Crésus descendait de Gygès, fondateur de la dynastie des Mermnades. On connaît l'aventure de Gygès avec la femme du roi Candaule.

son ennemy[1]. De mesme raison les Thraces marquerent au front leurs femmes, parce que leurs meres avoient ja pieça[2] occis injurieusement ce grand harpeur Orpheus. Tu me croiras si tu veux, mais pour resolution, et afin de le faire court, ne se void point d'hommes injustes et autres mal faisans au prejudice du tiers, qui ne le rende au double en son vivant, ou ses heritiers bientost après, par quelque genre de punition que ce soit. Tu as dit vray, dit Lupolde, tu nous en contes de belles : Je n'ay jamais veu honneste homme, pourveu que prealablement il eust juré de calomnie et purgé de conseil [3], qui plus ne prisast et estimast un simple praticien, qu'une douzaine de tels spadassins comme tu es, mon enfant, *necesse est veniant scandala,* il faut des proces, c'est une necessité. Je ne doute point, dit Polygame, qu'il ne faille plaider, car, comme dit le proverbe, qui a terre si a guerre : et si ainsi on cuidoit supprimer et abolir du tout l'ordre et reiglement de plaidoirie, et le remettre en la generalité de certaines confuses ordonnances, arriveroit necessairement ce que aux Romains :

1. Agathocle, tyran de Syracuse, était un aimable farceur. Il fit une réponse analogue aux habitants d'Ithaque. Ceux-ci se plaignaient de ce que ses soldats prenaient leurs moutons. « Et vostre Roy, leur dit-il, estant jadis venu en la nostre (île) ne prit pas seulement nos moutons, mais d'avantage creva l'œil à notre berger. » Plutarque. *Pourquoi la justice divine diffère quelquefois la punition des maléfices.*
2. Autrefois.
3. Il ait déjà eu affaire aux juges pour demander réparation d'une calomnie ou consulter (?).

Ils mirent au conseil et deliberation s'il estoit expedient ruyner Carthage, Scipion dit que non, resistoit fort et ferme, et l'empeschoit, nonobstant son opposition fut resolu qu'elle seroit du tout ¹ rasee et demolie : dont s'ensuivit que la gendarmerie Romaine ayant perdu toute occasion d'embesoigner ailleurs sa jeune bouillonnante fureur, s'adonna à toutes desbauches, insolences, fit ligues, se divisa et factionna de sorte, que depuis et de jour à autre à veuë d'œil cheoit et tomboit une pierre de leur bastiment, jusques au dernier de leur ruine. Le conseil du Chancelier du Prat ² fut semblable et suivy, quand il fut d'avis qu'on devoit faire la guerre à Milan, afin, disoit il, de purger le Royaume de ses humeurs corrompues, qui estoient les gens de guerre, pour lors oisifs et licentiez. Ainsi la plaidoirie nous nourrist et entretient des ennemis, voire jusques à nostre porte, la juste crainte desquels nous faict marcher droit, et tenir sur nos gardes, qui est le retardement de beaucoup d'entreprinses et executions d'icelle. Dira tousjours celuy qui parle de l'Estat en Machiaveliste, et homme corrompu, Que celuy qui veut estre grand, doit favoriser les proces et petites guerres du peuple ; car, comme disoit Trajan, lorsque la ratelle ³ croist, les autres parties nobles s'appetissent : ainsi est bien consequent que le peuple estant affoibli

---

1. Entièrement.
2. Une des vilaines figures du règne de François Ier que ce chancelier que n'a point ménagé Henri Estienne.
3. La rate. Le gonflement de la rate est symptomatique de la fièvre pernicieuse.

par guerres particulieres, le Seigneur en devienne plus riche, et introduise plus à son advantage telles gabelles et impositions qu'il verra, qui est la despouille du labeur du peuple, dont sont revestus et enrichis les Officiers de Justice et finances : lesquels après, par une reversion secrete, juste et caché jugement de ce haut Dieu, rendent leur gorge, et revomissent telles pilleries et concussions au fisque et pannier [1] de la Republique, qui est une je ne say quelle recompence et revanche des affaires humaines, fondee sur la parole de Dieu, qui veut et ordonne qu'il nous sera rendu à la mesure que nous aurons mesuré les affaires de nos voisins. Quelques Theologiens, comme Saincts Basile, Augustin, et Hierosme [suivans ou [2]] soustenans l'opinion de Pythagoras, et Themisthie après eux, ont rendu telles justes punitions et vengeances à certains nombres, voulans dire qu'ayant offensé quelqu'un il nous reste un ver qui ronge nostre conscience tout le temps de nostre vie, jusques à l'entiere et inevitable punition. Se voyent peu de gens ayans faict tort à leurs voisins, qui une fois en dix ans, aucunes fois plus tost, aucunes fois plus tard, n'en ayent esté punis, et receu quelque coup, et furieuse attainte de là haut. Bref en telle multitude d'officiers que nous avons, il est impossible que la plus part d'eux qui ont acheté leurs estats en

---

1. Ce rapprochement confirme l'explication donnée par Voltaire du mot fisc. V. *Dictionnaire philosophique*, au mot *confiscation*.

2. Les mots entre crochets ne sont pas dans les éditions postérieures à 1585.

gros, ne les debitent et distribuent en detail et par argent [1]. A grand' peine sauriez vous tourner çà ne là, sans trouver un officier, chose qui diffame infiniment la Republique, et qui rend contemptible et en mespris l'administration d'icelle. Encore, respond Eutrapel, ne faut il jetter le manche après la coignee, si faut il venir au devant des maux, et remedier aux occasions. Quand, dit Polygame, les Republiques sont bien malades, il faut, comme les medecins, venir aux causes et purgations universelles, et non, comme les Empiriques et Medecins champestres, qui appaisent bien la douleur, le fond de la maladie demeurant en son entier; on establira tant qu'on pourra officiers, erigera les nouvelles jurisdictions, seront instituez tant de Parlemens et Sieges Presidiaux qu'on voudra : car tout cela ne sont que medicamens speciaux, et de quelque peu de pretexte et aparance, l'humeur péchant [2] demeurant au surplus. Il faut donc aller plus bas, et jusques au fond pour trouver l'encloueure, et le mal : qui est la religion et conscience des hommes, laquelle n'estant reiglee, demeurera une injustice perpetuelle entre nous. Il y a deux commandemens et deux tables qui nous sont ordonnees [3]; le premier, d'aymer Dieu sur tout, craindre ses ordonnances et jugemens : le second, d'aymer nostre prochain, qui sont tous hommes, comme nous mesmes. Et combien que ces deux soient conjoints, et que le premier ne

---

1. C'était en effet la suite naturelle de la vénalité des offices.
2. Peccante. V. *le Médecin malgré lui*.
3. Nous avons respecté l'accord avec tables.

puisse assez estre bien executé sans le second : toutesfois pource que nous sommes naturellement pecheurs, Dieu nous pardonne et remet gratuitement par le sang de son Fils Jesus Christ, les pechez que nous commettons au second commandement, en nous repentant et continuant en icelle penitence d'avoir forfaict, et rendant ce que nous retenons de l'autruy : Voylà l'Evangile, la Loy, et les Prophetes, et tout ce que chante l'Eglise : si donc telles choses sont preschees au peuple par bons et fidelles Curés, et ordinairement mises et gravees par frequentes et assiduelles [1] exhortations en la teste et entendement de leur peuple, à vostre advis, que deviendront les procés et querelles? Quand le febricitant a esté purgé par le conseil du Medecin, tous les frissonnemens, alterations, desgoustemens, lassitudes de membres, et autres telles accessions, s'en vont au moyen d'icelle medecine : quand le bon Prestre solicite ordinairement et pousse les consciences de ses paroissiens à la cognoissance de Jesus Christ, au mespris de ce monde, et de ces choses basses et corruptibles, il n'y a lieu de penser que les procés et debats ayent grand' vigueur, advertissant son troupeau exercer amitié et charité les uns envers les autres, fuir toutes envies, jalousies, meurtres, ivrongneries, et paillardises, leur mettant en avant le peu de temps que nous sommes en ce bas et miserable monde, qu'il faut mourir et assister [2] un jour devant ce haut Dieu, pour

---

1. Habituelles.
2. Se présenter.

estre jugez selon nos œuvres : lors ne se verra aucun procés et differant parmy nous, le bon homme de Curé se trouvera aux endroits du village où seront intervenues les querelles et difficultez : mais arrivé, comme dit Virgile, rendra une telle pacification[1], que par une simple gravité, et presque par sa seule veuë s'esvanoüiront et s'en iront en fumee les noises et discords, s'enfuyans qui çà, qui là, tels perturbateurs de la patience commune : ou s'ils vouloient tenir teste, se plaire et favoriser en leurs defenses et justifications, affublez de masques et fausses couleurs, là se courrouçant d'une saincte cholere, les exhortera à toute douceur, leur prononcera la saincte Escriture, ouvrira et fendra leurs consciences par icelle, les menaçant en general des secretes punitions et jugemens terribles de Dieu, et en particulier, de changer leurs mauvaises conditions : et, comme dit sainct Paul, que celuy qui estoit ord et sale, ne le soit plus ; de sorte que peu s'en trouvera qui donnent nouvelle occasion de trouble. Ce preudhome et ceux qui auront la charge de son Église et troupeau, s'informeront et enquerront diligemment et bien des cas particuliers et fautes qui se commettent en la Paroisse, feront advertir secretement les mutins et fascheux se recognoistre et retourner à meilleure vie : depuis s'ils sont revesches et opiniastres, seront comme brebis galeuses, separez du troupeau, et publiquement declarez tels qu'ils sont. Ce bon Curé sera comme la lumiere et la lampe pour esclairer à

---

1. Réminiscence du *quos ego*.

toute sa Paroisse, lequel conjoignant [1] sa façon de vie à ses reprehensions et advertissemens, fera ce que sainct Hierosme dit, que le peuple obéit volontiers au Prestre, qui fait comme il presche : et est bien mal aisé qu'un homme ait opinion que ce soit mal-fait yvrongner, paillarder, et battre le peuple, quand son Curé, qui defend telles choses, commet luy mesme tels pechez. Pourquoy, dit quelqu'un, y a il tant de larrons, tant de paillards, et tant de gueux et mendicans [2] valides en ceste Chrestienté ? pource, respond il, que *dicunt et non faciunt*, ils preschent assez : ce sont les gens d'Eglise, si vous appellez les fermiers, gens d'Eglise : car en ceste Bretaigne, de cinquante paroisses il n'y en a pas une qui ait son recteur residant [3], mais cherchez qui le face [4] : encore demeurans sur leurs benefices, ils gastent tout. Si vous leur parlez de rendre la troisiesme partie du revenu Ecclesiastic, aux pauvres des paroisses, où sont leurs biens, suyvant les Decrects et saincts Conciles, et que par ce moyen tout ira bien : vous vous voirez appeller Huguenot, et leur ennemy mortel : crieront sur vous au lard [5] à plaine teste, feront comme les bons Chiquaneurs, qui poursuivent quelque meschant incident, pour

---

1. Accordant.
2. Mendiants.
3. Cette habitude des *bénéficiers* de vivre à la ville et non sur leurs bénéfices a duré jusqu'en 1789.
4. Mais sont suppléés par n'importe qui.
5. Crier : *au lard!* sur quelqu'un, c'est l'accuser d'avoir mangé le lard, c'est-à-dire d'une chose dont il est innocent.

fuir et esloigner le principal, où ils n'ont que tenir. Bon Dieu! s'ils avoient entendu Sainct Gregoire le Grand, Prosper disciple de Sainct Augustin, Petrus Comestor ce grand Docteur Scholastic, qui appellent les gens d'Eglise, qui ne rendent ce qu'ils tiennent des pauvres, qui est la troisiesme partie de tous les biens Ecclesiastiques, larrons et brigans : à mon advis qu'ils se changeroient en mieux. Il en fust temps : car la coignee, comme dict l'Escriture, est preste à frapper, et voyans (a) desja le bras haussé pour verser l'ire de Dieu sur eux, et peut estre sur le magistrat, auquel principalement telle correction appartient. Et pour s'estendre un petit sur cest argument, en la premiere Eglise, lors que les dismes n'estoient encores introduites en icelle, les pauvres estoient nourris des dons et offrandes que l'on faisoit aux assemblees publiques, comme recite Sozomenus en l'histoire Ecclesiastique. Et par une grande cherté Cyrillus Evesque de Hierusalem vendit tous les meubles et utensiles pretieux, pour nourrir les pauvres : ce que fit aussi Exuperanus Evesque de Tholose, comme dit Sainct Hierosme, et Sainct Bernard, epistre 348. Au Concile Agathense[1] aux chapitres 7 148. 49 57. fut deffendu sur le grand anatheme et excommunication aux Evesques et Prestres employer à leur usage les biens destinez pour les pauvres. Et dit Sainct Augustin homel. 1. que les faisans le contraire seront condamnez devant Dieu, et peut estre, à la veuë des hommes, de

---

a. Var. : *voyons*.

1. Concile tenu à Agde le 11 septembre 506.

tout ce que les pauvres souffrent, comme homicides. C'est ordre de la primitive Eglise mal gardé par les gens d'Eglise, fut changé par ce bon Prince et Empereur Charlemaigne, lequel, comme appert par le cinquiesme chapitre du Concile de Mascon, distribua et mit le bien et revenu des Ecclesiastiques et des paroisses en quatre parties, authorisant et enterinant le Canon du Pape Gelasius quart. 1242. la premiere pour l'Evesque, la seconde pour les Prestres et Clergé, la troisiesme pour les pauvres de la paroisse, la quarte et derniere pour la fabrique et reparation du temple : où depuis les Evesques riches devenus par liberalitez des Princes, ont quitté leur portion, en laissant pour marque et intersigne [1], le droict de visitation de leurs Dioceses : et est reduict iceluy revenu en trois parts, dont l'une appartient aux pauvres, comme disent Simplicius escrivant à Florencinus, le Pape Gregoire lib. 12. Indict. 6. epistre 33. lib. xj. Indict. 6. epistre 49. Beda lib. histo. Angl. Aventius lib. 3. car les aumosnes des hospitaux sont de diverse et autre nature pour la nourriture des estrangers. Sozomenus lib. 5. cap. 16. histoire Ecclesiastique, et Paulus Diac. in Juliano. Or donc voyent ceux qui occupent le bien des pauvres, en quelle conscience ils peuvent regarder le Ciel, de commettre tel larrecin, seule cause de nos troubles, malheurs et desolations. Donc le Seigneur du village voiant

---

1. Synonyme de marque. Littré le donne comme ayant été surtout employé dans la marine et il en cite un exemple dans un texte breton.

que ce bon personnage de Curé fait tout office et devoir en sa charge, incontinent se mettra par une saincte jalousie à façonner sa vie et mœurs en l'endroict tant de sa famille que sujets, se composera et rangera à toute facilité et douceur, parlant à eux avec courtoysie et gratieuseté : eux par une entresuite l'aymans et honorans : de façon que les procés meus entr'eux seront en l'instant jugez et terminez, premierement par eux mesmes, ou par leurs parens et voisins : et, si la question est trop haute, par le Seigneur et Prestre, lesquels à l'envy l'un de l'autre, et à qui mieux s'efforceront vuider telles difficultez selon et par la parole de Dieu, estant preposee aux Chiquaneurs, Greffiers et tels petits mangeurs de peuple, qui sont sortis de la charrue, et s'escarteront : ainsi que s'enfuirent à l'avenement de nostre Seigneur toutes sortes de tenebrions [1] et lutins, dont le monde, à la suggestion du Diable, estoit ensorcelé. Il y en a beaucoup qui osent affermer n'y avoir journal de terre en France, qui ne soit plaidé et mis en controverse une fois l'an : maistre Pierre Rebufus [2] dist que ceste monarchie subsiste, et est tellement fondee et soustenue, qu'elle ne peut estre ruynee par les trois fleaux dont Dieu afflige ses peuples, peste, famine, et guerre, si ceste damnable Chimere de proces n'y estoit adjoustee. De là est survenu la desolation aux bonnes maisons, la ruine des anciennes races et familles, pour

---

1. Esprits de ténèbres, follets qui ne se montrent que la nuit.
2. P. Rebuffi, jurisconsulte (1487-1557).

avoir esté contraincts les pauvres plaideurs, apres y avoir employé et mangé leur substance, marier leurs enfans avec telles sangsues, faisant par là une infinie confusion d'ordres, bigarrure de conditions et qualitez, marians et assemblans l'espervier avec la huppe, la colombe avec le milan : et en consequence une telle diformité en ce Royaume, que tout s'en iroit sen-dessus-dessous, qui n'y mettra ordre [1] : remettant les choses en leur premier estat et splendeur, c'est à savoir que le tiers des biens Ecclesiastiques soit baillé et rendu aux pauvres des paroisses où ils sont : que le Gentil homme espouse la Damoiselle de race, suyvant les anciennes loix, *de maritandis ordinibus*, et celle de *prosapia*, et qu'il soit seul administrateur de la Justice : que le marchant se contienne en son mestier, et se marie avec une femme de son estat, à ce que le train de marchandie ait son cours, et ne soit interrompu : que le laboureur demeure en la beauté, et facilité de ses champs : et lors sera tout le monde content et satisfait, chacun suivant et embrassant la condition et vacation où Dieu nous a appellez. Quant à choisir les Juges et Magistrats, on a tant de fois recuit et rebatu ceste matiere, qu'il ne s'est trouvé que le Roy Louys unziesme pour y avoir donné bon ordre : car d'y aller et proceder par election et à la voix du peuple, cela se resoult incontinent en brigues, faveurs, et toute corruption : encore moins raisonnable qu'un Prince donne tels offices à ceux qui les poursuivent et demandent, d'autant

---

1. Si l'on n'y met ordre en remettant, etc.

que par là ils monstrent desja leur indignité, et portent leur refus avec eux en les poursuivant : dont iceluy Prince Louys sachant que l'un et l'autre moyen estoit desraisonnable, envoyoit secretement personnages qu'il avoit experimenté n'estre flateurs, ne menteurs, par les Provinces et Gouvernemens de ce Royaume, pour s'enquerir diligemment des preudes gens, et hommes capables pour le service tant de la Justice, que de la guerre, lesquels ayans faict leurs chevauchees [1], prenans occasion sur autre charge, luy raportoient par rooles, les noms et surnoms de ceux qu'ils avoient trouvé dignes et reconus pour gens de bien. Lors avenant vacation [2] de quelque estat, ce Prince regardoit sa liste, et le Bailliage où il failloit pourvoir, sans escouter ni ouïr les langues piperesses [3] et courtisanes de ses mignons : mais il n'en avoit point, comme luy dit le Sieur de Brese [4], ne gens qui le gouvernassent à leur plaisir. Sur le champ faisoit despescher lettres patentes à celuy qu'il avoit choisi sur sondit roole : vray est que ceux ainsi envoyez et deleguez par les Provinces, pour

1. Leurs tournées d'inspection. On voyageait généralement à cheval.
2. Ici *vacation* veut dire vacance.
3. Enjoleuses plutôt que simplement menteuses.
4. On pourrait supposer qu'il manque un *s* à ce nom propre et qu'il s'agit ici du seigneur de Bresse, depuis duc de Savoie, beau-père de Louis XI ; mais comme les diverses éditions portent *Brese*, il est plus probable qu'il faut lire Bresé (Brezé), Jacques, comte de Maulevrier, grand sénéchal de Normandie, qui avait épousé une fille de Charles VII et d'Agnès Sorel. Il la surprit en adultère, la tua et fut condamné à 100,000 écus d'amende envers Louis XI pour ce fait. Du Fail reparle plus loin du sénéchal.

faire recueil de la renommee et reputation des hommes de valeur, doivent bien regarder et de près de quels tesmoignages ils s'aident en leurs informations, à ce que par telle nomination n'arrive que la pauvreté de celuy qui sera choisy ne le tienne en mespris, ou que sa richesse ne le rende nonchalant. Cicero à ce propos escrit que les Senateurs de Rome userent de tel langage à Caton le Censeur fort vieil et caduc, le consultans sur la difficulté de deux hommes nommez pour estre Juges : Vous sçavez, dirent ils, que nous approchons du premier jour de Janvier, où nous avons accoustumé departir et establir les offices nouveaux, Moulius et Calidanus veulent estre Censeurs, que vous en semble ? Je ne reçoy, dit le bon Caton, l'un, ne approuve l'autre : Moulius poursuit l'estat pour la conservation et garde de ses biens qui sont grands, et cela faict il sans affection, quoy que soit, telle qu'il appartient à la chose publique : Calidanus est trop pauvre, auquel cas y a fort grand danger : non que par là il blasmast la richesse ou pauvreté, mais il vouloit dire que Moulius estoit noté de trop prendre son plaisir, et Calidanus trop curieux d'amasser. Et entant que touche le nombre effrené et desreiglé d'offices tant de la Justice, qu'autres dont ce Royaume est notoirement remerqué (a), j'ay cuidé dire diffamé, et entre les autres nations noté d'excès et de prodigalité, faudra par necessité que le Roy se depestre par une bonne et saincte reformation de tous estats, de telle vermine, qui est venuë avec la necessité

---

a. Var. : *remarqué* (1603).

du temps, à la semblance des chenilles, qui tombent avec les brouees [1] et frimats : à l'exemple de Mathias Corvinus Roy de Hongrie, lequel estant marié avec la fille du Roy de Naples, son beau pere luy dit qu'il convenoit à tel Prince que luy d'avoir nombre de Jurisconsultes et gens de robe longue pres sa personne, que cela l'authoriseroit, et rendroit son regne grand, magnifique et excellent : car un notable precepteur de tyrannie tient pour maxime et fondement, Que la multiplicité et nombre d'offices et chiquaneurs, est un gros appuy pour asservir, crueliser, et esclaver [2] ses sujets : proposition tres fausse, et une doctrine Turquesque et barbare : car où la bonne volonté deffaut, le Prince et ses sujets entrent en deffiance l'un de l'autre : dont sortent les esclats de rebellion, puis sont les rebelles punis, et en fin c'est une main dextre, qui coupe sa main gauche, un corps mis en deux, et en pieces, qui demeure bien souvent la proye d'un tiers, qui voit joüer ces jeux, et, qui peut estre, a projetté le theatre, ou presté le bois pour dresser l'eschaffaut de telle tragedie. Ce bon Mathias, pour reprendre le poinct, creut aisement ce beau conseil, et mena avec lui une grande bande de ces bons personnages et Chiquaneurs en son Royaume de Pologne, là où il

---

1. Brouillards, du celtique *bru*, pluie (?).
2. Voici deux mots *crueliser* et *esclaver* qui n'ont pas besoin d'être expliqués, mais qui sont propres, croyons-nous, à notre auteur. Il en a créé quelques autres d'aussi simple façon et en cela s'est trouvé précurseur de MM. Richard de Radonvilliers et Alexandre Weill, qui tous deux ont voulu ainsi, dans ces derniers temps, enrichir la langue française.

leur fit bastir un beau et sumptueux Palais, accommoder force sales, chambres, eriger Greffiers, Huissiers, Buvetiers, Secretaires, Chaufecires, et tout l'appareil convenable pour bien jouër le Chiquanours. Ils ne faillerent [1] à tailler de la besongne, et en peu de temps mettre le feu par toutes les familles, en cas de procés, introduire nouvelles loix, former tout autre ordre et stile judiciaire, tourner et renverser l'estat et police de ce grand et opulant Royaume, et où il n'y avoit que sept ou huict Juges, et quelques petites loix coustumieres, les Gentils hommes qui avoient accoustumé vacquer à tous exercices honnestes, et appartenans à leur qualité, comme estudier, piquer et dresser chevaux, tirer des armes, estre doux et amiables et courtois aux bons, hardis et courageux contre les meschans, accorder leurs sujets et vassaux : vindrent en telle combustion et malheur, qu'eux mesmes se jetterent à la suite de ces Messieurs les nouveaux Juges, chargez de sacs et poches [2], bonnetans et faisans la court tantost à cestuy cy, tantost à l'autre. Les marchands aussi ne voulans estre les derniers, furent distraits de leur negotiation pour apprendre le trictrac et science du Palays, et où auparavant leurs affaires et bouticques se portoient heureusement pour la fidelité entre eux, et n'y avoir qu'un mot en leurs ventes et achapts, ils devindrent neantmoins si desloyaux

1. Manquèrent, faillirent.
2. Les sacs où les juges et les plaideurs entassaient leurs pièces. Boileau, Racine, Molière s'en sont moqués. On a dit : Il faut trois sacs à un plaideur, un sac de papiers, un sac d'argent et un sac de patience.

et injustes, qu'une chose qui valoit raisonnablement vingt sols avec profit honneste, ils la vendoient trente, outre perdre leur traffic, et le convertir en offices. Le laboureur de son costé laissa son soc en gage, pour apporter de la ville une commission, afin d'adjourner[1] son voisin. Bref il n'y avoit homme qui ne plaidast, qui ne se mist de ce mestier, ou qui ne le fist apprendre à ses enfans, tant estoit la commune patience de ce pauvre et miserable Royaume alteree, brouillee et desbauchee : et au lieu que la simplicité et rondeur avoit auparavant lieu entr'eux pour assopir et mettre fin à leurs procés, se trouverent si remplis de subtilitez, finesses, distinctions aigues, que ces beaux reverans Legistes y avoyent semé, qu'on ne parloit rien plus que de plaidoirie. Mais ce bon Prince Mathias coupa incontinent et retrancha les cours ja par trop advancez à ces harpies de Docteurs, lesquels il renvoia à Naples, pour subtiliser et plaidoier tout leur saoul, remettant son pays au premier estat : ce que luy aporta une grande gloire, et merveilleux contentement à son peuple : tout quoy devroit servir d'exemple à tous Princes Chréstiens. Lupolde oyant ainsi despescher sa robbe longue au petit point[2], suplia qu'à toutes

---

1. Appeler en justice.
2. En tapisserie on distingue le gros et le petit point, celui-ci est le plus minutieux. C'est donc la justesse et l'abondance des détails de la critique qui effraient Lupolde. Il faut avouer, du reste, que, pour un homme de robe, du Fail n'y va pas de main-morte, et si des dates citées plus loin n'indiquaient pas l'époque, déjà avancée de sa vie, à laquelle il a écrit ce chapitre, on verrait rien que par l'exactitude des plaintes et des reproches qu'il élève contre

fins, et à quelque prix que fust le bled, ceste consultation n'estre esventee et publiee, principalement en l'endroit des grands, qui eussent la teste bien faicte, et qui pourroient par tels moiens embrasser quelque reformation contre et au prejudice de cette noble et sacre-saincte Chiquanerie. Eutrapel dit lors qu'il avoit veu en la Bibliotheque du Vatican, un livre, auquel entre autres estoit ordonné que le Consistoire des Cardinaux devoit estre composé moitié de nobles, et l'autre de roturiers, comme entre tous estats et assemblées populaires doit estre l'ordre Ecclesiastic my-party et fendu en deux pieces, sçavoir nobles et roturiers : à ce que les gens d'Eglise qui se sont donnez la derniere voix et conclusion, accordassent les opinions des deux autres estats à l'equalité, mesme poix et calibre. Et ainsi estre d'advis que les Parlemens de France, qui se disent moyenneurs [1] entre le Prince et ses sujets, fussent composez de personnes nobles et roturiers egalement, qu'autrement la justice ne pourroit estre bien administree. Caius Gracchus proposa une loy, qu'aux jugemens des affaires publiques y eust six cens Chevaliers et trois cens Senateurs, pour l'emporter à la pluralité des voix, s'asseurant de celles des Chevaliers, et en consequence d'avoir deux voix sur une : mais telle loy ne fut receuë, comme captieuse et seditieusement demandee : Et seroit la partie mal faicte en un Concile, si

la chicane qu'il était alors fort expérimenté et depuis longtemps praticien.
1. Médiateurs.

les Evesques Italiens, qui sont en nombre deux cens soixante et quatre, comme dit Blondus [1], soustenoient une opinion contre les François, qui ne sont que quatre vingts deux, et neuf Archevesques ; combien que la France soit deux fois aussi grande que l'Italie. Comment ? dit l'Advocat, nous tenons en nostre pays de Chiquanois, que tous Juges, principalement de Cour souveraine, et leur posterité apres eux sont nobles, et avoir esté ainsi jugé. Mau [2] dommage, dit Eutrapel, qu'ils ne jugeoient le contraire, *foventes similem causam*, et estans en pareil interest. Je demanderois quel jugement de chasteté l'on doit esperer des femmes impudiques : de cinquante Juges vous n'en trouverez pas un qui soit vrayement noble, et d'avantage j'ay leu en leurs privileges, qu'ils joüissent de ces belles prerogatives et exemptions, tant et si longuement qu'ils tiennent et exercent lesdits estats, et non autrement. A dire vray, dit Polygame, la Republique des Lacedémoniens, comme dit Aristote, fut ruinee et abatue, pour avoir mis, contre leur façon ancienne, gens non nobles et de basse condition aux charges et functions publiques [3]. Romulus distribuant et donnant ordre à l'estat des Romains, separa et divisa

---

[1]. Flavio Blondo, auteur assez fécond qui publia de 1471 à 1483 quatre ouvrages in-folio, en latin, sur Rome et l'Italie, encore recherchés. V. Brunet, *Manuel du Libraire*.

[2]. *Mau* pour mal n'est resté que dans les mots composés mau-dire, mau-gréer, mau-clerc, etc.

[3]. Aristote dit en effet à peu près cela au chapitre VII du livre II de sa *Politique*.

les nobles d'avec le peuple, ausquels seulement il ordonna la puissance et authorité de juger; ce que Solon avoit auparavant fait en la ville d'Athenes; et dit Lampridius que Heliogabalus fut diffamé entre autres choses, de ce qu'il avoit mis et eslevé au Senat Romain hommes populaires et du tiers estat : et au contraire fut exalté et loué hautement l'Empereur Severus, qui oncques ne souffrit autres officiers et gens de commandement qu'ils ne fussent nobles d'ancienne race, laquelle s'interprete tant du costé paternel que maternel, car autrement clochans d'un costé, ils sont appellez mestifs et briguets [1] : les forts, dit Horace, engendrent les forts, des levriers viennent les levriers, mais s'ils s'accouplent à une mastine, il en sort une autre espèce de chiens bastards et imparfaicts. Mariez vous à la fille d'un marchand ou autre du tiers estat, vos enfans auront l'esprit ordinairement tendu à la boutique, finesses et interests, car la poche sent tousjours le haran [2] : et de ma part je croy que toutes gens equitables seront de mon advis. Je soustien, quelque Italianisme [3] qui coure parmy

---

1. Les deux mots *metis* et *briguet* doivent être à peu près synonymes, mais nous n'avons pas trouvé d'autre exemple du second dans les contemporains de du Fail que nous avons consultés. Nous préférerions *briquets*. Nous lisons en effet plus loin, c. 4 : « Il n'y aura mastin, levrier ne briquet. » Le briquet serait alors le chien issu de races mélangées.

2. La *caque* sent toujours le hareng. Oudin, *Curiosités françoises*. Ce proverbe a été appliqué à Henri IV, après son abjuration.

3. Ici du Fail, animé du même sentiment qui faisait réagir les poètes de la Pléiade contre les imitations de l'Italie si longtemps à la mode, ne se borne pas à repousser

nous, encore qu'ilz ayent d'aucunes bonnes conditions, que les grandes charges publiques se doivent bailler aux Gentils hommes privativement à tous autres, et quoy que ce soit, les souveraines et en chef : qui estoit le dessein du grand Roy François [1], comme tres bien harengua le Seigneur de Rochefort aux Estats tenus à Orléans 1560. Vous, dit Eutrapel, aurez bien la malegrace de plusieurs, en soustenant telles propositions, et plus encore quand ils verront vostre livre basty sur ceste enclume et suject : Au demeurant estant une fois adjourné, vingt et quatre heures apres je fus tousjours en fievre, et eusse voulu estre au ventre d'une chevre [2], tant j'apprehendois les fumees de Justice : et aymerois beaucoup mieux faire raison à celuy qui me demanderoit injustement quelque chose, à beaux coups d'espee, comme l'on faisoit jadis presqu'en toute l'Europe. Polygame dit lors qu'à bonne cause telle façon de faire et Gotique avoit esté abolie et ostee, et que le plus grand moyen et honneste de vuider les procés, estoit par la pierre de touche [3], qui est la parole de Dieu, enfonçant par icelle les consciences des

---

ces imitations dans le domaine des lettres. Il avait lu Ronsard et l'admirait, mais c'est surtout contre les habitudes de la politique italienne qu'il s'élève.

1. François II. Les Etats s'ouvrirent le 13 décembre au moment où le roi se mourait. Ils firent une opposition assez vive aux idées du monarque ou plutôt de Catherine de Médicis et des Guises « qui comptaient se servir d'eux, dit Pasquier, pour exterminer avec plus d'assurance et de solennité tous les protestants du royaume. »

2. Pour fuir plus facilement cette assignation.

3. Le serment sur les Evangiles.

parties plaidantes, les faisant respondre de vive voix en les adjurant au nom de Dieu, dire verité, sans souffrir que le procureur, vray nourrisson de mensonge, suborne et destourne la religion de sa partie. Et s'il se trouve la responce estre fausse et calomnieuse, lorsqu'il est question de son fait, quelle soit condamnee par chacun article en une grosse amende, suyvant l'ordonnance de l'an 1539, laquelle les maistres Chiquaneurs n'ont jamais voulu recevoir, l'appellans Guillemine, pour avoir esté faite par maistre Guillaume Poiet, lors Chancelier de France : ce qui certainement chasseroit les pigeons du coulombier, et couperoit la racine d'une infinité de procés, mais il faut tousjours forger un soubriquet à la pauvre verité. Tesmoin la statue ignominieuse de maistre Pierre de Cugneres [1] estant en l'Eglise nostre Dame de Paris, vulgairement appellé maistre Pierre du Coignet : à laquelle par gaudisserie on porte des chandelles, le paillard estant lors Advocat general soustint que le Roy Philippe de Vallois, son maistre, se devoit ressaisir du temporel Ecclesiastic, pour estre le fondement d'iceluy mal executé, et seule cause

1. Cette statue de Pierre de Cugnères a joui d'une grande réputation. Du Fail donne la même raison qu'Estienne Pasquier de la rancune ecclésiastique à l'égard de l'avocat général trop zélé partisan de la séparation du spirituel et du temporel. Rabelais a cité aussi la statue et sa fonction qui consistait à éteindre avec son nez les chandelles qu'on lui portait « par gaudisserie. » A la fin des *Caquets de l'Accouchée*, M. Edouard Fournier a reproduit les *Essais de Mathurine*, folle de la cour où figure encore Pierre du Coignet. V. en outre *Recherches de la France* d'Estienne Pasquier, liv. III c. 25.

de la dissolution des gens d'Eglise et empeschement du vray service de Dieu. Se dit que le jour de la donation de Constantin, au Pape Sylvestre, qu'aucuns ont voulu debattre, fut ouy une voix, disant, *Hodie venenum in Ecclesiâ seminavi* : à cause de laquelle opinion non suyvie, l'on a faict de sa statue un marmouset : encore que les Cordeliers en leurs presches, faschez peut estre d'estre forclos et incapables de tels biens, ayent soustenu maistre Pierre en son opinion ¹. Conclusion, les procés, differens, et querelles cesseront, et non plus tot, quand le peuple sera instruit en la crainte de Dieu, par la doctrine, et bons exemples de ceux qui la preschent et annoncent, ou le doivent faire : autrement n'y a village en France, là où il ne faille un Parlement, et en lieu d'un officier, vingt, pour finalement establir le Royaume de Satan, fondé en mensonge; et aneantir celuy de Dieu, qui est la mesme verité.

II.

N'entreprendre trop haut, et hanter peu les Grands.

Un mien amy, dist Eutrapel, me rescrivoit une lettre, par laquelle entre autres il essayoit me divertir et empescher de trop entreprendre, et haster en mes actions et affaires. Il y avoit un

---

1. Tout cela sent, sinon l'hérésie, au moins un bon sens bien ferme, dont il faudra tenir compte à notre auteur quand il nous contera des « gaudisseries ».

cousteau, portoit la lettre, qui de luy mesme se voulut faire un manche, sans attendre que son rang fust venu comme ses compagnons, qui estoient, et luy aussi [1], sur la bouticque du coustelier, à faire la monstre, et donner le bon jour aux passans : s'en alla un beau matin au bois, où il coupa de toutes sortes et especes d'arbres, pour se choisir un manche, mais tantost cestuy cy estoit trop dur l'autre trop gros, et la plus grand'part luy desplaisant : mais le pauvret ne s'aperceut qu'il ne fust un long tems, qu'en se tourmentant ainsi et tracassant par ces hayes et buissons, il se fit cinq ou six breches, et, qui pis est, se cuidant refaire et restablir, se frota à une pierre aguisoire, où il se consomma de moitié, vray qu'en fin il eut un manche, mais ce fut lors qu'il n'en avoit plus de mestier [2]. Que s'il se fust contenté du premier, qu'aysement il avoit basty, il fust demeuré beau, entier, et de mise. Ainsi, continuoit la lettre, donnez vous de garde que tant de travaux et de peines que prenez incessamment à croistre vostre estat, avancer enfans, et faire vostre maison grande, ne vous rendent de bonne heure au logis et tombeau. Je vous veux dire et admonester suivre la vocation où principalement vous estes appelé, vivre doucement, gratieusement, sans tant ainsi barbouiller parmy le monde, et ne frequenter que bien peu d'hommes, mais vertueux, et ceux que vous jugerez vous estre vrays et fideles amis, et ausquels pour leur valeur vous voudriez bien res-

1. Comme lui.
2. Besoin.

sembler, auparsus de voir et mesurer vos biens, vostre experience, ce que vous pouvez, et ce que vous devez vouloir. J'ay, dit Polygame, tant veu d'hommes du commencement, et sur leur premiere jeunesse avoir fait de grands amas et preparatifs, pour estre quelque jour eslevez aux honneurs, biens, et authoritez, et promettre tant de belles adventures, lesquels tout d'un coup tomboient beau sault et en ruine, à faute d'avoir advisé de pres ce qu'ils estoient, ce qu'ils entreprenoient, et comme ils le pourroient executer. J'en ai aussi veu d'autres bastissans sur la bourse d'autruy, lesquels pour tromper le peuple et eux mesmes les premiers, qui engageoient tout ce qu'ils avoient et celuy de leurs voisins, pour acheter chevaux, et accoustrements afin de braver, s'en vouloir faire croire chez les estrangers : estimans par tels moyens sophistiquez trouver quelque place, se marier ou heurter à quelque gros hazard et adventure : mais l'issue et la vérité qui descouvre tout, les rendoit moquez et en mespris, attachez ordinairement et portans une longue et fascheuse charge de debtes, qui les accabloit et faisoit demeurer sous le faix. Et combien qu'il s'en trouve quelques uns à qui telles entreprinses ayent heureusement succedé si sont ils en tel petit nombre, que de cent, un ne vient à rencontrer le bon port, et en avons veu, et verrons encore, s'il plaist à Dieu, tel qui avoit chargé sa navire de larcins, et concussions publiques et privees, se rompre et perdre au mesme lieu et havre dont il esperoit bien tost faire voile. J'en ay veu d'autres qui deterroient leurs peres et meres, parens et voisins, empruntoient par cy et par là pour suivre la Cour des Roys et Princes : se rendoient humbles, serfs, et bien devots, contrefaisans les rusez et courtisans, desquels un ou deux au plus y avoient du profit et de l'honneur bien peu : et le meilleur du tout, comme choses mal commencees n'ont jamais bonne fin, ceux qui avoient esté cause de la promotion et advancement de tels mignons, oyoient sa fievre quartaine : je luy fais trop d'honneur à seulement le regarder, c'est ma faveur, sous laquelle toute son esperance est fondee et nourrie. Les autres qui veulent payer plus courtoisement, disent : De vous payer je ne puis, mais donnez moy quelque seur advertissement d'office ou benefice vacant, je vous y portionneray (*a*) au tiers : tuez vostre ennemy, je vous feray obtenir et depescher la grace. Croy moy, Eutrapel, la plus grande ruse et finesse qui puisse estre, est d'aller en tout ce que nous faisons et disons, rondement et ouvertement en besongne : un sold venant d'un bon et religieux moyen vous rendra dix francs au bout de l'an, lesquels mal acquis vous feront tost ou tard perdre le tout. Au demeurant ne hante ou frequente familierement ceux qui sont ou se veulent faire plus grands que toy, s'ils n'ont la teste et cervelle si bien faictes qu'ils sachent bien conduire leur grandeur et n'en abuser. L'apologue d'Esope, lequel vray-semblablement il a emprunté de l'Eclesiastic, faict bien à ce propos [1] : c'estoient deux pots, l'un de fer,

---

a. Var.: *protrouveray* (?).

1. La Fontaine, livre V, fable 2.

l'autre de terre, qui deliberoient aller en voyage et commission, celuy de fer soustenoit qu'ils devroient aller ensemble et de compagnie, *væ homini soli* : ils s'esbattroient, deviseroient, et gausseroient ensemble. Monsieur de fer, respondit celuy de terre, vous m'excuserez s'il vous plaist : je suis un pauvre compagnon, qui n'ay brebis ny mouton, mais je n'iray point avec vous, car il ne faut que un moins de rien, ou demie cholere pour me casser, et puis, adieu Fouquet : allez vostre chemin, et moi le mien : le premier arrivé fera le logis à l'autre. Vouloit le bon Esope monstrer par cest exemple comme il est malaisé et plus dangereux hanter les grands et ceux qui se veulent prevaloir sur les autres, et encore beaucoup plus de faire du compagnon, et trop familiariser avec eux. Un Gentil homme de ce pays ne suyvit pas ce conseil, et peut estre aussi qu'il ne le savoit, comme nostre Noblesse, quelques uns reservez, est ignorante des bonnes lettres : qui est l'occasion que l'administration de la Justice leur est tombee des mains, et transferee, peu exceptez, aux gens du tiers estat: Or estoit il voisin d'un assez grand Seigneur, ayant au surplus une fort honneste et belle femme : et pour ne se contenter des affaires de sa maison, ne cessa qu'il n'eust acroché et trouvé moyen d'entrer en credit en celle de son voisin, où la cuisine estoit plus grasse que la sienne. La Riviere, que j'appelle le plus grand, fut fort aise de telle rencontre, tant pour avoir un voisin à luy inferieur, auquel il se persuada commander un peu librement : que pour l'opinion qu'il s'estoit vistement bastie et pourtraite de faire l'amour à la femme de Launay, ainsi sera nommé le moindre : Ne se passoit gueres jour que La Riviere feignant aller à la chasse, ou tirer de l'arquebuse, pretextes et couvertures que les femmes mariees craignent assez, qu'il ne passat, allant ou retournant, par la maison de son voisin Launay, et par fois y disnoit de ce qui se trouvoit au pot, sans souffrir que la broche tournast, intersignes de grande familiarité. Et d'autant que Launay avoit quelques procés, à la conduite desquels il alloit aucunes fois : La Riviere, qui avoit un laquais et un petit poisson d'Avril [1], qui lui tenoit le bureau [2] et espioit les allées et venues de son voisin, s'addressa un jour à sa femme : chez laquelle, fust par promesses, dons, et gratieuses menaces, ne seut onc gaigner un seul semblant de bonne grace, pour aymer et faire acte derogeant à son honneur : car les boutons d'amours, desquels la racine n'est corrompue, ne fleurissent jamais, et consequemment ne produisent aucun fruict : au contraire elle remonstroit à ce traistre importun la souilleure du lit nuptial tant abominable, mariage où elle estoit obligee, la rupture duquel estoit un peché presque indispensable [3], et sans remission devant la majesté divine : qu'en l'endroict des hommes sa reputation, qui est ce que nous avons de beau et bon en ce monde, eust esté tellement engagee, qu'elle n'eust de sa vie osé se trouver ne presenter en compagnie hon-

---

1. Le rôle de ce poisson d'avril indique bien la traduction qu'il faut faire de cette périphrase.
2. Tenait compagnie. Le Roux, *Dictionnaire comique*.
3. Pour lequel il n'était pas de dispense.

neste et de valeur : brief qu'elle avoit la crainte et commandemens de Dieu si respectueusement engravez dedans elle, qu'en ceste foy et confiance elle s'asseuroit qu'il ne la delaisseroit, et ne la chargeroit d'un faix, qu'elle ne peust porter, fust elle aux plus cruels tourmens qu'on luy pourroit preparer. La Riviere se voyant frustré et trompé de son attente, demeura neantmoins en sa premiere rage et furie d'atraper et venir à bout de ceste infortunee Damoiselle. Ha Satan ! que tu es un grand ouvrier pour surprendre l'homme et le faire tomber, lorsqu'il est desarmé de la parole et crainte de Dieu : et pour assouvir et effectuer ses perfides desseins, retint un soir le sieur de Launay, qui l'estoit venu voir, ayans au souper tous deux beu un coup d'extraordinaire, pour fermer et clorre tout moyen à ce pauvre mal-heureux de se pouvoir meshuy retirer chez soy. Incontinent ce maistre laquais fust depesché, qui alla dire à la femme de Launay, qu'elle fust venue le lendemain au grand matin visiter madame qui se trouvoit mal, et disner à la maison, aux enseignes qu'il peut recueillir des propos et paroles que Launay avoit dictes, et mises en avant durant le souper, et après avoir fait grand' chere, et fait haut le bois[1]. La Damoiselle soubçonna quelque cas de sinistre et estrange, par un certain secret estonnement et frayeur d'esprit, qui quelques fois sert de message et avant-coureur du bien ou mal qui

---

1. *Faire haut le bois* ou *porter son bois haut*, c'est faire le grand seigneur, le glorieux. On a dit plus tard en simplifiant : *le porter haut*.

nous doit venir. Neantmoins prenant courage, et s'appuyant sur la presence de son mary, y joignant les enseignes si vives et expresses, elle accompagnee d'une fille de chambre, et d'un vieil preud'homme son parent, s'achemina vers le lieu que plus elle craignoit, et à bonne raison : car traversant un petit bois taillis, voici se lever La Riviere, suivy d'un tas de ruffiens, mattois[1], et demeurant de guerre, qu'il entretenoit, lequel, sans autre bonjour ne caresse, advance la pointe d'une dague contre l'estomach de cette miserable captive, la tire au travers du bois, et illec luy ravit par force, en aide de ses maraux, ce qui se tient tant cher et precieux entre les femmes de bien et d'honneur. Elle toute eschevelee, brouillee et terracee s'en retourne à sa maison, et le paillard à la sienne. Lecteur, quiconque vous soyez, aidez moy, je vous prie, à contempler la grace de cest infame et desloyal, pour le regard des droits publics, d'hospitalité, et de voisinage : et du pauvre Launay, lequel par aventure estoit encore au lit lors de la tragedie et triste issue de ce banquet affronteur : attendant, peut estre, son monsieur en quelque promenoir ou allee de jardin, tout farcy d'excuses, reverences et baise-mains d'avoir tant

---

1. *Matois* ne veut pas seulement dire rusé. M. Fr. Michel dans ses *Etudes sur l'argot* a élucidé on ne peut mieux l'étymologie et les diverses significations de ce mot. Il suffira de citer ici ce fait rapporté par Branthôme du maréchal de Strozzi qui, voulant jouer un tour à quelqu'un de la cour, le fit dévaliser « par des capitaines matois... assistés par un matois serrurier si fin et si habile à crocheter serrures qu'il n'en fut jamais un tel. »

longuement dormy : mais retourné qu'il fut à son hostel, et ayant entendu de sa femme l'indignité du cas advenu, projetta tellement en son entendement, resva et mordit ses ongles par tant et tant de fois : que aux guerres dernieres appercevant La Riviere aller à l'escarmouche, et l'ayant longuement chevalé, buissonné [1], et espionné, luy donna par derriere un coup d'arquebuze, duquel il mourut sur la place, dont ne fut mention ne nouvelle. Launay s'estant vangé (car cest esprit meurtrier Sathan ne sub-ministre [2] autre conseil à l'offencé, sinon, Vange toy, tue, massacre, pour empescher l'homme de pardonner aux repentans) fit d'aussi beaux exploits d'armes que Gentilhomme de l'armee, qui accreut et estendit fort loin sa renommee : tellement qu'estant de retour en son pays, ayant trouvé sa desolee femme morte de regret, comme il est de croire, il espousa la femme de La Riviere qui ne savoit ni entendoit rien de ces beaux affaires et discours passez. Je n'ai pas entreprins vous raconter les moyens et conduites qu'il dressa pour parvenir à ce mariage, tant y a que se voyant investi et emplumé des despouilles de son ennemy, devint assez insolent, et trop haut à la main [3] : de sorte que par un desastre caché aux hommes (c'estoit une permission divine) la nuit estant en ses bonnes, conta à la nouvelle mariee tout ce que dessus, et nom-

---

1. Encore deux mots, comme ceux que nous avons signalés plus haut, de l'invention de du Fail. Il veut dire : l'ayant poursuivi à cheval, à travers les buissons.
2. Suggère.
3. Arrogant.

mement les moyens, et comment il avoit tué et s'estoit vengé de son ennemy. Elle joignant le meurtre ainsi proditoirement[1] commis contre les anciennes formes et fondemens de la Noblesse Françoise, aux premieres amours, qui du costé des femmes demeurent tousjours, quelques beaux et seconds mariages qui puissent survenir (comme disoit Didon) voulut aussi de sa part joüer le gros jeu, et monstrer qu'elle estoit femme, c'est à dire, vindicative : car un pauvre soldat affamé, et au reste hardy entrepreneur, auquel elle avoit donné cinquante escus et un cheval comme il confessa depuis sur l'eschafaut, tua d'un coup de pistole[2] Launay : dont elle est encore en grand'peine : et qui, peut estre, achevera le nombre de cinq meurtres, tous exemplaires. Eutrapel dit lors que l'histoire des Empereurs Valentinien[3] et Maximien est presque semblable, mais que sans aller si loin, un grand Capitaine de ce temps, faisant profession de la pretendue Religion reformee, fut tué à un assaut donné à la ville de sainct Lo en Normandie n'a pas long temps : punition jugee estre advenue, pour avoir auparavant faict crier haro en la ville de Caën sur un gentil homme nouvellement marié, pour se bastir le moyen de desbaucher et forcer sa femme. En Normandie quand quelqu'un fait le haro sur vous, il faut par necessité, fus-

---

1. Traîtreusement ; de *proditor*.
2. Pistolet. C'était le pistolet à rouet de la cavalerie.
3. Il s'agit ici de Valentinien III tué par Pétrone Maxime dont il avait outragé la femme et qui lui succéda comme empereur d'Occident.

siez vous vestu de veloux verd [1], que vous faciez solennellement vostre entree en prison, pour la memoire d'un bon Duc Raoul [2] de Normandie, qui durera eternellement, pour la grande justice qu'il faisoit comme qui diroit, Ha Raoul, où estes vous?

III.

De ceux qui prennent en refusant.

Il y avoit un Procureur du Roy en ce pays, lequel un jour en son auditoire crioit et s'eschaufoit fort contre un pauvre compagnon, appellé Vento, accusé d'avoir tué plusieurs cerfs et bisches aux forests du Roy. En ce temps les procés criminels se jugeoient à huis-ouverts [3], et en plaine audience, en presence du prisonnier et sans qu'il y eust aucun lieu et moien d'appeller : A ha, dit Lupolde, *appellatio est theriaca oppressorum*. Sainct Paul, qui estoit homme de bien eust recours à l'appel quand on le voulut faire plaider devant Festus, parce qu'il estoit Tharsien [4], ayant le privilege des seigneurs citoyens de Rome : et combien qu'il fust en voye d'abso-

1. Fussiez-vous en habit de noces : la plus belle étoffe, le velours ; la plus joyeuse couleur, le vert.

2. Rollon. L'étymologie que donne du Fail du mot *haro* n'est pas acceptée par tout le monde. V. Littré, *Dictionnaire historique de la langue française*, mais c'était celle courante depuis le XIVe siècle. Du Cange écrit *harou*.

3. Nous n'avons conservé que la locution *huis-clos* ; celle *huis ouvert* se rencontre encore dans Saint-Simon.

4. De Tarse, en Cilicie, dont les habitants jouissaient du droit de citoyens romains.

lution, *nam potuisset dimitti,* disoit le Proconsul, *nisi Cæsarem appellasset,* qui est le fondement de la maxime de Droit, qu'un appellant de peine afflictive ne peut renoncer à l'appel par luy interjeté, *Lege,* dit Eutrapel, *nam erubescimus sine lege loqui.* Or' continuant, disoit Polygame, Vento ayant les fers aux pieds regardoit tantost cestuy-cy, tantost l'autre, ainsi et à mesure qu'il oyoit les advocats qui avoient lors voix deliberative, parler pour lui ou contre : vraye marque d'un homme qui requiert misericorde, et qu'on ait pitié de luy : *Ingemiscendum enim casibus hominum,* disoit quelque Empereur : sembleroit necessaire trouver autres peines, et sauver la vie, sinon en cas execrables : car le Diable, cest esprit meurtrier, ne demande que l'effusion de sang, et ruine du genre humain. Et voyant que son cas alloit de mal en pis, et que la plupart branloient [1], et estoient d'avis qu'il fust pendu et estranglé, qui pis est, suivant les Ordonnances, à la verité un peu trop cruelles et sanglantes, et aussi qui ne se gardent, s'il n'y avoit autres bourriers en la fluste [2] du prevenu et

---

1. Etaient ébranlés par les arguments de l'accusation.
2. *Bourrier* est un mot rarement employé. On le trouve cependant chez Regnier. Un jour qu'il se croyait près de la mort il adresse au Seigneur des *Stances* dans lesquelles il lui dit :

> Et cependant tu vas dardant
> Dessus moy ton courroux ardent,
> Qui ne suis qu'un bourrier qui vole.

A plus de deux siècles de distance, H. de Balzac nous dit qu'en Touraine un bourier est un fétu, « décoloré, boueux, traîné dans le ruisseau. » Or, on a dit : *avoir de l'ordure à sa flûte* pour n'être pas innocent tout-à-fait d'une accusation restée incomplètement prouvée. Par quelle associa-

accusé : s'approcha tout bellement de ce procureur, lequel, rebrassant les manches de sa robe larges et Consulaires, fendoit l'air en quatre doubles[1], pour la conservation du droict des chasses et forests du Roy, haranguoit magistralement à tour de bras, jusques à estre prest de conclure furieusement à la mort : mais Vento anticipant la parole du procureur, et voyant qu'il s'en alloit par le pendant[2], s'il n'y donnoit ordre, et prompt : s'aida du conseil qu'il avoit trouvé à la prison, le lieu du monde où se forment plus d'amitiez fines, et cauteleuses consultations, ce fut recourir à l'argent, et en bailler notamment à nostre sire le procureur, comme celuy qui fait ou deffait, si le greffier est de son costé, un procés criminel. Ce qu'il fit bravement, car ayant fait provision d'une belle Portugaise[3], qui valoit lors trente quatre livres, s'aprocha de ce criard, qui estoit sur le haut bout de sa rethorique, et feignant luy dire quelque mot en l'aureille, luy mit ceste belle piece d'or en la main gauche, car c'est elle qui porte la clef des larcins et pilleries de Justice, et la dextre sert à

tion d'idées, nous ne savons, mais cela au moins peut éclairer la phrase de du Fail.

1. Quatre est un nombre fatidique comme trois et sept. Faire le diable à quatre, se mettre en quatre, crier comme quatre, être tiré à quatre épingles ; et cela parce qu'il représente le carré parfait. *Fendre l'air en quatre doubles* c'est donc y tracer avec les bras les diagonales les plus insensées, habitude invétérée des avocats qui s'échauffent sur commande.

2. Jeu de mots sur la pendaison dont il se trouvait menacé.

3. Monnaie d'or de Hambourg dont la valeur a beaucoup varié.

toucher l'oree et bord du chapeau ou bonnet, quand la beste est prinse, et lors du grand mercy. Le seul attouchement duquel precieux metal luy mortifia et rabatit tellement la parole, que se voyant pipé du jeu qu'il savoit le plus, et graté où il lui demangeoit, renversa son plaidoyé et tout ce qu'il avoit dit auparavant : Ha! Vento, dit il, que tu puisses devenir biche[1]. Le paillard, Messieurs, voyez le danger où il mettoit nos consciences, vient me dire en l'oreille qu'il est clerc[2], il n'y a remede, c'est à refaire, voyla un proces perdu, *talis exceptio opponitur etiam in fine judicii*. Le juge avec les advocats bien estonnez par cette peremptoire[3], ainsi dextrement controuvee et mentie, prononça jugement au profit du pauvre Vento, car il fut renvoyé à son Evesque : où depuis que la cause en est là, eust il mangé une charrette ferrée, il en sort tousjours bagues sauves[4], hors mis de la bource, qui demeure tousjours vuide, contre ce que disent les physiciens, que *non est dabile vacuum*, aussi qu'en ce pays là *non se immiscent sævis*. Eutrapel dit lors, que si maistre Guillaume Poiet[5] eust esté Chancelier de France en

---

1. Imprécation amicale.
2. Ce qui le rendait justiciable des tribunaux ecclésiastiques.
3. Sous-entendu : raison ou exception. Mais le mot s'employait substantivement.
4. On sortait d'une ville assiégée « vie et bagues sauves, » c'est-à-dire en emportant ses bagages. De là l'expression s'est étendue et appliquée à toute affaire difficile dont on se tirait sans dommage.
5. G. Poyet n'est pas un bien bon exemple à citer. En dehors de son ordonnance de Villers-Cotterets pour la ré-

ces derniers troubles, aussi bien qu'il estoit l'an mil cinq cens trente neuf, lorsqu'il rongna les ongles de si près à la puissance et jurisdiction Ecclesiastique, il eust fait qu'en ce Royaume il n'y eust eu qu'un magistrat : ce que long temps auparavant de Cugneres et de sainct Romain (mais ils ne tenoient que le parquet) avoient assez huché[1] et crié : sur le plaidoié desquels se fondant Henry huictieme Roy d'Angleterre, qui avoit l'original de leurs harangues, comme dit Jean Scorp, donna une merveilleuse bastonade aux gens d'Eglise, s'appuiant sur ce que nostre Seigneur dit à ses Apostres, que les Roys seigneuriroient et domineroient : vous autres, parlant à eux, ne ferez pas ainsi. Hay, dit Lupolde, *nolite tangere Christos meos.* C'est chose estrange, continuoit Polygame, d'ouïr parler aux vieux du temps où les Juges prenoient tant d'argent des parties, et excessivement, et qu'en moins de rien un homme ayant la robe longue sur les espaules estoit riche outre mesure, et n'y avoit voisin qui ne fust mangé par eux, et mis en pourpoint[2]. Il y avoit, disoit il, un President de Cour souveraine, qui aussi estoit Juge particulier d'une Province, voire officier d'aucuns Prelats, Barons, et autres Seigneurs, comme les

---

formation de la justice, rappelée ici, il s'occupa surtout d'agrandir sa fortune au moyen d'intrigues. Celle qu'il organisa contre l'amiral Chabot de Brion eut d'abord un plein succès et lui rapporta gros. Mais dès l'année suivante il fut dégradé et forcé de rendre gorge. C'est sans doute pour faire oublier son opposition à la juridiction ecclésiastique qu'il se fit ordonner prêtre à 60 ans.

1. Synonyme de crier.
2. Ruiné, réduit à n'avoir plus que son pourpoint.

saisons et les temps ont leurs maladies, qui estoit le plus avaricieux et chiche qu'on ait jamais ouy parler : il se logeoit volontiers en une taverne, à ce que les parties eussent moyen de communiquer plus familierement avec luy, estoit au bout d'une grande table remplie de poursuivans, faisant grand'chere à leurs despens, car tousjours estoit franc de l'escot et deffraié : jamais ne payoit rien, encore luy faisoit l'hoste quelque pension, que ce bon pere en Dieu appelloit present honneste. Il y avoit aussi un pauvre Gentil homme plaidant, auquel on dit que s'il vouloit avoir la raison et yssue de son procés, il lui convenoit foncer[1] et bailler argent à ce maistre President : que sans cela il avoit beau le saluer, et presenter placets, qu'il n'y feroit rien non plus que le coq sur les œufs. Alors s'estant enhardy, il entre chez ce Juge, lequel il trouve en une chambre basse, avec un vieil serviteur, qui vendoit bien cherement la porte : lui remonstra sa cause, fait tout plein de devoirs à la luy donner à entendre, et en concluant mit et posa fort humblement et avec grande ceremonie dix escus sur le bout de la table. Le President qui enrageoit et se mangeoit le bout des doigts, qu'il ne les encoffroit : et d'autre costé se voulant depescher de l'opi-

---

1. Financer.

> Au faict d'amours beau parler n'a plus lieu,
> Car sans argent vous parlez en hebrieu :
> Et fussiez vous le plus beau fils du monde
> Il faut foncer, ou je veux qu'on me tonde
> Si vous mettez jamais pied à l'estrieu.
>
> *Poésies* de Jean Marot.

nion que le client pourroit recevoir qu'il fust larron et attrape-denier, commença à le blasmer estrangement : comment, dit il, estes vous si impudent d'apporter de l'argent à un chef de Justice comme moy ? qui vous a aprins cela ? voulez vous me corrompre par vos beaux escus, il se void bien que vous estes quelque bon marchand, de me venir essaier de ce costé là : sont les gens de ce temps cy, tout est corrompu et perdu. Le Gentil homme se voyant ainsi approcher et recongnoistre, alongeoit le bras, voulant reprendre son argent : auquel le President respondit, Je ne vous ay pas dit que vous le repreniez, si m'avez bien entendu : et semble que vostre cheval ne soit que une beste, seulement je vous ay dit, mais prenez bien le fait, dont vient cette hardiesse me presenter argent ? Le Gentilhomme vouloit à toutes fins se ressaisir de ses dix escus : le President l'empeschoit, disant tout passionné et fasché, que vous avez la teste dure, je ne vous blasme d'avoir là mis l'argent, nous sommes tous pecheurs, mais seulement de l'entreprinse et hardiesse de l'y avoir mis : et bien, il y demeurera pour ce coup, mais une autre fois songez y de près, et regardez d'estre plus secret et advisé : voyez s'il y eust eu des estrangers, comme vous et moy en estions. Aujourd'huy, dit Lupolde, les parties ne parlent aux Juges que par courratiers[1], et personnes interposees, afin de faire evanoüir les preuves de concussion et pilleries, et n'ont nosdits Juges les pieds plats, et la teste si grosse,

---

1. Courtiers.

comme ceux du temps passé : mais ils font leurs meschancetez plus subtilement, couvertement et discrettement. Eutrapel dit qu'à Thurin en arriva presque autant à une Dame, du tems que ce bon Prince de Melphe [1] y estoit Lieutenant du Roy : elle dormoit une après-disnee en une chaire, moitié en guerre, moitié en marchandise, c'est à dire, demie renversee, ses pieds assez haux sur deux tabourets, monstrant son quasimodo (la grand'Janne de l'Eschiquier d'Alençon, l'appelloit son ovale); le jardinier estant survenu pour entendre de sa maistresse en quelle oree du jardin il planteroit des choux, voyant et trouvant son cabinet ainsi advantageusement ouvert, pensez que c'estoit au temps chaud, y logea petit à petit son ferrement : elle sentant l'outil fretiller environ son haut de chausses, et ramoner sa cheminee : s'eveilla, disant, Qui t'a fait si osé d'entrer en ma chambre, dy poultron. Le pauvre jardinier, qui estoit sur le point de laisser choir sa graine en ceste fertile terre, se vouloit oster : mais la dame repliqua, je ne dy pas cela, respons seulement, mais pourquoi es tu entré en ma chambre? Ce-pendant nature, qui n'est oisive, besongnoit, et deschargeoit de toutes parts son artillerie en ce beau rempart : duquel assemblage ainsi furtivement charpenté nasquit, peut estre, quelque potentat. Maistre Guillaume Coudray dit à ce propos qu'estant à

---

[1]. Caraccioli, prince de Melfi, nommé maréchal de France (1544) et gouverneur du Piémont (1545) par François Ier au service duquel il était entré après avoir été fait prisonnier dans Melfi par Lautrec (1528). V. Branthome *Les Vies des grands capitaines étrangers.*

un Quaresme-presnant estudiant à Bourges, ou plustost allé pour y estudier, il se trouva en une compagnie de femmes, qui avoient fait bonne chere, tellement que la parole leur ayant failly (chose mirande![1]) elles estoient à la plus part endormies vis à vis d'un grand feu, et descouvertes, en faisant un bel escart, et qu'en ce beau jeu il en embrocha une (les Holandois appellent cela fistuler). Je ne sçay s'il repliqua[2], *sit judicium Curiæ*, car les bons ouvriers ne sont pas grands beuveurs de vin : tant y a que le lendemain, qui estoit le jour des Cendres, il se presenta à la Dame, la requerant de continuer à l'advenir ce qu'il avoit si à propos et heureusement commencé le jour precedent. Elle bien esbahie, ne se souvenant de l'Acte (c'est boire comme il faut, et à la Grecque, de perdre la memoire : car un beuveur qui se souvient, est dangereux) luy respondit, qu'elle n'entendoit aucunement ce qu'il disoit. Luy de sa part luy parla du lieu, comment, et les enseignes de tout l'affaire passé : et concluoit par ses moyens à ses precedentes fins, et si demandoit despens. Et bien, bien dit elle, soit, ou non soit, hier tout estoit du lard, ce qui est fait est fait, il n'y a point de remede, qui est outu si est outu (quelques Docteurs disent que elle adjousta une F) : aujourd'huy, qui est le jour de repentance, monstrons par autres voyes qu'il nous en desplaist. Au demeurant, retirez vous, que je ne vous voye jamais, et sur vostre vie ne vous vantez de rien, et dictes aux passans que vous

---

1. *Res miranda*, prodige !
2. Redoubla.

n'avez rien veu, vie foüet, et au vent ¹. Le compagnon retira le plus gaillardement qu'il peut, son espingle du jeu, suivant la glose ordinaire, prise de la rue du Feurre², où il est escrit de la propre main de Maugis d'Aigremont, *Omne animal à coitu tristatur, præter gallum, et scholasticum futientem gratis.* [Le Sieur de Bellefleur, brave Capitaine, dit avoir veu aux Universitez la plupart des escholiers, et des soldats aux garnisons, se vanter ordinairement, en mentant toutes fois, qu'ils avoient fort grandes faveurs à l'endroit des femmes, à qui ils n'eussent osé avoir dict mot : et difamer quelquefois la reputation et honneur de plusieurs d'elles qui n'y songerent onc. Vray que les attraits et familiaritez en sont cause : car, comme dict la chanson, Si vous la baisez, comptez quinze : Si vous maniez le tetin, trente, etc.] ³

IV.

Que les fautes s'entresuivent.

Eguinaire Baron ⁴, grand et notable enseigneur de loix, s'il en fut onc, lisoit en

1. Façons décisives de dire déguerpissez !

2. La rue du Fouarre (paille) où se tenaient aux XIIIᵉ et XIVᵉ siècles les cours de l'université de Paris. Elle existe encore derrière l'Hôtel-Dieu.

3. Le passage entre crochets, comme tous ceux marqués de la même façon à la fin de plusieurs des chapitres suivants, n'existe pas dans l'édition de 1585. Ces passages sont évidemment de simples notes destinées à être fondues plus tard dans le texte. La mort a empêché du Fail de faire ce travail, et l'éditeur n'a pas voulu les laisser perdre, malgré le négligé de la forme.

4. Eginaire Baron, compatriote de du Fail, avait été

l'Université de Bourges, avec une telle majesté, dignité, et doctrine, que vous l'eussiez jugé proprement un Scevola, tant il estoit sententieux, solide, massif, et de grace poisante, et faconde gravité [1] : et l'ay veu, dit Polygame, avec son compagnon Duarenus [2], tous deux Bretons, avoir tiré des Universitez et nations tant de deçà que delà les monts, tous ceux qui vouloient apprendre le droit en sa netteté et splendeur. Il se courrouçoit asprement contre ceux qui avoient obscurcy la beauté des Loix, par une infinie multitude et amas de commentaires : et entre autres un jour que Monsieur L'hospital, lors Conseiller au Parlement de Paris, et depuis Chancelier de France, allant aux Grands-Jours de Rion [3] le vint escouter, et voir si le bruit et reputation qu'il avoit, respondoit à la vérité et rapport du subjet. Le bon homme estant dans sa chaire, accoustré d'une robe de taphetas avec sa barbe grise longue et espoisse, voyant qu'en

son professeur à Bourges.
1. De grâce sévère et d'élégante gravité.
2. François Duaren, aussi Breton, aussi professeur à Bourges, était resté un des bons amis de du Fail. C'est très-probablement à Duaren et à Baron que sont adressées les excuses pour son genre de récréations que l'auteur a placées en tête des *Baliverneries*.
3. C'est en 1546 que se tinrent les grands jours de Riom. Eutrapel y revient à plusieurs reprises. Il est donc permis de croire que c'est un des souvenirs importants de sa jeunesse. Ce qu'il va dire prouve qu'il était alors à Bourges auprès de Baron. Nous tirerons de là la conclusion que c'est à Bourges qu'il a écrit ses deux premiers ouvrages qui parurent en 1547 et 1548 et qu'à cette époque il devait encore être assez jeune, c'est-à-dire n'avait pas dépassé de beaucoup la trentaine.

son eschole y avoit des auditeurs non accoustumez, commence à plaindre les deffenses que l'Empereur Justinien avoit fait de non escrire et faire commentaires sur le Droit Civil, disant à ce propos, comme il estoit facetieux, et riche en tous ses discours, que si un chien a pissé en quelque lieu que ce soit, il n'y aura mastin, levrier, ne briquet, d'une lieuë à la ronde, qui là ne vienne lever la jambe, et pisser comme ses compagnons. Ainsi si Bartole, Balde, ou autre Protenotaire du Droit, ait en quelque passage, voire tout esloigné et hors bord qu'il soit, traité un point et disputé, toute la tribale [1] et suite des autres Docteurs viendront illec compisser l'œuvre et mesme passage, y escrire par conclusions, limitations, notables raisons de douter et decider, ampliations, intellectes repetitions, et autres aparats du mestier, et feroient grand' conscience traiter les contrats, testamens, et successions, sinon en autre titre à travers pays, et tout au rebours : en appeloit pour tesmoignage, et prenoit droit par et sous le mot de Adelasia, qui a enveloppé sous sa vasquine, par le moyen du bon Gentilhomme Benedicti, toutes les decisions du Droit, voulant, comme il faut croire, faillir avec les pecheurs, et, comme l'on dit, mieux aimer errer avec l'ignorance, que de bien dire, et methodiquement escrire, suivant un homme de bon entendement : jettoit tout inconvenient sur l'amnestie [2] des temps, où les disciplines [3] auroient esté dissipees et perdues

---

1. La tourbe, la foule.
2. Le manque de mémoire.
3. Règles, doctrines et même sciences. Il existe un livre

pour en avoir abusé jusques au temps de ce bon et grand Prince le Roy François premier du nom, qui fit bescher et fossier [1] jusques au fin fond de la source et cause de la desolation des bonnes lettres, lesquelles reprindrent leurs premieres beautez, et les aisles dont les ignorans avoient si longuement volé, et les finets [2] et meschans basti par leurs songes et fables leurs grandeurs, et qui peu à peu s'escoulent et tombent de leur haut. Je le veux bien, dit Eutrapel, mais reprenant les erres de nos pisseurs, tout ce mesnage se peut accommoder à plusieurs et presque à toutes choses. Si la femme d'un grand Seigneur porte quelque habillement selon son rang et grandeur, une Damoiselle à simple tonsure [3] et de bas alloy, par faute de se mesurer [4], en voudra faire autant : j'entens si son mary est un besmus [5], qui ait trop lasché la bride et donné une fauce liberté à sa femme. Il me souvient qu'aux Grands-Jours de Bretaigne un advocat, qui morfondoit à Paris, y vint plaider, Vache de loin a lait assez [6] : et pour son entree

ascétique fort singulier intitulé le *Livre de la discipline de l'amour divine* (1519).

1. Creuser.
2. Finauds.
3. Cette épithète s'appliquait indifféremment aux gens comme aux habits pour dire qu'ils étaient de peu de valeur. Elle vient de ce que la tonsure simple n'est que le premier degré de la cléricature.
4. Se rendre un compte exact de sa position.
5. Cholières, *Contes et discours bigarrés*, dit : « Au reste ce n'était qu'un bémus » pour un innocent, un nigaud.
6. M. Le Roux de Lincy cite ce proverbe en renvoyant à Eutrapel, mais il le donne ainsi : *Vache de loin a assez lait*.

il dit deux ou trois fois ce mot, *par disposition de raison*, et pensez qu'il enfloit bien le gosier. Tous les autres advocats, comme singes, n'eurent autre mot ampliatif [1] en la bouche et toute la seance. Et à la verité, qu'en dis tu, Lupolde? ces mots de veritablement, il est certain, grand mercy Messieurs, et autres de demy pied de long, et qu'il faut prononcer à gorge ouverte, servent à un conte de chevilles [2] et ciment, pour bien fagoter et lier ensemble les propos et pieces raportées au plaidoyé, cependant qu'ils songent, estans ainsi esgarez, en ce qu'ils doivent dire et conclure. De telle dexterité et finesse s'aidoit souvent Ciceron, ce friand babillard. Mais, dit Mandeston, il n'y a point de plus gentils pisseurs (puisque pisseurs y a) que nos vieux Historiographes en l'origine des Gaulois : parce que tous empruntans du premier qui en a escrit, les ont fait naistre et issir des Troyens, à faute d'avoir diligemment et curieusement recherché le creux et fond de la verité : comme ont fait puis peu de temps Ottoman [3], Renanus [4], Ramus [5],

---

1. Superlatif.
2. C'est là une bonne explication de l'origine du mot *cheville* qui, dans la versification, exprime les pièces inutiles et rapportées.
3. François Hotman, né à Paris en 1524, mort à Bâle en 1590. Son principal livre est intitulé : *Franco Gallia, sive tractatus isagogicus de regimine Regum Galliæ et de jure successionis*, Genève, 1573.
4. Beatus Rhenanus, né à Schelestadt en 1485, correcteur chez Henri Estienne, mort en 1547, à Bâle.
5. Ramus ou Pierre la Ramée, né en 1502, tué le jour de la Saint-Barthélemy (1572). Ce doit être à son livre *De moribus veterum Gallorum* que du Fail fait allusion.

Cujas [1], et sur tous le Seigneur du Haillan [2] grand Historiographe de France, qui tout d'un coup ont rompu et esventé les cendres fabuleuses, navigations, et habitations Troiennes en ce pays : et quelques uns d'eux monstrent apertement que le langage des vieux Gaulois, quoy qu'en soit, Aquitaniques, et son original estre en nostre Basse Bretaigne; Polygame dit lors que l'imitation est le vray siege de l'ignorance, d'autant que ce qui est bon en un endroit, ne vaut rien à l'autre : ce qui est convenable à vous Eutrapel, seroit indecent à Lupolde. Quel emplastre et remede mettrons nous à ce qu'escrit Diodore, que les hommes de son temps estoient tellement embasmez [3] et cousus aux conditions de leurs superieurs, et si superstitieusement idolastres de ce qu'ils faisoient, qu'ils les contrefaisoient en tout et par tout : car si le Roy des Egyptiens clochoit [4], il n'y avoit fils de bonne mere qui ne fust boiteux : s'il estoit joyeux, courroucé, lourdaut ou habile homme, chacun en prenoit sa piece pour le contrefaire :

Regis ad exemplum totus componitur orbis [5].

1. Jacques Cujas (1520-1590). Du Fail avait pu le connaître à Bourges, où il professa à plusieurs reprises et où il mourut. Il a touché à toutes les questions de droit et d'origines.

2. Bernard de Girard, seigneur du Haillan (1535-1610). Les ouvrages auxquels renvoie du Fail sont : *Regum Gallorum icones a Pharamundo ad Franciscum II* (1559) et *Histoire générale des rois de France depuis Pharamond jusqu'à Charles VII* (1576).

3. Comme nous dirions *confits*. Embaumé a ici plus de couleur locale.

4. Boitait.

5. Dans Claudien : *Componitur orbis Regis ad exemplum.*

Le sujet se façonne aux humeurs de son Roy :
tel maistre tel valet, selon le seigneur la mes-
gnie[1] est duite. J'ay veu de mon tems, dit
Lupolde, mais ce rustre icy d'Eutrapel s'en moc-
quera, que marchans et autres gens roturiers et
du tiers estat n'eussent osé porter en leurs habillemens non pas un simple bord de soye, laquelle n'estoit employee que pour les equipages
et accoustremens des gens de guerre, qui retournez en leurs maisons, les donnoient aux
Eglises pour les decorer et embellir. Quand une
Damoiselle de mille livres de rente avoit une
robe parementee de velours, et la queuë de ta-
fetas, c'estoit pour les festes seulement et à
toute sa vie : maintenant il n'y a personne, regardez de quel costé vous voudrez, qui en abu-
sant des sainctes Ordonnances[2] de nos Roys,
ne soit tout couvert de soye jusques aux païsans
mesmes. En quoy les Anglois l'ont gaigné,
ayans defendu à toutes sortes de gens porter
soyes sur grandes peines, qui sont executees :
et ne prendre fausses qualitez de noblesse sur
autres grandes peines. Que feriez vous là, dit
Eutrapel, nous sommes en France : comme les
Atheniens, ils faisoient des loix assez, mais pas
une ne gardoient. Polygame dit lors qu'il n'y a

1. Famille ; mieux la *gens*, la maison d'un gentilhomme.
V. du Cange au mot *maisnada*.
2. Lois somptuaires. Depuis Philippe Ier jusqu'à M. Du-
pin, on s'est toujours préoccupé en France de l'invasion du
luxe, dans les vêtements surtout. Parmi les nombreuses
ordonnances à ce sujet, on peut citer à propos, ici, celle
de 1532 qui défendait aux financiers, gens d'affaires et
comptables, de porter aucuns draps de soie, fourrures,
chaînes d'or pesant plus de dix écus.

moyen d'empescher l'usage des draps de soye, où la pluspart de nos finances courent, que les defendre estroitement sur grosses peines, et les permettre seulement aux putains publiques et petits enfans : car si la peine n'est que la confiscation de l'accoustrement, chacun ne s'en souciera, non plus que celuy qui alloit donnant des soufflets dedans Rome, puis faisoit payer l'amende, qui estoit legere et de peu de pris, à un sien valet portant la bource après luy : en quoy il avoit son plaisir à battre les gens et à bon conte. Pour le regard de l'usurpation du nom, titres et armoiries de Noblesse, les Loix et Ordonnances sont pleines de defences portees par icelles : à dire vray, c'est un desordre qui diffame infiniment cette grande Province [1], où vous ne sçauriez avoir remarqué un vray Gentil homme de race entre dix qui en portent les accoustremens, et occupent les terres nobles. Les Romains, comme dit Capitolinus [2] en la vie de M. Antonin surnommé le Philosophe, demeurerent tousjours en leur grandeur et monarchie, tandis que les trois ordres d'Eglise, Noblesse, et le tiers estat du peuple se contindrent chacun en son devoir, sans enjamber ne entreprendre sur les grades, privileges et preeminences les uns des autres : et publia celuy Prince Philosophe une Ordonnance, par laquelle fut commandé à toutes personnes faire declaration par devant les Greffiers à ce commis, de quelle condition et race ils estoient issus, afin que cela tint lieu de preuve

---

1. Celle où il est né, où il écrit : la Bretagne.
2. Jules Capitolin, l'un des auteurs de l'*Histoire auguste*.

à l'advenir pour les qualitez du peuple. Et longuement auparavant les Juifs en leur Republique avoient, suyvant l'ordonnance de Moyse, distribué leur peuple par tribus et races, les papiers et registres desquelles où elles estoient escrites, Herodes ce vilain murdrier [1] fit bruler, parce qu'il n'estoit qu'un vilain, fils d'un marguillier ou garde de temple d'Apollo [2], et qui vouloit par ce moyen confondre et brouiller tout l'Estat, le reduire à l'equalité, et par ce moyen le faire precipiter et tomber de son haut, et se perdre entierement. Le vray moyen, dit Eutrapel à un Prince souverain de recouvrer une grande somme d'argent, au contentement de tous ses sujets, est deffendre les soyes et usurpations de Noblesse, et pour cest effect establir par les Provinces bons et vertueux Commissaires, pour informer contre ceux qui auroient depuis l'Ordonnance publiee, porté soye et autres habillemens defendus, et qui depuis les cent ans derniers auroient faussement prins et usurpé la qualité de Noblesse : car, pour dire vray, encore que tout cela soit deffendu, si ne peut il estre executé, d'autant que ceux qui en ont la charge, seroient les premiers qui payeroient l'amende, comme estans de la mesme condition. A la verité, dit Polygame, l'un erreur tire l'autre : quand on void les loix mesprisees et sans estre gardees, chacun se dispence, et dit comme nos pisseurs, puis qu'un tel ou une telle fait ainsi et

---

1. Meurtrier.
2. Bayle, article *Antipater*, discute cette origine d'Herode donnée par Eusèbe et prouve qu'elle est fausse.

ainsi, et qu'on n'en sonne mot, j'en puis bien faire autant : puis qu'un tel est Juge, et n'est qu'un asnier et ignorant, je le seray aussi bien que luy. Eutrapel fit la retraite de ce conte, disant que vous ne sauriez mieux punir un vilain, que par la bource, et que les bonnes Ordonnances, comme celles cy dessus, bien establies, sont aisees à garder : pourveu que les Officiers et executeurs d'icelles n'y ayent interest particulier ou boursal : comme pour exemple, il seroit beau que des putains reformassent un Couvent de Religieuses, qu'un roturier jugeast de la Noblesse, qu'un Prestre se meslast de la guerre. Par le corbieu [1], dit le grand Seneschal de Normandie Breze [2], puis que le Cardinal Briçonnet [3] veut voir nos gens d'Ordonnance en armes, et qu'ils se monstrent devant luy, je m'en vois à pareille raison assigner les ordres de Prestrise pour tenir à Chartres, dont il est Evesque, et y sommes aussi bien fondez l'un que l'autre.

V.

De la Goutte.

Il se meut propos de l'impatience et douleur que reçoivent les gouteux. Maistre Jean Fou-

---

1. Corps de Dieu.
2. Nous avons déjà rencontré ce grand sénéchal, Louis de Brézé, p. 233.
3. Evêque de Saint-Malo, puis de Nîmes et de Chartres ; archevêque de Reims, puis de Narbonne, mort en 1514. C'était un homme d'état fort actif et remuant.

reau dit qu'un Gentil homme Romain, appelé Servius Clodius se fit empoisonner les cuisses pour la douleur de la goutte qu'il avoit aux pieds, et aima mieux en perdre l'usage, que d'estre tousjours en ce martyre : ce que Marc Agrippa un autre Chevalier suivit à peu près, mettant ses pieds en un bacin playn de vinaigre tout bouillant, pour appaiser la rage de ceste meschante maladie. Eutrapel luy demanda, pource qu'il estoit des plus fameux Apoticaires, combien il avoit de recettes contre la goutte attachees à son crochet. Il faudroit, respondit il, des aiguilles autant qu'il en pourroit en l'Eglise Nostre Dame de Paris, pour coudre les poches et sacs où sont lesdites recettes : car tout le monde est medecin, et principalement en ceste maladie, où chacun y apporte son conseil, qui est la drogue, comme dit Cesar, qui soit à meilleur marché. Eutrapel dit que les medecins sont encore après à savoir d'où procede la goutte : la plus part sont d'avis, pour ne faillir au general, qu'elle vient et procede de toute la masse sanguinaire corrompue : les autres, comme Fernel [1], du cerveau et parties adjacentes : Paracelse [2], que c'est un venin composé d'un vent enfermé, et qui court selon le mouvement de la Lune, par les veines et arteres : puis se deschargeant

---

1. Jean Fernel, mort en 1558. Astronome, mathématicien et médecin d'Henri II.
2. Longtemps discuté, Paracelse est à peine bien connu aujourd'hui. C'était à la fois un charlatan et un médecin de la plus haute valeur. Il fut le véritable fondateur de la médecine moderne en mettant le premier en usage les remèdes tirés de la chimie.

sur les jointures et autres articles foibles, cause telles et si extremes douleurs : et que si un goutteux naturel, qui ait apporté le mal du ventre de sa mere, s'accouple à sa femme pendant qu'il est aux abboys et fort de sa maladie, indubitablement l'enfant qui en sortira sera goutteux, ou s'il ne l'est, les enfans de luy, voire à longues suites et generations, comme vous voyez aux bossus et ladres : et n'y avoir autre moyen de chasser ceste maladie hereditaire, que se marier en race bien saine et non endommagee desdits maux, car petit à petit la semence contagieuse s'escoule et amortist. Quant à la goutte verolique [1], elle se cognoist plus par estre aux charneures et muscles du corps, qu'aux jointures, et n'en desplaise à nos Medecins ordinaires, car c'est le vif argent, dont on a frotté, les pauvres verolez precieux, lequel en quelque sorte qu'il soit mis, sinon qu'il soit reduit en sa premiere forme, c'est à dire, luy changer tous ses habillemens, et le mettre en eauë Philosophale [2], pert, mange, et consomme tout ce qu'il approche, contre l'advis de Tierry de Hery [3], et

---

1. Il n'y a point de goutte de cette espèce. On sait maintenant que la goutte n'est due qu'à la présence d'un excès d'acide urique dans le sang.

2. L'eau philosophale, qu'il ne faut pas confondre avec la pierre philosophale, avait en effet pour base le mercure ramené à un état de pureté tel que... ce n'était plus du mercure. C'était alors qu'il était propre à faire de l'or.

3. Thierry de Hery (1505-1585), chirurgien ou plutôt barbier, — car ç'a été le vrai titre des chirurgiens jusqu'au XVIII° siècle et à La Peyronie, — est le premier qui ait traité d'une manière raisonnable la syphilis. Il a écrit un volume sur ce sujet (1552). Il était partisan des frictions mercurielles qu'il avait appris à employer en Italie et dont il se

autres ses confraires Barbiers. Bien est vray que s'il est despouillé et mis en beaux draps blancs, à coucher tout seul, et avec luy mesme, Alchimistes où estes vous? il guerira non seulement la goutte, mais toutes maladies, quelques incurables qu'elles soient : combien que de soy prins au poids de demy escu et avalé il face sans offenser, sortir l'enfant du ventre de la mere prontement. J'ay assez, dit Foureau, ouy parler de tout cela, mais je n'en ay encore apperceu aucun effect : toutesfois il se reveille beaucoup de choses aujourd'huy qui ont esté ignorees des anciens, et pour mieux dire cachees, car celuy qui est sur les espaules du Geant voit plus loin que celuy qui le porte : aussi voyons nous ce que l'antiquité a seu, et ce que depuis y est acreu et adjousté : une chose ay je bien aprins, c'est que le fin et essence des corps simples et composez, tirez par le moien des Chimistes, fait de merveilleuses operations aux maladies estranges, lesquelles, quelque chose que nous en disions, ne se guerissent par longues et affamees diettes, et medecines laxatives souvent repetees, par lesquelles avec nostre *extractum* ou secret de Colocynte [1] nous soustenons les humeurs pechantes estre petit à petit derobees : car aux maladies longues et chroniques faut manger tout son saoul, mais sans excez : pour ce que nature ne veut estre affoiblie, ains confirmee et confortee par bon nour-

servait d'ailleurs avec une grande prudence. Il y gagna une fortune considérable.

1. Extrait de coloquinte, purgatif violent et rarement employé aujourd'hui.

rissement, et en cela n'estre contrevenu aucunement à nostre maistre Hipocrates, quand il dit que tant plus on nourrist les corps impurs, plus on les offence : car cela s'entend d'un homme replet et humoral, mais, aux Gouteux, Paralytiques, Hydropiques, et autres maladies endurcies et inveterees cela n'a aucunement lieu, ainsi mesme que Gesnerus [1] a doctement escrit, et l'experience d'autre part le nous monstre. Lupolde lors dit que Sainct Hierosme, encore que son principal savoir fust en traductions, si estoit il versé en toutes disciplines, dit à ce propos, que plusieurs goutteux se sont trouvez gueris et affranchis d'iceluy mal, par avoir eu faim, soif et souffert autres incommoditez qu'on reçoit par bannissement, prison, et autres calamitez : ce qu'est arrivé n'a pas longtemps, ce fut l'an mil cinq cens cinquante six, à Franciscus Pehius, qui pour avoir esté prisonnier, fut guery de la goutte, qui l'avoit tenu jusqu'à cinquante ans, au moyen d'un bien peu de pain et eauë qu'on luy donnoit [2]. Je ne le trouve pas estrange, dit Polygame, car j'ay veu en quarante jours guerir gouteux de plus de vingt cinq ans, faisant une diette non pas resumptive [3] qu'ils appellent et qu'il ne mangeast tout son

---

1. Conrad Gesner, de Zurich, professeur de philosophie, botaniste et médecin. Il ressuscita beaucoup de remèdes anciens et mérita le surnom de Pline de l'Allemagne.

2. Le remède est en effet excellent. Il consiste en réalité dans la privation des nourritures trop azotées, productrices de l'acide urique.

3. Réglée de façon à conserver quelque force au patient par opposition à la diète affamée.

saoul : mais il ne beuvoit nullement de vin, ains d'un breuvage non fascheux au goust, dedans lequel à mon advis, il y avoit quelque infusion autre que celle dont les medecins usent ordinairement : et de ma part, disoit il, je suis aussi au roolle des gouteux, et n'ay trouvé autre remede, après avoir couru toutes les escholes des Medecins, Empiriques, coupeurs de coüilles, vieilles devines, sorciers, arracheurs de dents, et vendeurs de theriacle, qu'un grand bacin d'eau froide, une esculee de sel dedans, puis une serviette trempee en cela appliquee sur les parties douloureuses : qui est la recette que le feu Seigneur de Montmorancy [1], Connestable de France, disoit luy avoir cousté cinquante mille escus à apprendre, car après longues et cousteuses experiences, il n'avoit trouvé que ce seul remede. Et si je me fais saigner le pied en l'eau de la veine qui sera plus grosse et apparente, du mesme costé où j'ay mal, pour tout asseuré, ce que plus de trente fois j'ay experimenté, le troisiesme jour après ma douleur cessera : et estime estre ce vent ou *flatus* dont votre Paracelse parle, qui sort avec ce peu de sang que vous faites tirer, qui est occasion de sa soudaine guerison, laquelle commence incontinent que vous estes saigné. Et de fait feu Monsieur Birague [2], Cardinal et Chancelier de France, vieux qu'il estoit, n'a trouvé que ce seul remede de

---

1. C'est du premier duc de Montmorency, mort en 1567, qu'il est question.
2. René de Birague, mort en 1583. Cette date nous donne l'époque extrême à laquelle du Fail mit la dernière main à ses *Contes*.

saignee, non pour la guerir du tout, mais soulager le patient. Il y eut à Rome un Empirique qui promit à un Cardinal fort gouteux le guerir absolument : le Cardinal qui avoit tant veu de telles gens, lui dit que le lendemain ils en deviseroient plus amplement, pendant lequel temps il luy envoya son maistre d'hostel pour emprunter dix mil escus, auquel ce gentil guerisseur respondit estre un pauvre compagnon, et n'avoir pas un bayoque [1] pour passer l'eau. La responce entenduë, retournez, dit le Cardinal, luy dire qu'il vuide [2], sur peine des estrivieres, comme un affronteur : car s'il savoit guerir de la goutte, il seroit plus riche que les Foucres d'Ausbourg [3]. Et bien, ce dit Foureau, vostre goutte est chaude : mais si elle estoit froide et stupide, comme il s'en trouve assez, vostre si rare medecine d'eau et de sel y seroit elle bonne? Ouy je vous promets, respondit Polygame, qui est pour faire enrager toutes vos maximes et theoremes, vray qu'il y faut mesler quelque chose qui ne couste pas beaucoup, comme de la cendre de fousteau [4], de fresne, ou de metaux bien preparez. Je sçay bien qu'il y en a qui ont jugé la goutte estre une froideur et congelation

---

1. Monnaie romaine qui vaut à peu près un sou.
2. Sous-entendu : les lieux ; qu'il s'en aille.
3. V. Bayle, art. *Fugger*. C'étaient de riches joailliers d'Augsbourg. Dans sa première épître écrite d'Italie à l'évêque de Maillezais, Rabelais parle de Philippe Strozzi « duquel les biens ne sont petits ; car, après les *Fourques* d'Augsbourg, en Allemagne, il est estimé le plus riche marchand de la chrétienté. » Il parle encore des Fourques, à la fin du chap. VIII du premier livre de *Gargantua*.
4. Hêtre.

de sang, qui cause et nourrist la debilitation et foiblesse des membres, asseurans que l'eau n'y vaut rien du tout, non plus que la diette affamee, ou medecine laxative : mais bien faire grand'chere, et tenir les vaisseaux du corps bien pleins et refaits de bon vin et vivres à l'equipolent, quelle opinion venue des Alemans avec leurs sueurs, s'en va gaigner le prix contre l'erreur antique : mais le patient cognoist mieux ce qui luy est propre et necessaire, pour eschauffer ou refroidir sa douleur, sans s'amuser aux divers conseils et recettes que luy donnent ceux qui le viennent visiter. Euripide à ce propos dit qu'il ne craint point tant la mesme maladie, comme les redites et repetitions de mots qu'il faut faire à ceux qui le voyent, l'enquerans, combien de tems y a il que vous estes malade, comment est venu le mal, avez vous esté purgé, vous ennuye il beaucoup, la teste vous fait elle mal, allez vous bien à vos affaires, et autres interrogatoires, dont les mal entendus font la guerre au pauvre patient, qui est contraint leur respondre, s'il n'a donné ordre de les faire advertir qu'il ne soit importuné, ouy, nenny, nenny, ouy. Je leur mettrois un baloy[1] au pied de mon lict, dit Eutrapel, comme fit une femme du Puis du Mesnil de Rennes, laquelle estant en plein champ de bataille d'injures verbales avec sa voisine : et voyant n'avoir plus de poudre d'invectives pour tirer et se defendre, mit un baloy à sa fenestre, en disant selon le patois du pays, *Palle va olu*[2]. Dom Robert

---

1. Balai. — 2. Parles à celui-ci (?).

Jouant de la paroisse de sainct Erblon près Rennes, encore qu'il eust la mort entre les dents, estoit fort pressé d'une Damoiselle à respondre comme il se portoit, et entre autres, s'il avoit rien prins ce jour là : ouy, dit il, j'ay prins ce matin une mouche qui bruyoit autour de mon lict. Me souvient aussi de maistre Jean le Clerc Chanoine de Dol, lequel estoit persecuté de la goutte (peut estre qu'elle estoit venue de la fievre de Dol [1]) autant qu'homme de son mestier pouvoit estre. Son Curé de Mordelle le vint voir, et voulant à son jugement le resjouir, luy demanda s'il estoit aussi malade comme il avoit entendu par les chemins. Vertu Sainct George, dit le Chanoine, qui tordoit la gueule comme le Diable qui escrit le caquet des femmes, derriere Sainct Martin [2], ne le vois tu pas bien ? Ha, respondit le Curé, l'on ne meurt pas volontiers de la goutte : il est bien vray qu'elle fait grand mal, mais elle ne dure pas. Mordienne, s'escria le goutteux, qui escumoit et maugrèoit Dieu comme un chartier, bourde [3], si j'empoigne

---

1. Dol est située dans une plaine marécageuse encore imparfaitement desséchée aujourd'hui. Il est plusieurs fois question d'ordonnances et de jugements à propos de ces marais dans les *Mémoires et actes du parlement de Bretagne*, de notre auteur.
2. Cette image est tirée d'une historiette de la *Légende dorée* de Jacques de Voragine. Rabelais y a fait aussi allusion. Elle a été mise plusieurs fois en vers et en prose, traduite en peinture et en tapisseries. M. Champfleury a donné la figure d'une de ces tapisseries dans son *Histoire de la Caricature au moyen âge*.
3. M. Guichard met ici : *comme un chartier bourbé*. Je n'ai trouvé ce texte dans aucune des éditions que j'ai collationnées, je ne crois donc pas devoir le considérer comme

un baston, va dehors vilain, mastin à gros poil, que la bosse [1] d'yver te puisse coupper la gorge. M'aist dieux, respondoit le Sacerdot, amoncelant les levres ensemble, et faisant le petit bec, vous n'aurez de long temps la pipe pleine, puis que vous n'avez que la goutte [2]. Quelle mine à vostre advis fit lors ce miserable gouteux : je le vous diray. Sans se souvenir de son mal, vaincu par une concution vehemente de ses esprits vitaux furieusement desbridez, il se leve, prend un baston, court plus de cinquante pas après ce maistre Curé, auquel il donna personnellement, en sa presence, et en nom privé [3] cinq ou six bons et notables coups de baston. Depuis luy ay ouy dire et affermer, que lors [4] de sa course il ne sentoit aucun mal, comme l'on dit de la femme de Glaume [5] Truant de Tremerel, laquelle sur le point de mourir, voïant le bon homme Glaume monté à la bonne foy sur sa chambriere, reprint ses esprits, en disant : Ha meschant, je ne suis pas encore si bas

---

une *Variante*. *Bourde !* est l'exclamation de début du malcontent goutteux.

1. On appelait *bosse* toute espèce de tumeur et spécialement le bubon précurseur de la peste ; je ne vois guère comme *bosse d'hiver* prenant son homme à la gorge que l'angine et l'esquinancie. V. pour ces imprécations le chapitre de l'*Apologie pour Hérodote* sur les blasphèmes et maudissons.

2. Le sacerdot, le prêtre, continua sa plaisanterie, qui n'est pas du meilleur goût. Il joue sur les mots. La pipe était une tonne de la valeur de deux pièces.

3. C'est ainsi que juridiquement on délivrait les exploits.

4. Le mot *lors* manque dans les éditions postérieures à 1585.

5. Guillaume.

comme tu pensois, mercy Dieu madame la truande vous irez dehors tout à ceste heure [1]. Semblable chose estoit survenue au fils de Crœsus muet, lequel voïant le poignard sur la gorge de son pere dit (et lors se rompit le filet qui empeschoit sa langue) ne le tuez pas, c'est le Roy Crœsus [2]. Lupolde dit que le mestayer de la Herissaie malade à deux doigts près de la mort, ne fut remis et restitué en sa premiere santé, que par une cholere de voir son valet petit Jean couper d'un cousteau bien tranchant et affilé, de grand's lesches et lopins [3] de pain, et beaucoup plus qu'il n'en falloit pour le disner de son tinel [4] et famille : dequoy fasché à outrance, après avoir craché de courroux force escume gluante, et gros sanglots [5] qui luy estoupoient [6] les conduits (car nous vivrions longues annees, si les canaux et tuyaux de nostre corps n'estoient empeschez et bouschez) reprint par ce moyen ses esprits, qui ja prenoient un nouveau

---

1. Grécourt a mis ce conte en vers.
2. Cette légende a toujours fait notre admiration. Bien des gens n'ont pas réfléchi au miracle qu'elle suppose. Qu'un muet recouvre tout d'un coup l'usage de la parole, par une opération chirurgicale ou par un accident qui en tient lieu, il n'y a là rien de surprenant; mais qu'immédiatement il sache exprimer sa pensée dans une langue inconnue pour lui, qu'il n'a jamais parlée, c'est là qu'est l'étrange et le miraculeux.
3. Tranches et morceaux.
4. *Tinel* est proprement la salle basse où mangeaient les domestiques. Le mot représente ici toute la domesticité du métayer.
5. Caillots de sang.
6. Bouchaient. Étouper est encore employé, surtout dans la marine.

chemin pour s'en aller, huchant et criant à pleine teste, Paillard auras tu tantost fait, je te voudrois toy et ton coutel en la feusse dapigne [1] : saincte Marande il faut retourner au moulin, c'est autant depesché, il n'y a pain qui ne s'y en aille. [Vous sçavez, dit Polygame, l'eschange que Jupiter fit des domiciles et habitations entre mes Damoiselles l'Iraigne et la Goutte [2]. A l'Iraigne, à qui aux maisons des grands et riches on faisoit mille maux, en abbatant, baloyant, et rompant ses toiles et filets, fut assigné la maison du laboureur. Et à la Goutte, qui n'avoit que mal et tourment aux champs, les Palais et maisons des villes : où depuis bien traictee, chauffee, et nourrie, elle est demeuree, ne craignant ou redoutant aucun, fors son ennemy conjuré et mortel, appellé Exercice : car l'eau qu'on pense luy estre contraire, est sa vraye nourriture, au jugement mesme de Galen [3], parlant des maladies aquatiques.]

VI.

L'accord entre deux Gentils hommes.

Les medecins trouvent les maladies de fort dangereuse consequence, lors qu'ils ignorent

---

1. Fosse Dapigne, probablement une désignation locale connue du seigneur de la Hérissaye (du Fail) et de ses interlocuteurs.

2. Toute cette partie entre crochets qui ne fait que rappeler le chapitre IV des *Baliverneries* n'est pas dans l'édit. de 1585.

3. Galien.

la cause et source d'icelles : ainsi entre deux voisins d'un poids et d'une portee [1] y a ordinairement, s'ils n'ont l'entendement bien fait à demesler quelques particularitez et petits debats, qui à la fin s'amassent en un tourteau [2], duquel se compose une grosse et lourde querelle : comme puis peu de jours, dit Polygame, je me suis trouvé à un accord entre deux Gentils hommes de ce pays, où j'ay aprins de merveilleuses ouvertures et delicatesses pour y parvenir, et toutesfois un seul moyen que vous orrez, fut suivy. C'estoient deux voisins qui vivoient tant obscurement et cruellement les uns avec les autres, qu'ils ne communiquoient ou parloient ensemble, et ne se voyoient jamais, encore que leurs terres et heritages fussent enclavez et entrelacez les uns dedans les autres : si d'advanture ils se rencontroient en quelque lieu de neutralité, et où l'un ou l'autre n'eust lieu et puissance de commander, vous eussiez veu les difficultez, graces, et contenances tant sujettes à l'ambition, que le meilleur du temps se passoit à qui seroit le plus vaillant et outrecuidé opiniastre : et si de fortune ils estoient tellement contraints qu'il leur fallust se saluer, il y avoit du debat assez pour empescher tous les maistres arpenteurs du pays, à savoir si la main alloit au bonnet, ou si le bonnet alloit à la main : si le bot frapit le palet, ou si le palet frapit le bot [3]. Leurs serviteurs, par une mesme

1. Égaux.
2. Bloc.
3. Si le but frappait le palet ou... *Bot* et *frapit* sont façons de parler rustiques.

contreliaison et ressemblance de conditions, se mesuroient autentiquement aux qualitez et grandeurs de leurs maistres : bravoient les uns les autres, magnifioient [1] de toutes parts les races, biens, authoritez, et richesses des maisons où ils servoient, avec tel respect neantmoins, pour les defences que leurs maistres leur faisoient, que telles mines et fanfares n'outrepassoient ny alloient plus loin qu'en simples menaces, avec quelque petit mot de gueule coulé à la legere. A hardy homme, dit Eutrapel, court baston, à bon maistre hardy valet. En tout quoy aussi le babil des femmes estoit entremeslé, qui se trouvoit seu et descouvert par quelques chambrieres, qui sortoient de l'une ou l'autre maison, principalement de langage affiné dont les femmes à huis clos et en se desacoustrant au soir savent depescher toutes choses. Ainsi et par un long temps s'entretindrent ces deux maisons, chacun en son costé voulant estre deffendeur [2], trait d'un habile homme, et n'estre sujet de courir après son esteuf [3] : mais la rage de leur hypocrisie qui bruloit le meilleur de leur repos, ne souffrit longuement ceste fardee perseverance, d'autant que l'un d'eux estant à la chasse, corna

---

1. Grandissaient, exaltaient. « Un jour... il se prit à *magnifier* son singe. Mais n'est-ce pas là, dit-il, une merveilleuse espèce d'animal? Je croy que nature vouloit faire un homme quand elle le faisoit. » Bonaventure des Periers, *Nouvelle* LXXXVIII.

2. Ne pas attaquer le premier.

3. L'éteuf était la balle des joueurs de paume. On se renvoyait l'éteuf et, quand il fallait courir après le sien, c'est qu'on s'était mis dans une position difficile. La paume a fourni beaucoup de figures à la langue du seizième siècle.

en passant près la maison de son compagnon trois ou quatre fois. Le droit de la Venerie le permet, dit Brahendaye. Il ne m'en chaut, dit Polygame, il se faut esloigner le plus qu'on peut de la maison de son ennemy, si la beste n'estoit debout, encore y a il grand moyen de s'y gouverner, seroit bien le plus raisonnable ne chasser qu'en son fié¹. Mais, pour reprendre nos brisees, le seigneur de Fanfreluchon estoit absent de sa maison, et les femmes seules demeurees, plus estonnees de l'outrecuidance du Seigneur du Fossé, qu'elles n'eussent esperé et attendu : Je vous laisse à penser (*a*), qui estes embesguinez et endormis aux commandemens et complaintes de vos femmes, et leur estes contables de tout ce que vous avez fait, veu, et ouy, comme ce pauvre Fanfreluchon fut reveillé et rabroué² à son retour d'une longue ratelee de langage, et que tousjours il n'est à l'hostel quand il survient quelque affaire, qu'il n'eust seu revenir de meilleure heure, et qu'un cœur bien logé feroit bien d'autres contenances et demonstrations d'un cœur vivement attaqué : venir corner si près ? la peur qu'elle et ses femmes ont eu, et tout cela. Le pauvre homme, pour contenter cest animal, qui tailleroit bien de la besoigne à toute une armee, mais Dieu sait qui la coudroit, faisoit bien du fasché, se promenant à grands pas en la sale, avec de

---

a. Var. : *Je laisse à penser à vous.*

1. Fief ; sur ses terres.
2. Apostrophé. Le mot a été très-employé et n'est pas encore tout-à-fait tombé en désuétude.

grands coups de poin dont il battoit une pauvre table, hem! qu'il en tueroit dix de la chandelle, et vingt du chandelier, et que ce n'estoit pas tout un. Cela apaisa aucunement le courroux des femmes, car elles sont aisees à revenir, pourveu qu'on ne leur die leur verité. Mais entre les hommes se recommençoient de toutes parts leurs vieilles querelles, et ja les cendres d'icelles quelque peu amorties se ralumoient, au souffle des divers raports que l'on faisoit des uns aux autres : toutefois un tiers voisin de tous deux, Gentil homme accort, bien nourry, et honneste y mit la main, les meschans envieux en rioient, et en estoient bien aises, les bons au contraire : et y employa tant d'allees et venues, qu'ils resolurent se trouver en un lieu pour accorder. Le Seigneur du Fossé y envoya un vieux conteur de races [1] et maistre d'hostel, qui avoit ses patenostres pendues à sa ceinture, et un petit baston à crochet, pour s'appuier : lequel fit le veau fort pertinemment, voulant mettre en question lequel parleroit le premier, et faire de grands preparatifs, comme aux difficultez qui se meuvent sur les pourparlers de guerres et pacifications des Roys et Princes : mesme il demanda à boire, voulant representer, disoit il, le rang de son maistre. Et quant à vous, Procureur du Seigneur de Fanfreluchon, n'ay à besoigner avec vous, je feray ce que je doy, ayant une partie legitime. C'est mal commencé, dit le Seigneur Ingrand (qui estoit le tiers et moyenneur) il faut de tout faire une fricassee

---

1. Compteur de races ? généalogiste ?

broche mautaillee [1], et ne rien aigrir : les serviteurs le plus souvent brouillent les affaires de leurs maistres, pour contrefaire les bons valets, le jeu ne vaut pas la chandelle, le debat est meu entre deux voisins, gens de bien et de vertu voirement [2] : mais bien interrogez ne sauroient dire pourquoy, ne à quelle occasion, sinon qu'ils sont trop riches et puissans. Y a danger que Dieu par un prejudice ne leur face sentir le peu de devoir qu'ils font en la dispensation de leurs biens, les employans aux usages et conduites de je ne say quelles folles hautesses, mal prinses et pirement entendues. Autre chose seroit si l'un d'eux estoit quelque vilain enrichi, qui voudroit entreprendre et contre quarrer un Gentil homme : mais estans d'une mesme condition, bonne race, et but à but, il les faut accorder : car au fond, il n'y va que faute d'amitié, et d'avoir hanté bonnes et grandes compagnies. Je suis leur parent, et m'est loisible tout dire et librement : voicy ce que j'ay advisé, car à ce que je voy, il faut traiter cecy comme une ceremonie de grande importance, et sur tout que les femmes ayent occasion se contenter, pour le moins ne se regarder de travers. Mademoiselle du Fossé ira Dimanche en une telle Eglise, où elle trouvera au banc qui est vis à vis l'autel nostre Dame, et auquel l'une ne l'autre n'a droit de s'assoir et agenouiller, la Damoiselle de Fanfreluchon, et là se donneront le bon jour, avec quelques prieres de toutes parts de prendre la place plus

---

1. Nous disons aujourd'hui cote mal taillée.
2. Également.

proche de la muraille, comme estant la grandeur. La Messe dite, celle de Fanfreluchon se levera la premiere, et toutes deux ensemble, se tenans par les mains, iront jusqu'au milieu de l'Eglise, où un Gentil homme viendra faire la reverence à ladicte de Fanfreluchon, faisant mine de parler avec elle en secret : cependant celle du Fossé passera le guichet seule, car il seroit trop estroit pour elles deux, notamment en ceste saison, où elles portent de gros culs hipocritez et rembourez contre les loix de leur Fessine [1]. Ceste bonne Dame entrera dedans le cimetiere [2], où elle sera trouvee par la Damoiselle de Fanfreluchon, et elles deux au milieu d'iceluy, en lieu où ne soit le chemin ne de l'une ne de l'autre, après s'estre baisees, et donné respectivement chacune son coup de groin [3], prendront congé, et se retireront chacune en sa chacuniere. Quant aux Gentils hommes qui les conduiront, ils iront comme ils pourront et sans ordre, en forme de gens de guerre après avoir conduit leur Enseigne, et là boiront pinte à la taverne, si bon leur semble, et riront, sobrement toutes fois, du mal

---

1. Contribution à l'histoire de la mode et du factice dans la toilette des femmes. La *Satyre Ménippée* parle aussi de ces gros culs. En 1563 parurent les *Blasons des Basquines et Vertugales*. C'étaient ces vertugales, espèces de gros bourlets, qu'on appelait *culs*. H. Estienne (*Du nouveau langage français*) dit que de son temps quand une dame demandait son bourlet pour sortir, elle disait : *Apportez-moi mon cul*. V. aussi l'*Histoire de la Crinoline* par M. Alb. de la Fizelière.

2. Qui, dans ces campagnes, se trouve à côté de l'église.

3. Façon grossière d'exprimer l'accolade.

de leurs maîtresses. Au sortir du bourg, le Seigneur de Fanfreluchon bien monté, et l'oiseau sur le poin [1], rencontrera celle du Fossé, et la saluant, fera excuse que de plus près ne peut luy donner le bonjour, pour l'empeschement de leurs chevaux, et prendra le chemin avec elle, la conduisant jusques à un trait d'arquebuse près sa maison : où lors qu'il se voudra retirer, et prendre congé d'elle, surviendra Monsieur du Fossé se promenant, lequel sur telles entrefaites priera le Seigneur de Fanfreluchon prendre son disner avec luy, attendu qu'il est près, et qu'il est desja fort haute heure. Quoy fait, le Seigneur des Orades, auquel je renvoie l'execution du present arrest, viendra à la traverse, comme vous voyez aux Comedies Mercure survenir à l'improviste : et parce qu'il est le plus ancien, les fera s'entr'embrasser, disner ensemble, et boire les uns aux autres à carous [2], à fer esmoulu [3], et au reste les parties envoiees hors de cour et de procés. Il fut ainsi fait et executé, et estans ainsi desliez, deschevillez, et purgez sont les plus grands amis du monde. A qui voulez vous tenir et avoir procés, dit Lupolde, sinon à ceux qui vous sont voisins? à quel propos iray je plaider avec un estranger? il faut bien que

---

1. Le faucon, signe de noblesse.
2. Le Roux écrit *carousse*, *faire carousse* et prétend que cela signifie boire à l'allemande, c'est-à-dire trop, et dériverait de *garaus*, dans la locution *garaus machen*, donner le coup de grâce, combler la mesure. Regnier, La Fontaine mettent deux *r*. M. Littré adopte cette orthographe.
3. A outrance. Fait pléonasme avec *à carous*. Le combat à fer émoulu était sérieux en ce que les armes étaient aiguisées.

ce soit à ceux qui me sont parens, lesquels ont toutes prochaines occasions de me tenir un tort. Achilles lors qu'il eut perdu sa garce Briseis, se plaignant d'estre venu à la guerre de si loin, rien plus n'allegua, sinon que les bœufs et moutons des Troyens n'avoient onc mangé l'herbe de ses pastures, consequemment qu'il estoit sans occasion de les quereller [1]. Il est bien heureux, dit le Sieur de Launay Peraut, qui a un bon voisin, et qui le sait bien manier, entretenir, et prendre ses conditions en bonne part. Quand Themistocles vendit sa maison, il fit crier par la trompette, afin de la vendre plus cher, qu'elle estoit près de bons voisins [2] : et au rebours bien infortuné et malheureux est celuy qui a un fascheux voisin. Voilà pourquoy Vergile dit que de par le Diable Mantouë estoit trop près des fauxbourgs de Cremone [3]. Lupolde dit qu'il ne fut onc bonne chanson chantee, se visiter et familiariser ainsi avec ses voisins, et qu'en tout cela n'y a pas grand acquest, le savoir plus par experience que par raison : car il est escrit entr'-aymons nous, entre-hantons nous. Mais Satan, qui est toujours pendu à nos oreilles pour nous faire choir, l'empesche. *Omnia interturbat* (a) *Davus*, ce belistre ne peut estre chassé que par l'invocation du nom de Dieu, conjoincte à la bonne vie. C'est bien dit, dit Polygame : mais

a. Var. : *inturbat*; (1585) Dans *l'Andrienne* Dave dit : *jam perturbavi omnia*.

1. V. *Iliade*, chant Ier.
2. Plutarque. *Vie de Thémistocles*.
3. *Bucoliques*, églogue IX.
    Mantua væ miseræ nimium vicina Cremonæ.

comme dit l'Ecclesiastique, toutes les œuvres du souverain sont accomplies (a) et jointes deux à deux, l'une à l'opposite de l'autre : par la providence duquel un meschant a en teste un enragé : un fol, un demoniaque : un glorieux, un ambitieux, qui le serre de court : et, comme dit en quelque lieu Seneque, chacun a son Juge et Contre-roole près de soy, voire jusques dedans son hostel. [Tesmoin un Joueigneur [1] ou puisné d'une bonne maison, qui, revenu de la guerre, estant de genoux en une Esglise, au banc d'une maison que son aisné avoit puis peu de jours vendue à un soi disant noble, qui ne se voulut, ou daigna onc lever à la venue de l'acheteur : ains luy dit que le banc et sepulcre de ses predecesseurs, qui, estans dessous, ne se pouvoient prescrire en son prejudice, comme choses qui ne se peuvent vendre. L'acheteur dit que, Foy de Gentil homme, il sortiroit de là. Le puisné repart, dit que pour avoir esté son pere grand annobli, et n'avoir, ne son pere après, entré en possession de Noblesse; ains fait actes mechaniques : que pour estre annobli, n'estoit pour tout ce, Gentil homme. Le Roy Louis XI disoit qu'il annobliroit assez, mais n'estre en sa puissance faire un Gentil homme [2] : cela venant de

---

a. Var. : *accouplées*.

1. *Junior*, le plus jeune.
2. Il en fit cependant, si l'on en croit cette anecdote rapportée par Duclos, *Histoire de Louis XI* : Un marchand, maître Jean, qu'il recevait parfois à sa table, s'avisa de lui demander des lettres de noblesse. Il les lui accorda et ne le regarda plus, maître Jean s'en plaignit. Louis XI répondit : « Allez, M. le gentilhomme, quand je vous fai-

trop loing, et de rare vertu. Finalement sur un desmentir ce puisné tua ce nouveau enrichi, dont il eut sa grace fort aisement, depuis enterinee.]

VII.

Jugemens et suytes de Procés.

Eutrapel dit qu'il y avoit un proces meu par devant le Juge de Vitré à Rennes : le demandeur disant, ce cheval icy est à moy : le defendeur au contraire, qu'il avoit menty, et qu'il estoit à luy. Le demandeur par ses moyens soustenoit qu'il avoit nourry le cheval en tel, et en tel lieu : le defendeur aussi de sa part maintenoit qu'il l'avoit nourry en tel et en tel autre lieu : et demandoient de chacune part despens. Les preuves furent si courantes (a), et prouverent les parties si bien leurs faicts de tous costez, que les Juges travaillans sur ce qu'ils en devoient ordonner, furent contraints escrire les deux lettres N. L. *Non liquere*, qui est à dire, comme disoient les anciens, je n'y entens rien, ou à refaire, venez en personne à cent ans d'icy, on jugera vostre proces, comme il fut fait en Athenes. Dont l'on a tiré ce mot de *quousque* au jugement des proces criminels. Lupolde dit qu'en tels cas *potior est conditio defensoris* : ce

a. Var. : *Concluantes* (1603).

sais asseoir à ma table je vous regardais comme le premier de votre condition; mais aujourd'hui que vous en êtes le dernier, je ferais injure aux autres si je vous faisais la même faveur. »

que pratiqua Maximilian et ses successeurs pour le regard du Royaume de Navarre, où ils n'ont aucun droit qu'une possession violente. Hautierre vouloit qu'on eust suivy l'advis d'Octavius en mesmes termes, et en semblable difficulté de preuves. C'estoit du bon temps, dit Lupolde, que les Roys et Empereurs jugeoient les differens et proces de leurs sujets : ce bon Prince fit bander les yeux d'un cheval contre-advoué [1], et iceluy conduire près du lieu où le demandeur disoit l'avoir nourry. Le cheval ayant senty l'air de sa naissance un peu haussant le museau, couru (a), gambadé, et ruadé à son plaisir, s'en alla droit à l'estable, où il avoit esté veritablement nourry, et qui plus est à son creneau, et à la place accoustumee. Le defendeur se retira chez luy, ou demeura par les chemins s'il voulut, avec un pied de nez. Il me souvient, dit Lupolde, d'un païsant de la paroisse de Partenay, joignant à la maison de la Coustardiere, appellé Glaume, je dirois bien Guillaume, de la Perriere, lequel a un pigeon de palette [2], plus de dix ans sont qu'il luy paye tous les ans son foüage [3] et tailles et au de là :

a. Var. : *Couavé* (1603 et suiv.), remué la queue (si le mot n'est pas une simple faute d'impression).

1. Contesté, terme juridique.
2. Pigeon voyageur. D'Aubigné, *Histoire universelle*, dit que c'est au siége de Harlem (1572) que l'usage de ces pigeons fut pratiqué pour la première fois ; mais Rabelais ne cite-t-il pas les pigeons comme ayant été employés par Pantagruel pour correspondre avec son père Gargantua, sans parler des preuves qu'on a de cette habitude chez les anciens Asiatiques ?
3. Impôt payé au seigneur par chaque feu ; ainsi appelé,

car il porte son gros pigeon paté [1] tantost à Montfort, tantost à Bescherel, ou Rouville : là il le vend ce qu'il veut, sans difficulté, parce qu'il est beau, et propre pour tenir en la maison [2] : mais le paillard n'a pas esté un jour chez son acheteur, qui (a) que soit, jusqu'à ce qu'on ne luy donne plus de grain à manger, qu'il ne s'en revienne à son maistre : et luy ay ouy dire et jurer qu'il l'avoit vendu plus de cent fois, tousjours cinq ou six souls pour le moins, car c'est un pigeon de la grand' race, et un menager perpetuel [3]. Que si quelqu'un l'en mettoit en proces, comme *etiam pro uno ovo datur actio*, comme dit Accurse, il respondit (b), prenez le, si vous pouvez, *animal sit pro noxa* : mais ils n'avoient garde, car *habebat semper animum revertendi* : comme Pierre Guichard, quand enterrant l'une de ses femmes, il ne songeoit qu'à se remarier et en recouvrer une autre, vray que à la derniere il avoit esté trompé : car ne songeant qu'elle deust mourir, et prins sans verd, il n'avoit pensé à faire sa provision. Il est aussi bon faire un tel procès, dit Maistre Antoine Thomas, comme celuy d'un Estourneau, dont

a. Var. : *quoy que soit*.
b. Var. : *respondoit*.

dit du Cange, *foagium*, « car ceux le paient principalement qui tiennent feu et lieu. »
1. Nous disons maintenant *pattu*.
2. Il y a un proverbe qui dit :
   Qui veut tenir nette sa maison
   N'y tienne ni femme, ni prêtre, ni pigeon.
3. Les éleveurs de pigeons disent encore qu'ils *travaillent* beaucoup lorsqu'ils ne laissent aucun intervalle entre les couvées.

parle Chassaneus [1], pour le regard duquel on plaida en premiere instance, plus de je ne scay combien, devant l'Evesque d'Autun, et par appel et longues suites et annees devant le Primat de Lyon, et de là à Rome. Les uns disent que le jeu ne vaut pas la chandelle, les autres que c'estoit le plaisir d'un grand Seigneur, et qui aimoit l'oiseau : les autres qu'il convenoit mieux que cestuy cy l'eust, que l'autre : bref chacun en disoit sa ratelee [2], comme fit Pipaut de la taille, où il n'estoit imposé qu'un denier. Polygame repliqua que le maistre de Cyrus pour essayer le jugement de son disciple, luy fit ceste question : Il y avoit deux hommes, l'un grand et l'autre petit, le grand avoit une robe courte, et le petit une fort longue : j'ai ordonné qu'ils changeroient de robe, dit le maistre, ay je bien jugé ? ouy [3], respondit Cyrus promptement et de galant homme. Non ay, repliqua le maistre, car tel jugement est injuste et desraisonnable, et pour vous apprendre à faire droit et rendre Justice equitablement à chacun et egalement, vous serez fouetté pour vous en ressouvenir. C'est,

---

1. Barthélemi Chasseneu ou Chasseneuz, suivant Brunet, jurisconsulte (1480-1541) : Quelques-uns écrivent de Chasseneux et d'autres de Chassemeux. L'édition de 1585 met *Chassameus*. Il était de l'Autunois et publia un traité des *Coutumes de Bourgogne*.

2. Fort usité. Comme nous disons parfois, un tas, une botte, pour une grande quantité.

3. La citation n'est pas tout à fait exacte. V. *Cyropédie*, c. III. C'est Cyrus lui-même qui prononce le jugement entre deux écoliers et qui est tancé pour n'avoir pas compris que, quoique la grande robe aille au plus grand, il n'est pas juste de la lui attribuer si réellement elle appartient au plus petit à qui il l'a enlevée.

dit Eutrapel, comme d'un Conseiller, qui dit, Messieurs je serois bien d'avis que l'accusé fust absous ; mais puis que le bourreau est venu il vaut mieux qu'il soit pendu, au moins il n'y retournera pas. Aussi joieux, dit Lupolde, d'un Advocat plaidant une cause d'appel sur la recreance[1] d'un benefice : Messieurs, dit il, le meilleur et plus apparent titre que j'aye en mon sac, est que ma partie en se levant du lit void le clocher de la Cure dont est question. Que si on objecte quelque simonie, et qu'il y ait vente et bourse desliee au contrat et marché du benefice, je soustien estre acheteur de bonne foy : mesme qu'il ne faut plus douter de la validité de tels et semblables actes, qui ont ja passé en force de chose jugee, *et hoc jure utimur*. Il est aussi bon, dit Polygame, comme d'un Gentil homme de ce païs, qui avoit nouvellement fait rebastir un gibet pour avoir haut et bas la cheminee, qui fut tant solicité par les importunemens (a) de sa femme, qu'il lui promit faire voir pendre un homme à iceluy, d'autant qu'elle n'avoit onc veu tel passetemps[2], comme elle disoit, ce qu'elle desiroit sur toutes choses : et pour complaire à telles importunitez, car autrement elle lui eust fait le groin[3], plus de deux lieues à pied, il s'advisa d'un pauvre compagnon sien

a. Var. : *importunitez* (1603).

1. En droit canon, jouissance provisionnelle des revenus d'un bénéfice en litige, Littré, *Dictionnaire historique de la langue française*.
2. Bon ! cela fait toujours passer une heure ou deux, comme dit le bon juge Dandin.
3. La moue, mauvais visage.

voisin, qui lui desroboit par fois quelque peu de bois pour soy chauffer, quelques pommes, et peut estre des poires, qu'il le mettroit en procès criminel : ce qui fut fait, tesmoins pour cet effect administrez, et si fut escrit et raporté par le greffier, Ha ! gens de bien, je ne vous puis voir, mon chappeau est percé : que l'accusé confessoit tout, en avoit bien fait d'autres, qu'il avoit aussi desrobé des prunes, et tellement exploité, que pour gratifier[1] la Damoiselle, ce pauvre païsant fut pendu : et pour le reconfronter, le Prestre de la maison luy disoit, estant ja en l'eschelle, Mon amy, ce t'est un grand honneur d'estre le premier pendu à ceste belle Justice toute neufve, joint le grand plaisir que tu donneras à ma Damoiselle, qui autrement seroit en grand danger de perdre son enfant : y a plus, car on chantera pour toy à gorge deployee, et une bonne mine[2] de bled pour ta femme et enfans. A ceste charge fit le pauvret le saut perilleux, où il demeura accroché au lacs courant. Mais depuis quelque voisin s'estant esveillé, en advertit la Cour souveraine, qui renversa tel inique jugement, et fut le Gentil homme, outre la privation de sa haute Justice, condamné en grosses amendes[3]. Ne tarda pas long temps, qu'un autre Juge, pour avoir fait executer de mort un Italien, accusé d'homicide, qui au lieu de dire, j'en appelle, avoit dit, *ad vires Apostolicas*, fut condamné en autres grosses amendes,

1. Faire plaisir à ...
2. Cette mesure valait la moitié d'un setier, c'est-à-dire environ 70 litres.
3. La punition est-elle aussi authentique que le fait ?

et privé de son estat, pour deux raisons : la premiere que le mot *ad vires* estoit assez significatif, que le condamné se plaignoit de la sentence, auquel cas faut demeurer là, pour en estre l'effect suspensif, et fust il prononcé par un tiers, et bien vueillant : la seconde, que le Juge n'avoit gardé les formes requises en l'instruction du procès, par s'estre hasté *nam præcipitatio est judiciorum noverca*, pour avoir et butiner les hardes du condamné, qui de sa part les avoit pillees et volees pendant les troubles et malheureuses guerres dernieres. Nous en sommes bien, dit Eutrapel, ils moururent toutesfois, et ne leur servirent non plus ces belles amendes, qu'à ce Capitaine Gascon, auquel un President de Tholose dit que la Cour lui faisoit grace, d'avoir seulement la teste tranchee, attendu qu'il avoit bien merité la rouë, lequel respondit qu'il donneroit bien le reste pour un viedaze[1] : me souvenant des grands Princes, qui gagent[2] la vie de cinquante mille hommes, où ils ne couchent rien du leur, resemblans au Singe qui tire les chastaignes de sous la braise avec la patte du levrier endormy au fouyer[3]. Polygame dit lors, pour reprendre les erres du proces de l'estourneau, avoir assez cogneu d'hommes tenant de ce naturel bigearre[4], qui pour une

---

1. Expression à double sens. La traduction honnête est visage d'âne.
2. Risquent.
3. Le levrier n'est-il pas mieux choisi que le chat dans cette occasion ? Le chat est bien malin pour travailler au profit d'un autre. C'est une objection à La Fontaine.
4. On a écrit *bigerre, bigearre, bijarre, bisarre* et enfin

chose legere et de presque nulle valuë[1] s'esmouvoient et tourmentoient assez, eussent ils perdu tout le leur : et au contraire en cas d'importance ils demouroient affables, doux, et amiables, ressemblans aux femmes, qui brulent une chandelle d'un douzain, pour chercher un pezon, qui vaut bien maille[2]. Le Pape Clement[3] eust surpassé tous les grands de son temps, comme dit quelqu'un, s'il ne se fust tant opiniastrement arresté aux choses basses et de peu d'effect. Se dit à ce propos, que l'Empereur Titus[4] se faschoit infiniment si on le divertissoit à quelque affaire, lors qu'il prenoit les mousches si elegamment avec la pointe d'un poinçon. A ceste occasion les Atheniens appelloient ceux qui dressoient querelles, et instituoient proces pour peu de chose, du mot Grec Συκοφάντες tiré de σῦκον, qui signifie figue, comme d'un rien et de neant. Cecy servira à un marchant de ce pays, lequel s'aheurta[5] tellement allant à la foire de la Guibray, avec son hoste, au pays de Normandie, qu'il ayma mieux laisser ses compagnons, que faillir à demander au Juge du lieu, la raison de

---

bizarre de l'espagnol bizarro, brave, magnanime, et, par moquerie, vaillant à contre-temps.

1. Valeur. On n'emploie plus ce mot que dans plus value. J. B. Rousseau s'en est cependant servi dans le sens ancien.

2. M. Le Roux de Lincy, Livre des proverbes français, donne cette version plus moderne : Brûler une chandelle de trois sous pour chercher une épingle dont le quarteron ne vaut qu'un sou.

3. Jules de Médicis, pape sous le nom de Clément VII.

4. Titus, mais Titus Flavius Domitianus. V. Suétone, Vie de Domitien.

5. Se buta.

son hoste qui lui surhaussoit le prix des vivres de deux souls par escot, plus qu'il n'appartenoit, cas qui requeroit police et celerité tout ensemble : demandoit que le Procureur fiscal se fust joinct avec lui pour son interest, car pour le regard du sien il protestoit demeurer sur les bras et depense de son hoste, comme est la coutume d'Alemagne, où le creancier à faute d'estre payé au jour dit, se va loger en la meilleure hostelerie, y boit, mange, et fait grand' chère aux despens de son debiteur (a) jusqu'à l'entier payement. Et de toutes ses belles conclusions luy fut dressé un beau libelle par un advocat qui poussa aux roues, comme il n'y a si meschante cause, qui ne trouve un protecteur. L'hoste se deffendit par belles negatives, qui sont les plus coustumieres à telles gens, protesta aussi de protester plus amplement et toutes autres exceptions pertinentes et de Droict. Le Juge en voulut aussi manger sa part, alongea un peu le bras de Justice en faveur du pays : jusqu'à ce que les compagnons marchands revenans de la foire au bout de huict jours, et qui avoient très bien fait leurs besongnes et emploites [1], trouverent nostre plaideur, lequel au jour mesme avoit eu sentence, par laquelle les parties estoient mises hors de cour et proces, sans despens, avec injonction à l'hoste de bien traiter les marchands, et à eux, de bien payer.

a. Var. : *debteur ; deteur.*

1. Emplettes.

VIII.

Des Pages et un Capitaine.

Un Gentil homme de ce pays ayant longuement suyvy les guerres sous ce vaillant homme, tant renommé, le Capitaine Bayard, fit pendant une treve, un voiage par deça pour visiter sa maison, parens, et amis. Estant donc sur les marches [1] du Maine, prest d'entrer en Bretagne, entendant que le Seigneur comte de la Val [2] qui mourut à la Gravelle l'an mil cinq cens trente deux, estoit en sa ville de Vitré, ne voulut perdre l'occasion de le saluer, et faire la reverence, conter des nouvelles de la guerre, et par consequence se faire cognoistre à luy. Estant descendu à son hostelerie, accoustré comme estoit sa coustume, tout de bigarrures, et hors la façon commune s'achemina vers le Chasteau, en la cour et entree duquel il trouva plusieurs jeunes hommes, tant pages qu'autres, folastrant et empeschez à plusieurs offices et devoirs, tels qu'on peut estimer en telles scientifiques et devotes personnes. Et parce qu'ils virent ce nouveau incogneu, accoustré à la nouvelle mode, une longue queuë de renard entortillee à son chapeau fait à l'Albanesque, penserent bien avoir trouvé leur homme, la feve au gasteau, et quelque casanier mal nourry. Luy cognoissant et

---

1. Confins.
2. Guy XVI, comte de Laval, baron de Vitré, gouverneur et amiral de Bretagne.

contremirant l'humeur de ce sainct college de notables docteurs, fit plus le grossier et lourdaut, haussant sa ceinture à my-corps, frappant et joüant des doigts sur le pommeau de son espee, sublant ou sifflant (lequel que l'on voudra, ou tous deux) un chanson du pays fort harmonieusement. S'estant telle jeunesse amassee alentour de luy, comme un vendeur de theriaque [1], les uns tiroient sa casaque, et tandis qu'il s'en vouloit defendre, un autre le tiroit par le costé. En toutes lesquelles fantasies et sages operations il prenoit le plus grand plaisir qu'il pouvoit, toutesfois se desmarchant [2] il leur monstra un peu la dent, et que le jeu trop ennuyé [3] ne luy plaisoit : leur disant en langage de sa nativité, qui estoit le Lambalois [4] : Save quo li a, je vous taperé des soufflets, oay. Et bien, mon amy, luy demanda l'un d'eux, qui faisoit bien le suffisant, le quant à moy, et se cuidant bien valoir quelque chose par sus les autres, qui vous meine en ce pays ? Par ma fé, mon deux [5] amy, mon fiston [6],

---

1. Plus tard on a dit marchand d'orviétan. La thériaque était alors la panacée par excellence, même ailleurs que chez les charlatans. Il y avait la *thériaque d'Andromaque* et la *thériaque de Mésué* ou *Diatessaron*, dite aussi *thériaque des pauvres*. Je lis dans un vieux traité de médecine populaire que les paysans en faisaient *comme une selle à tous chevaux* et se guérissaient eux et leurs bêtes par son moyen de toutes leurs maladies.

2. S'éloignent.

3. Uniforme.
   L'ennui naquit un jour de l'uniformité.
Ne devrait-on pas chercher de ce côté l'étymologie d'ennui si contestée ?

4. De Lamballe.

5. Doux. — 6. Mot de l'argot parisien actuel.

c'estoit me mere, qui m'a icy envoyé querir ine place d'archer, pour may et pour mes hers [1], ou in autre office. Voilà qui va bien, fit bonne mine à un autre des plus rebrassez, entretenez ce venerable archer, tandis que j'en irai faire le raport à Monsieur, lequel lui commanda qu'on fit monter ce gentil poursuyvant d'office : et en l'instant voicy entrer en la salle ce Gentil homme, suivy de toute la brigade bien eschauffee, lequel, ayant faict la reverence, fut incontinent recogneu par deux ou trois Gentils hommes ses compagnons d'armes, qui assistoient et faisoient compagnie à Monsieur le Comte, auquel ils firent entendre son nom, et qui il estoit : ce qu'ayant seu, luy dit en s'avançant pour le recueillir et bienveigner [2], Ha Capitaine, (il l'appela par le nom de sa maison, laquelle, comme il n'y a rien de duree, est aujourd'huy entre autres mains estrangeres) comment vous va, il y a longtemps que vostre reputation m'avoit fait souhaiter vous cognoistre, pour vous faire plaisir de bonne volonté, et agrandir vostre renommee de ce qui seroit en ma puissance. La trouppe desbauchee se voyant par icelles caresses non attendues, hors de conte, et s'estre mescontee, se voulut retirer en cachetes et tapinois : mais l'un des Escuiers en menaça les uns du fouet, et

1. Héritiers, hoirs.
2. Souhaiter la bienvenue.

<blockquote>
Mais Vénus la mère d'Enée
Fit que sa faute pardonnée
Jupiter rien n'en témoigna
Et le voyant le bienveigna.
</blockquote>

Scarron : *Typhon* ou la *Gigantomachie*, chant IV.

les plus grands de leur bien laver le nez [1], leur apprendre leur bec jaune, et à qui une autre fois ils s'adresseroient. Toutefois le capitaine supplia pour tous, qu'ils fussent excusez, leur en savoit bon gré, et que si un jeune homme n'est un peu pront et esveillé, mal aisement et à peine pourra il estre bon compagnon, et se trouver aux lieux d'honneur : que de jeune hermite, vieux Diable [2]. Au reste, parlant à eux d'une face gaillarde, qu'ils ne se souciassent de rien, et qu'il avoit pareilles assez pour se revancher. Après laquelle petite galantise remise et pardonnee, vous les eussiez veu observer et recognoistre les façons, gestes, et contenances de ce Gentil homme en tout ce qu'il disoit et faisoit, comme la vertu d'un brave homme se fait desirer et admirer en quelque lieu et forme que ce soit. Eutrapel lors se mit sur les rangs, et en voulut estre, disant qu'un Messer Venitien luy contoit un jour en la place Sainct Marc, de la France, où il avoit esté avec leur Ambassadeur : trouvoit les François gens honnestes et humains, toutesfois qu'il ne se contentoit aucunement d'une espece et genre de petits hommes qu'il avoit veu en la Cour habillez de diverses couleurs. Je ne say, disoit il, quels offices ils ont, s'ils sont des finances ou du conseil : mais ces petits diabloteaux, qu'ils appellent Pages, vous tireront tantost par la cape, puis d'un costé puis de l'autre, faisant semblant regarder ailleurs, et

---

1. Comme nous disons *laver la tête*.
2. C'est l'antithèse du proverbe : *Quand le diable devint vieux, il se fit ermite.*

demander quelle heure il est : toutesfois, disoit le preu'dhom, je les estime gens de bien et d'honneur. Lupolde dit, qu'il n'aimoit aucunement telle sorte de marchans meslez[1], d'autant qu'un jour bonnetant et courant après un secrétaire qui lui tenoit la depesche en longueur pour attraper quelque escu davantage, ils luy desroberent son chapeau plus de dix fois, et autant le rachetoit tousjours d'un douzain : mais qu'il en avoit eu bon marché, au pris d'un escholier qu'ils reconnurent, parce que huit jours devant il leur avoit fait la nique, et jetté des pierres, comme ils passoient par l'Université : neantmoins voyans qu'il estoit seul, il eschappa et en fut quitte pour demye douzaine de chiquenaudes qu'un laquais luy donna en pur don, de l'ordonnance de ce prudent Senat : car c'est un point et maxime de Droit, que les laquais se veulent comprendre, ou bien estre accessoirement joints et associez, suivant l'Edict, avec messieurs nos maistres les Pages, et ainsi avoir esté jugé. Car quand l'huissier Beaussier fit commandement ausdits laquais se taire, ne mener bruit, et ne faire la guerre aux esprons[2] appellans et intimez qui se promenent aux sales du Palais, ils demanderent bien et beau le double de sa commission, et au demeurant que leurs causes estoient commises ailleurs, où et quand ils seroient bien et deuëment adjournez, ils respondroient et non autrement, par le mystere et organe des Pages

---

1. Corneille s'est servi de cette locution dans le *Menteur*. Nous employons encore parfois *marchandise mêlée*.
2. Aux gens portant éperons.

leurs comperes et anciens confederez. Polygame dit que le mesme Capitaine, duquel cy-dessus a esté parlé, estoit marié à une fort honneste Damoiselle, mais la plus avaricieuse et chiche qui fust au pays, n'osant manger son saoul, de peur que la terre ne luy deffaillist, comme fait la taupe, il la laissoit assez faire le petit pain¹ : de son costé, faisant grand'chere, mettoit tout par escuelles, ne se souciant au reste que de ses armes et chevaux : mais, pour dire tout, il alloit aucunefois au change, disant qu'il gardoit sa femme pour les grandes festes, et qu'il ne la vouloit mettre à tous les jours : quelle proposition n'estoit pas bien aggreable à celle qui y prenoit interest personnel, encore qu'elle fust plus aagee que luy, et qu'il ne l'eust espousee que pour ses biens, et non pour ses vertus, ce qui se fait trop souvent, pepiniere et source des plus malheureux et tristes mariages : un jour se pensant bien caché, et hors la portee du canon, qu'il joüoit un peu trop familierement à l'une des Damoiselles, sa femme le print sur le fait, et lors qu'il n'y avoit plus que les ciseaux entre deux, disant : Vous excusez que je suis malade par fois, mais je veux bien que vous entendiez que la grange ne fut onc si pleine, que le baloy ne peut bien derriere l'huis : et en ce disant, luy donna deux ou trois coups sur les espaules, comme vous sçavez que jamais coup de jument ne fit mal à cheval. Luy de son costé crie à la force, au meurtre, au feu, au feu bonnes gens, au feu. Ses serviteurs à ses doleances et plaintes

---

1. Economiser son pain.

accourent à longue haleine, et sur tout son trompette, car il estoit Lieutenant d'une compagnie de gens d'armes, auquel il commande promptement monter au haut de la maison, et là trompeter et fanfarer, pour appeller tous ses voisins à son aide : lesquels incontinent à ce cry, qui estourdissoit et se faisoit ouyr de bien loin, par ce vent gresle et tempestatif, se trouverent sur le lieu equipez et embastonnez, pour le secourir, esteindre le feu, ou faire quelque autre service signalé. Ausquels, estant en rond à la façon de la guerre, il raconta son desastre et advanture : entre autres, que sa femme l'avoit battu, ce qu'onc homme n'avoit fait : et pour ceste cause les avoit fait appeller pour se [1] mettre en leur protection et sauve garde : que pour tel bien fait, afin de n'estre ingrat, les vouloit presentement festoier, ce qu'il fit : car tout ce qu'il y avoit de pain, chair, vin, et autre artillerie de gueule, fust desploié, mangé et beu : tandis que sa femme fongnoit[2] et rechignoit à pauses et demis souspirs. Toutefois cognoissant le naturel de son mary, qui ne faisoit pas cas ny estat de telles grimaces, elle descendit pour entendre d'où procedoit ceste esmeute et desbauche : ce qui lui estant raporté, et voyant que toutes ses provisions estoient mangees et despes-

---

1. Toutes les éditions portent pour *le* mettre. J'ai cru que la correction *se* était tellement indiquée qu'il fallait passer par-dessus l'exactitude *littérale*.
2. Grondait.

    Grongnars, fongnars, hongnars, je prive :
    Les biens leur sont mal employés,
       — Roger de Collerye. *Bon Temps*, ballade.

chees, craignant aussi pareil inconvenient une autre fois arriver, promit à son mary d'une contenance gaye et changee (car d'un traict (a) en matiere de femmes issent en mesme instant les pleurs et ris ensemble) ne faire jamais la fole, et qu'elle ne croiroit rien de luy, qui ne fust digne d'estre creu, ou si elle mesme ne le voyoit de ses propres yeux et en personne. En bonne foy m'amie, dit une vieille tante, qui, voyant qu'aussi bien tout estoit perdu et abandonné, avoit triomphé à bien vuider les pots, la jalousie fait plus mourir de femmes, que les femmes ne font mourir d'hommes. Helas ! les bons vauriens y prennent plaisir : mais je leur laisseroye si peu de quoy faire en leur escarcelle, et d'ancre au cornet, qu'ils ne peussent voyager ne chevaucher ailleurs. Quand cela est, l'on a beau batre les cloches devant que les paroissiens soient venus : vous m'entendez bien. [Et voudrois par souhait, que tous ces bons gallans, afin de tirer les preuves par leur bouche mesme, tinsent du naturel de Bertran Avenel, ce gentil libraire de Rennes, qui en dormant dict tout ce qu'il a veu et faict le jour : Où il a esté prins quelquefois par sa femme, mais il sçait ses defaictes, et gauchir au coup[1], disant par le conseil de son grand amy Du-Ion[2], ce docte jeune homme d'Issoudin, que ce sont resveries et songes : Et ainsi gaigne pays jusques à la premiere fois.]

a. Var. : *d'un trou* (1603 et suiv.).

1. Parer le coup.
2. Est-ce le pasteur protestant français du Jon (1545-1602) que les biographes disent né à Bourges ? mais dont la famille, dit Bayle (article *Junius*) était bien d'Issoudun.

IX.

Que les Juges doivent rendre Justice sur les lieux.

Eutrapel se presenta un beau matin devant Polygame, botté, espronné, et son cheval à la porte, prenant congé de luy, pour aller à Paris plaider, et où il avoit esté appellé à la requeste d'Hipocrates le jeune, s'arrestoit aux Juges des lieux qui cognoissoient les parties, et le mérite de leurs causes, *juxta illud, tu magis scire potes* : il beuvoit avec eux, jouoit à la paume, faisoit la musique, et autres familiaritez dont il se taisoit : conclusion, que les Juges devroient ordinairement se promener par la ville, par les marchez, et tels lieux publiques, et non resider et faire bonne mine en leurs estudes, pour entrer ausquelles y avoit plus de mal de la moitié qu'à jouer d'une mandore[1] à gauche. Alleguoit à ce propos un Juge de nostre temps, qui estoit beste de compagnie[2], lequel un jour atout sa robe de soye fut trouvé tournant la broche en la cuisine d'un Chanoine, aussi geometriquement que le chien Teion chez maistre Jacques Girard[3], ce savant Grammairien de Bourges, et ce tandis que le laquais faisant semblant aller tirer du vin,

---

1. Sorte de luth dont la mandoline et la guitare sont dérivées.
2. Terme de vénerie. Appliqué aux jeunes marcassins qui vont en troupe et, par extension, aux hommes qui aiment les réunions, la *société*, comme on dit populairement.
3. Né à Tournus, mort vers 1583.

estoit allé querir son maistre et autres chanoines, pour transumpter [1] et prendre le double de la trongne [2] de ce tourne broche, lequel, prins sur le fait, ne se soucia pas beaucoup des gausseries de telles gens, qui ont achevé et commencé leur journee dès le matin, ains pour toute peremptoire proposa qu'en matiere d'alimens il ne falloit estre trop formaliste et scrupuleux : qui devroit servir de patron à ces faiseurs de bonnes mines par les rues, qui aguignent [3] sous leur chappeau, si on les voit, s'ils marchent droit en pontificat, et si on les salue de loin : car de leur part ils sont si chiches et menagent si dextrement leurs bonnets, que s'ils rendent le salut, comme ils sont tenus, et estre la recusation pertinente, comme dit Balde, il ne m'a point resalué, qu'ils n'en toucheront que le bord. Si Cesar fust demeuré en son honnesteté, et continué à saluer les Senateurs, il n'eust pas esté massacré : et si Minuti [4] president à Tholose n'eust trop joint à sa crosse la gloire et superbe, qui est assez familiere à ceste qualité, il n'eust pas ouy l'arrest qui lui fust prononcé : Monsieur le President, la Cour ordonne que tout presentement vous irez querir le salut qu'entrant vous devez à ceste compagnie, et lequel vous avez oublié

---

1. Copier, *transsumare*. Se trouve aussi dans Rabelais.
2. Faire le portrait.
3. Regardent à la dérobée. *Guigner* dans ce sens de guetter est encore populaire.
4. Gabriel de Minut (1520-1587), auteur de plusieurs ouvrages recherchés encore aujourd'hui, surtout celui intitulé *De la beauté*..... avec la *Paule-graphie ou description des beautés d'une dame tholozaine nommée la Belle-Paule*.

derriere la porte, et n'y retournez pas. Ma foy, mon gouderuleau [1] mon amy, tu en parles bien à ton aise, dit Lupolde, devant avoir l'oreille de tels juges, la bourse n'aura que faire de curateur pour estre bien desenflee, tant par leurs serviteurs, couratiers du proces, et autres soliciteurs alternatifs, qui te meneront baudement [2] à dy ay, et hori ho [3]. Ha! bon saint Loys, dit Eutrapel, et vous le Sire de Joinville son compere, qui tous deux sur la belle herbe à l'ombre des ormeaux jugiez les proces à tous venans, où estes vous ? le bon Prince se laissoit tirer à la manche par les rues, et importuner par le simple peuple, pour leur faire droit et justice sur le champ : ce qu'il faisoit, appelez quelques personnages d'estat qui le suivoient, et les voisins. Est chose absurde, dire que le peuple ne plaidoit lors si souvent comme il fait, tesmoins en sont les vieux papiers et registres : aussi que comme dit Cornelius Tacitus, tandis que les hommes seront, il y aura tousjours des vices et querelles parmy eux, et soustien que pour contenir les sujets en amitié et obeissance du Prince, estre besoin que la Justice se face sur les lieux. Qu'ainsi ne soit, si pour le regard des

---

1. Les éditions de 1585 et 1603 portent *gouderuleau* et non *goderuleau* comme l'a transcrit Lacurne. Je crois qu'il faut se défier un peu de l'étymologie donnée par Littré au mot *godelureau* et se rappeler le *good* anglais.

2. En termes de vénerie, *bauder* c'est aboyer en poursuivant la bête. Pourquoi *baudement* ne viendrait-il pas de là plutôt que d'une prétendue transformation de *gaudement*. Ici le sens est plutôt celui de harceler que de mener joyeusement.

3. A dia et à huhaut suivant nos charretiers.

choses criminelles la peine d'un delit est principalement establie pour l'exemple et terreur du peuple : dequoy sert donc rouer un homme aux Hales de Paris, qui a esté condamné par un juge de Lyon, et où il a fait le delit : ou de quoy sert aux habitans de saint Mahé ouyr dire qu'un faussaire de leur quartier a esté pendu au bout de cohue[1] de Rennes : tout autant qu'il y a de difference à voir une chose, et d'en ouyr parler. Il me plairoit donc, et le feray quand j'auray desrobé quelque couronne ou les bottes d'un mal advisé, que Messieurs les Juges allassent de lieu en lieu, de ville en ville, rendre et faire la justice à qui on voudroit : comme les anciens François, desquels les Anglois tiennent encore beaucoup, que leurs predecesseurs normans y avoient apporté. Quant à nostre Bretaigne, il y avoit un seul Juge Seneschal, qui, se promenant par toute la Province, jugeoit sur le lieu, et sans appel, tous proces de quelque sorte et nature qu'ils fussent. Mais sur tous, les juges du Royaume de Fez triomphent : ce sont pauvres gens allans de village en village, comme font les chastreux avec leur fretel[2], ou les barbiers des champs avec leur trompe d'un baston de seu creux et cavé, jugeans et terminans les proces et querelles du peuple. Le venerable Magistrat s'assied au beau milieu de la place, sur un billot de bois, son bissac sur l'espaule, et le bas-

---

1. Lieu où se tenaient les petites justices de certaines provinces.

2. Ou *frestel*, sorte de flûte de Pan au moyen de laquelle les chátreurs d'animaux annonçaient leur passage dans les villages.

ton entre ses jambes, et là tout enveloppé de plaintes en diverses façons, oit le demandeur, et celuy qui le premier est arrivé, luy fait affermer sa demande estre veritable, et au defendeur sa defence ; et avoir ouy quelques voisins, il donne sa sentence sur le champ, laquelle est inviolablement tenue : pour recompense dequoy et espices, il a un oignon, ou deux chastaignes, du millet, et quelque autre petit mesnage que les parties luy donnent. Et si parfois il se voit trop chargé d'affaires, il condamne tous les habitans du village à disner ou souper, et faire grand' chere ensemble : dequoy il n'y a pas un seul appellant, ne intimé, ne appellé en desertion. Pour tout vray, dit Lupolde, il se juge plus de proces en un jour à la Pie qui boit en la rue haute, ou au Rabot[1] derriere la cohue de Rennes, qu'il ne s'en juge au Presidial en trois mois, et estre le plus grand moyen qu'on puisse trouver, pour avoir la raison d'un proces, que faire boire les parties ensemble. Mais aux proces de consequence, non volontaires, ains de necessité, comme il y en a beaucoup, que feriez vous là ? Bon remede, dit Eutrapel, le Roy envoye bien cinquante ou cent hommes d'armes de ses Ordonnances à cent lieuës et beaucoup davantage quelque fois, pour là estre trois ou quatre mois en garnison : et quelle raison de diversité trouvez vous que trente ou quarante Juges voisent exercer justice au pays dont ils ne sont natifs ni originaires, qui est le seul moyen d'empescher toutes brigues, faveurs, et corruptions,

---

1. La *Pie qui boit* et le *Rabot*, cabarets de Rennes.

qui coustent plus aux parties que le principal et accessoire du proces, devant que les meschans Juges (car il en faut tousjours, pour cognoistre les bons) ayent desployé leurs venalitez, et passé par la forest de Grip[1], leur temps de service sera escoulé et finy : si bien que les fuyards seront contraints estuier[2] et rengainer leurs recusations, renvois, et evocations, qui brouillent tant ceste France, joindre, baisser les lances, et venir droit au jugement et decision de leurs proces, et surtout ouir les parties en personne et de vive voix, si l'affaire estoit de leur fait, et non de leurs predecesseurs et auteurs : auquel cas y auroit grande apparence de le faire un petit plus long. Polygame prenant la parole, dit cela estre fort aysé à dire, mais mal aysé à executer : que defunt M. Charles du Moulin[3] avoit depuis trente ans donné avis au Roy, par forme de consultation, qui a passé par les mains de beaucoup, qu'il devoit en ce tumulte et desordre de Religion, se saisir du total revenu des biens de l'Eglise, non pour se les aproprier et faire siens, ains y pourvoir comme souverain magistrat ; et ce faisant, sans toutesfois se departir de l'amitié, filiation, et bienveillance de nostre Sainct Pere, faire qu'il n'y auroit plus de gueux, be-

---

1. Nous savons déjà ce que veut dire *grip :* vol. La forêt de *Grip* est dès lors facile à marquer sur la carte.
2. Mettre dans l'étui.
3. Ou Molineus, jurisconsulte parisien (1500-1566). Il se fit successivement calviniste et luthérien, avant de revenir au catholicisme. Son *Commentaire sur la coutume de Paris* passe pour un chef-d'œuvre. Sa vie a été écrite par Julien Brodeau.

listres, et autres coquins en son Royaume, desquels il faisoit le conte à deux millions de personnes, en leur faisant rendre et distribuer la tierce partie des dismes et revenu Ecclesiastic aux paroisses dont ils sont natifs[1] : et au demeurant, que ceux qu'on appelle le Clergé, fussent changez par Eveschez, Abbayes, et Paroisses de demy an en demy an alternativement, à ce que chacune province participast aux commoditez et incommoditez l'une de l'autre. Cela, dit Lupolde, seroit bien de difficile execution : car les gens d'Eglise ont tant fait par leurs journees, qu'ils sont plusieurs fois plus riches que le Roy, sa Noblesse, et le tiers estat. Que si le Royaume de France vaut douze escus, ils en ont sept à leur part, ainsi que ce docte Bodin[2] à escrit et calculé sans parler du livre appelé le Cabinet du Roy[3]. Leurs richesses, dit Lupolde, leur feront trouver hommes et argent, pour s'opposer à

---

1. Du Fail revient souvent sur cette idée. Cela et ce qui suit montre que s'il n'a point été tout à fait hérétique il était sur la pente qui conduit à l'hérésie. Les citations fréquentes et complaisantes qu'il fait d'écrivains comme Dumoulin, Ramus et autres expliquent mieux encore ce que je dis de ses opinions religieuses dans l'*Introduction*.
2. Les *Six livres de la République* de Bodin parurent en 1576 ; ce qui nous donne avec la date du livre suivant une indication de plus de l'époque à laquelle furent définitivement rédigés les *Contes d'Eutrapel*.
3. *Le cabinet du roy de France dans lequel il y a trois perles précieuses d'inestimable valeur, par le moyen desquelles Sa Majesté s'en va le premier monarque du monde et ses sujets du tout soulagez*, 1581. Cet ouvrage est de Nic. Froumenteau ou de Nic. Barnaud du Crest. Les trois perles sont : la parole de Dieu ou le clergé, la noblesse et le tiers état.

telles alterations et changemens. Tu as dit vray, Colin Briaud, respondit Eutrapel, si c'estoient des coquins, et qui n'eussent rien à perdre, il y auroit apparence en ce que tu dis, mais quand la grand' main du Roy parleroit, il n'y a Papiste, Huguenot, Associé, ou les Liguez pour la reformation, qui n'aidast ou poussast à la rouë, à ce que telle chose s'effectuast, et que l'Eglise, qui est trop riche et pompeuse, fust degraissee, et remise en sa premiere beauté, comme les premiers Empereurs Chrestiens avoient ordonné qu'elle ne possedast aucuns heritages. Il me souvient, dit Polygame, avoir autrefois veu un Seneschal de Rennes, grand personnage et eloquent dire en son Auditoire, sur ce que le Receveur du domaine s'excusoit qu'il n'avoit fond ne argent, pour fournir à quelques frais de Justice qu'il convenoit faire. Je m'estonne, disoit il, où le Comte de Rennes mon maistre (il parloit des predecesseurs des Princes de ce pays) qui n'a que sept mille cinq cens livres de rente, songeoit, quand il a donné à quatre colleges de sa ville de Rennes, soixante mille livres de rente, et que telle disproportion et fausse mesure estoit injuste et bien subjecte à rescision[1]. Du Moulin vouloit aussi par ses memoires que le Roy annexast et joignist à son domaine entierement tout le temporel Ecclesiastic, pour en estre seulement œconome et dispensateur, et faire payer les gens d'Eglise, comme il fait ses autres officiers, et à leur main : pour avoir plus de moyen vacquer à prieres, jeusnes, et oraisons, et sans avoir occa-

---

1. Annulation.

sion d'aller plaidassant ainsi par les Justices, et amasser leurs droits, que les Officiers du Roy poursuivroient, et menageroient beaucoup mieux et avec moins de scandale : joint le beau loisir et grande commodité d'estudier, prescher, administrer les Sacremens, et faire plus mysterieusement le service divin, qu'ils n'ont non seulement de la moitié, mais du total en tout et par tout. Que cela n'estoit aucunement nouveau, mesme que les Princes François avoient autre fois mis la main bien avant à cest affaire : concluoit que cela se devroit faire, pour la descharge de la conscience du magistrat et des gens d'Eglise, dont ceux qui avoient entendement plus net, le souhaitoient pour le bien et repos de tous. Ainsi se disoient les Apostres *missi* ou envoyez, et seront beaucoup mieux receus et ouis les estrangers, que ceux originaires du pays, *nemo Propheta in patriâ*, nul n'est Prophète en son pays, chacun desire que ses imperfections ne soient decelees : ce qui se faist plustost chez nos voisins, qu'en nos villages, où l'on nous congnoist jusques dedans la ratte, laquelle congnoissance diminue et apetisse beaucoup de nostre reputation, et par consequent les choses sacrees moins reverees. Vous avez beau corner au peuple, Faictes ce qu'ils vous commandent, et ne vous prenez pas à leurs œuvres : car il ne croit jamais la parole, laquelle il tient pour une fable, si elle n'est conjointe à bons exemples, vertueux et de sainteté. Quand ils preschent, payez bien vos dismes, et toutefois ils en retiennent la troisiesme partie, deue aux pauvres de la paroisse ; qui est celuy qui ne die : Je puis bien desrober, puisque nostre Curé est le premier qui tombe en ceste faute. Quand il crie à pleine teste, Tu ne paillarderas point, et que le peuple sait et cognoist que s'il y a une belle femme, fille, ou chambriere en la paroisse, qu'il faut essayer à la desbaucher par quelques arts ou artifices que ce soit : à vostre advis, chacun ne dira il pas, tous les Moines comme l'Abbé [1] ; puisque nos superieurs s'en meslent, ce n'est point de peché. Et ainsi des autres fautes, qui sont telles en ce jour que celuy sera sans esprit, qui ne jugera que toutes les pauvretez que nous souffrons, et autres plus grandes que nous attendons, et que nous voyons ja prestes à marcher sont fondees et prennent leur source du desbordement de tous estats, dont les gens d'Eglise en sont la premiere et derniere cause. Tout cecy soit dit sans offenser les bons, et les Decrets et Ordonnances de la saincte Eglise Catholique, en laquelle s'il y a quelques vices ou erreurs, si est elle tousjours Eglise. Si ma mere est putain, disoit Marillac [2], Evesque de Rennes, à ce propos, encore est-ce ma mere : à laquelle les souverains Magistrats doivent rendre sa chasteté, et premiers habits nuptiaux, s'ils se veulent conserver

---

1. La sagesse des nations a dit en outre :

— Quand l'abbé tient taverne, les moynes peuvent aller au vin.

— Quand l'abbé danse à la court, les moines sont en rut aux forêts.

2. Charles de Marillac fut évêque de Vannes avant d'être archevêque de Vienne. C'est sans doute comme évêque suffragant de l'archevêché de Rennes que du Fail lui donne le titre d'évêque de Rennes. Il fut à un moment soupçonné d'hérésie.

en la crainte de Dieu et amitié de leurs sujets, afin de satisfaire et clorre le bec à ceux qui disent qu'ils reviendront à l'Eglise, quand elle sera nettoyee et repurgee, comme font les citoyens en leur ville quand la peste en est hors : ce qui ne fut onc en ceste Eglise visible et militante ; et faut, disoit Saint Paul, qu'il y ait des heresies : [mais la difficulté gist à bien juger qui est l'heretique.]1

X.

Des bons Larrecins.

Tourtelier estoit l'un des plus gentils et expers mareschal, serrurier, harquebusier, fondeur de cloches, et artillerie, qui fust en tout nostre Ocean : et me souvient, dit Polygame, que Messieurs du Conseil qui lors estoient en Bretaigne, expedians les appellations criminelles, furent bien empeschez en ce point de Droit. Que pour l'excellence d'un bon artisan et ouvrier ou autre consideration de qualité, on peut remettre et commuer la peine de mort. En quoy plusieurs estoient d'avis que sur l'appel de mort interjetté par Tourtelier, accusé de fausse mon-

---

1. Cette addition, postérieure à 1585, est assez importante ; du Fail était mort quand elle fut faite. Lui appartient-elle ou à l'éditeur ? On peut supposer que sur les feuilles du premier tirage du Fail avait commencé un travail préparatoire à une nouvelle édition. Ce qui peut donner quelque probabilité à cette opinion, c'est que les passages ajoutés se trouvent seulement dans les premiers chapitres.

noye, on devoit avoir l'avis du Roy, comme telles graces dependent de sa seule grandeur. Toutefois la frequence de tel delit emporta la balance, et mourut bouilli[1] en l'eau avec toutes ses sciences ouvrieres. Il savoit forger et polir fort proprement les arcs d'arbaleste, mais la maniere et industrie de les bien tramper, comme faisoit Houlard d'Avranches, le plus experimenté en cest article qui fust deçà les monts, luy deffailloit. Tourtelier, toutes choses cessantes, habillé en gueux, se presenta à la forge de Houlard ; et apres plusieurs injures receues, coquin, grand truand, grand pendart, fust installé à fendre le bois, porter le charbon, et fraper sur la grosse enclume, où il faisoit mille fautes et incongruitez : tantost il frapoit à costé, tantost à travers, et le plus souvent sur le billot où elle est plantee. Les serviteurs qui tous estoient venus de parties lointaines pour apprendre de Houlard et notamment pour crocheter[2] ce secret de la trempe, donnoient advis qu'on devoit chasser et renvoyer ce grand vilain Breton larron et ignorant en son pays. Le Breton, dit Eutrapel, qui desroba le cordeau dequoy le Normand devoit estre pendu, se doit il appeler larron ? car j'ay leu que *Britones non latrones, sed laterones dicebantur, quòd clauderent latus Principum :* et estoient gardes corps des Princes,

---

1. La peine de mort n'a été abolie pour le crime de faux monnayage et remplacée par les travaux forcés que lors de la Révolution française. L'exécution de la peine variait suivant les coutumes locales. A Paris, au XV siècle, on faisait encore bouillir le coupable.
2. Surprendre.

comme l'on voit les Escossois, le tout pour la seureté et fiance[1] qu'on avoit en eux. Les autres disoient, que ce seroit grande aumosne lui faire gaigner sa vie : qui esmeut Houlard à le prendre de plus pres à son service, estimant qu'il pourroit s'aider de ce gros asnier à bourelet[2], à faire ses eaux et trempes, sans crainte qu'il en eust comprins la science. Il entre au cabinet, il souffloit à grandes tirasses : mais Houlard en riant lui apprenoit à moderer les soufflets, et les mener par les moyens compassez et requis. A vous bien veu, dit Eutrapel, jouer des orgues, c'estoit moy qui soufflois : ou bien d'un sot Organiste, lequel tancé et rabroué de ce qu'il ne faisoit rien qui valust, respondit, Messieurs, quand je cuide sonner un *Santus*, le souffleur souffle un *Gloria in excelsis*, où les plus fins seroient trompez. Tourtelier, continuoit Polygame, fit tant en ses journees, qu'il apprint par ses feintes niaisetez, tout ce que son maistre savoit : et un jour de petite feste que les compagnons estoient allez à la desbauche, et le bon homme de Houlard à sa grand'Messe, Tourtelier, lequel comme dernier venu, portant la clef de la forge, fit un petit arc d'arbaleste trempé et mignonnement dressé, lequel il mit sur la grosse enclume, la clef sous l'huis, et[3] au pied vers les trois Maries pres Rennes, dont il estoit. Le lendemain vous n'eussiez ouy que, où est la clef, où est la clef, où est le Breton, je disois bien qu'il nous donneroit un

1. Confiance.
2. *A bourlet* est un superlatif. Le bourrelet distinguait la coiffure des membres du parlement et de l'université.
3. Sous-entendu : gagna. S'en alla.

coup de son mestier[1], ou de son fouet : finalement cest arc trouvé, et apprins n'estre de la façon de pas un, Houlard l'ayant fait monter, et congneu qu'il estoit de sa trempe, se happa au nez, disant aux compagnons, pour s'asseurer encore de plus : est-ce point quelqu'un de vous qui l'a fait? mais il ouit *una voce dicentes*, ce n'a pas esté moy, ne moy, ne moy, *et per omnes casus*, ne moy, ne moy. La plus part disoient que c'estoit bien fait, et qu'il n'eust pas monstré son secret à l'un d'eux, qui le venoient trouver de si loin et à grands frais : ce fut à Houlard à piller patience de Lombard[2]. Mais un jour estant venu à Rennes, comme estoit sa coustume, avec dix ou douze chevaux chargez d'arcs d'arbalestes, il va recognoistre à la bute du champ Jaquet son valet Tourtelier, qui de sa part avoit apporté pareille marchandise. Ce fut lors qu'apres avoir honnestement requis pardon de telle tromperie, qu'il baptisoit du nom de bonne (*nam veteres bonum dolum dixerunt*) laquelle luy avoit cousté maintes injures et coups de poin sur ses espaules, ils s'embrasserent d'un haut appareil[3], beurent ensemble, à la charge que Tourtelier celeroit la science de tremper, et auroit bon bec[4], et que Houlard de son costé l'accorderoit avec les compagnons de la Frairie Blanche[5], ausquels

1. On a dit plus tard : *Jouer un tour de son métier*.
2. Nous avons déjà rencontré *piller patience*. *Patience de Lombard* est celle du prêteur qui est toujours en peine de savoir s'il sera remboursé.
3. Solennellement.
4. Se tairait. *Avoir bon bec* signifie maintenant tout le contraire.
5. Probablement le nom de l'association des arbalétriers

il se recommandoit, *omisso medio*, et sans autrement approuver leurs qualitez. Lupolde se mit sur les rangs, disant que telle promesse et vœu n'est non plus tenable, que celuy d'une femme qui auroit juré et promis n'oster sa chemise au lit, suivant la glose singuliere au Canon *manifestum* 33. *quæst*. Mais celuy des quatre [1] mendians, dit Eutrapel, qui est, jurer et faire ceste haute promesse, qu'ils vivront sans rien faire, aux despens du peuple, et aux enseignes du bon homme *Peto* [2], d'Orleans : est elle tenable passive ? car active ils l'ont ainsi chiffree, *ne mutetur*. Je n'entens en ce comprendre Frere Fredon [3], et les galans hommes de sa suitte : mais j'approuve avec toute l'antiquité, ce brave et necessaire larcin de Cneus Flavius, autant que celuy dont nos Theologiens Scholastiques, font de celuy qui a desrobé l'espee dont quelqu'un avoit deliberé tuer son voisin : car il print en la librairie publique de Rome le livre des actions et formules de mettre en proces et adjourner, le publia et mit en lumiere, si bien que ce livre tant curieusement gardé, aprint à tout le peuple par quantes manieres on doit plaider. N'a pas long temps qu'un certain philosophe alchemiste me vint trouver, se vantant et se faisant fort savoir cette belle pierre philosophale, à laquelle se sont

---

et fabricants d'armes blanches.

1. Sous-entendu : ordres.

2. Jeu de mots sur *Peto*, je demande, et réminiscence de je ne sais quelle tradition orléanaise.

3. On connaît le portrait qu'a fait des frères Fredons Rabelais, aux chapitres XXVII et XXVIII du livre V de *Pantagruel*.

frottez, heurtez, et rompus tant de gentils esprits : dont les uns y sont demeurez fondus avec leurs bourses, car ils font de cent solds quatre livres, et de quatre livres rien [1] : et les autres qui ne sont tant hasardeux, s'en retirent bagues sauves : autres plus speculatifs s'appellans sparigiques [2], devinez que c'est car il n'est Hebrieu, Grec, Latin, ne Bas-Breton, font comme les Jurisconsultes dont parle Cicero, *cùm in jure nihil profecissent, ad Rubricas sese contulerunt*, n'ayans rien apris en Droit, se sont retirez à la chiquane : ainsi ces bons operateurs n'ayans peu rencontrer leurs transmutations metalliques, se jettent par leurs sels, extractions, huiles, quinte-essences, sur la medecine, qu'ils appellent nouvelle : où quelquefois il se trouve je ne say quoy de bon, comme disoit la bonne femme, qui peschoit atout un mail en la mare de son fumier : laquelle sur ce qu'on luy disoit qu'il n'y avoit aucun poisson dedans, respondit que les coups portent quelques fois qu'on n'y songe pas. Cest abstracteur d'idées ou essances, suivoit Eutrapel, vouloit à toute force et extremité, que je l'eusse accommodé de lieu pour faire la reduction des quatre elemens, selon Raymond Lulle : ou des trois principes selon Paracelse, (et puis, dites que je n'y entens rien) et cela fait, que j'eusse à chercher quelque Royaume pour acheter, parce qu'il fourniroit d'argent. Appelloit à son aide les livres de Jean Pape vingt deuxiesme [3], la lettre d'Alexandre le

---

1. On n'a jamais mieux défini l'alchimie.
2. Spagiriques ; mot forgé par Paracelse et que du Fail estropie sans doute volontairement.
3. Le pape Jean XXII (Jacques d'Ossa) n'était point une

Grand à Aristote, qui est en Aulugelle [1] les traitez de Salomon [2], des Princes Afriquains [3], et pour clorre le conte, du magnifique Meigret. A tout quoy Eutrapel disoit avoir respondu, qu'il ne doutoit aucunement de tout cela, mais s'esbahissoit, attendu les grandes promesses qu'il faisoit, comme il estoit si mal en point, sans chausses, souliers, et un meschant manteau, qui ne luy atteignoit que le bout des fesses. Et sur ce disoit que ce vaillant philosophe luy avoit dit bien bas et en l'oreille, qu'il falloit et estre expedient que les enfans de la science marchassent aussi sur la terre en toute pauvreté et humilité : de peur qu'un Roy ou grand Seigneur ne l'eussent enfermé en quelque chasteau, et le contraindre à faire illec une infinité de lingots d'or, par le moyen desquels se pourroient mouvoir de grosses guerres injustes et mal fondees, desquels scandales et meurtres il ne vouloit pour mourir

---

bien grande autorité en alchimie. L'*Ars transmutatoria* imprimé deux cents ans après sa mort n'est sans doute même pas de lui. Il avait en 1317 fulminé contre l'alchimie la bulle : *Spondent pariter* qui déclarait infâmes les laïques qui s'adonnaient à cet art et privait de toute dignité ecclésiastique les membres du clergé qui auraient les mêmes occupations.

1. Cette lettre, qui se trouve au chapitre 5 du xxe livre d'Aulu-Gelle, n'a trait qu'aux enseignements exotérique et acroatique du philosophe.

2. Les *Clavicules* de Salomon sont devenues un livre de colportage. V. *Histoire des livres populaires*, par Ch. Nisard.

3. *Liber trium verborum Kalid regis acutissimi* ; *Entretien du roi Calid et du philosophe Morien sur le magistère d'Hermès* ; les livres d'Hermès Trismégiste et des médecins arabes du moyen-âge.

estre occasion, ne y participer : et que l'issue
de leurs contes avoit esté, que ce souffleur et
affronteur luy demandoit un teston à prest, à
don, interest, ou autrement deuement. Polygame lors, qui estoit assez tardif en ses jugemens (car de fol Juge breve sentence) estoit au
bout de ses finesses, sur la verité de cette pour-
pensee et haut louee science chemiste : laquelle
n'osoit asseurer, pour n'y entendre rien que par
ouyr dire à des hommes vains, et notables ad-
vanceurs de contes et credits. Bien le retenoit
aucunement le tesmoignage d'Oldradus [1] le plus
eminent et insigne jureconsulte de sa saison, lequel en un sien conseil afferme la science d'al-
chemie et transmutation des metaux estre permise et non deffendue, pourveu qu'il n'y ait
peché en la forme ny en la matiere : et avoir leu
au commentaire de Jean André sur le titre *de
falsis*, au specule [2], que de son temps il avoit
veu à Rome (il faut qu'il y ait deux cens ans et
plus) Arnaud de Villeneuve [3] faire de petits lingots d'or, qu'il exposoit à tout examen, et qui le
soustenoient. Et Cardanus [4], qui est de nostre

1. Ami de Pétrarque, professeur à Bologne et à Padoue, né à Lodi, mort à Avignon en 1335.

2. *Speculum judiciale* par Guill. Durand ; Strasbourg, 1473.

3. L'un des plus célèbres alchimistes du XIIIe siècle, son *Regimen sanitatis*, souvent réimprimé, est toujours recherché. Ses œuvres de recherches sur les sciences occultes comme le Miroir d'alchimie, la Nouvelle lumière, le *de Sigillis* sont oubliées.

4. Jérôme Cardan, l'un des esprits les plus curieux du XVIe siècle, était sujet à des hallucinations dans lesquelles il pouvait bien voir les métaux changer de nature sous ses yeux. V. son livre si intéressant : *de Subtilitate*.

temps, raconte d'un apoticaire Trevisan qui convertit l'argent vif en pur or, devant la Seigneurie de Venise : cela doit estre arrivé l'an mil cinq cens quarante-sept. Ce que Scaliger[1] reformateur des Theoremes de Cardan, ne peut digerer. Le Pape Leon dixiesme eut bonne grace, quand Augurel[2] luy presenta un beau livre en vers Latins, nommé la Chrysopee ou l'art de faire l'or, esperant avoir quelque present pour recompense, quand il luy donna une belle grande bourse de satin, disant, puisqu'il savoit et escrivoit la façon de faire l'or, il n'avoit besoin à ce compte que de bource et sacs à le mettre. Lupolde, qui estoit un grand souffleur, mais c'estoit au verre, disputa longuement sur cette premiere reduction du corps à l'ame, qui est ceste eau Philosophale, tant cherchee et moins rencontree : qu'il avoit cogneu un grand nombre d'hommes ruinez par ceste fine folie, et avoir veu de son temps que le grand rendez vous de tels Academiques estoit à Nostre Dame de Paris, ou aux portaux d'Eglises, que Nicolas Flamel[3],

---

1. Jules César Scaliger a discuté bien des affirmations de Cardan. V. *Exotericarum exercitationum liber quintus decimus de subtilitate ad Hieronymum Cardanum*, Paris 1557.

2. Jean Aurèle Augurello, helléniste, poète latin et alchimiste. Sa *Chrysopæia* a été traduite en français sous le titre de *Facture de l'or*, trois livres, 1541, en prose, et de *Les trois livres de la Chrysopée*, 1549, en vers.

3. La légende de Nicolas Flamel et de sa femme Pernelle, a été toujours très-discutée et n'est point encore éclaircie. M. Figuier (l'*Alchimie et les alchimistes*) n'a pas beaucoup plus avancé la question que Lenglet du Fresnoy, et l'abbé Villain. Les églises que Flamel avait contribué à élever ou à embellir sont celles de Saint-Jacques la Boucherie, de Sainte-Geneviève des Ardents, de l'hôpital Saint-

grand et souverain arracheur de dents [1] en ce mestier, avoit fait construire, et sur tout on les voit par bandes et regimens, comme estourneaux, se promenans aux Cloistres sainct Innocent à Paris avec les trespassez et secretaires des chambrieres visitans la dance Marcade [2], Poete Parisien, que ce savant et belliqueux Roy Charles le quint y fit peindre, où sont representees au vif les effigies des hommes de marque de ce temps là, et qui dansent en la main de la mort. Parmy lesquelles peintures y a des deux costez du cimetiere deux pourtraits, d'un Lion rouge, et d'un serpent verd, illec fait mettre par iceluy Flamel, avec bonne dotation, pour l'entretenement d'iceux : et dit on, vous en croirez

---

Gervais. Il avait aussi fait bâtir une des arcades du charnier des Innocents. Partout il avait fait mettre sa statue et celle de sa femme.

1. Du Fail prend ici arracheur de dents comme synonyme de menteur.

2. Cette indication pourrait être importante au point de vue de l'origine des représentations fantastiques appelées *danses des morts* ou *danses macabres*. Elle fait la danse peinte au cimetière des Innocents par ordre de Charles V un peu antérieure à la plus ancienne connue, qui se trouve à Minden, en Westphalie, et qui a été exécutée en 1380. Mais M. l'abbé Valentin Dufour dans une étude récente sur la *Danse des morts du cimetière des Innocents* récuse le témoignage de du Fail aussi bien pour la date qui, suivant lui, serait seulement 1425, que pour l'étymologie qui ne peut être le nom propre Macabre et encore moins Marcade. Nous n'avons point à nous prononcer. Nous aimerions cependant mieux un nom propre qu'un dérivé de Macchabée ou de *Makbara* (en arabe chambre funéraire). Il y a peut-être quelque utilité à rappeler que du Fail a pu voir les peintures un siècle seulement après leur exécution et qu'on pouvait alors se rappeler certaines choses oubliées depuis.

une partie, et l'autre vous la pourrez mettre à meurir, que jamais la phiole de Tantalus, ou les deux lampes [1] trouvées encore ardentes environ cent ans sont, au territoire de Padouë dedans le sepulchre de l'ancien Olibius n'y font rien, si vous ne voulez y coucher et employer le saint Graal, qui estoit une fiole pleine d'un baume si mirifique, après lequel les Chevaliers errans couroient, comme petits gars qui auroient adiré [2] leurs vaches. [Polygame dit avoir leu en Gratalorus [3] Aleman, qu'en la tour de Londres y avoit encore en ce jour de petits fagots d'or faicts par Raimond Lulle [4] sans aucune miniere [5] : et avoir veu à maistre Jacques Even, maistre des monnoyes de Rennes, une image d'or prinse sur les Espagnols, après le sac de sainct Quentin par ceux de sainct Malo ; qui jugea, avec les autres orfevres, et après plusieurs examens, estre bon

---

1. On a prétendu avoir trouvé de ces lampes éternelles dans plusieurs tombes en Italie, entre autres dans celle de la fille de Cicéron. Grég. Liceti et, je crois, Cardan ont cru à ce phénomène. Il s'explique par une matière phosphorescente qui s'allume à l'air et brille au moment où le tombeau est ouvert. Eusèbe Salverte dans son livre : *des Sciences occultes* en parle, mais assez légèrement. Le R. P. Pierre Le Brun dans son *Histoire critique des superstitions* est assez catégorique à ce sujet.

2. Egaré.

3. Grataroli n'était pas allemand, mais italien. Il a imprimé son *Veræ alchemiæ artisque metallicæ citra ænigmata, doctrina*, à Bâle en 1561.

4. On a montré longtemps des nobles à la rose faits de cet or par le premier et peut-être le plus célèbre des alchimistes du moyen âge.

5. Minerai.

or, mais faictis [1] et non naturel : qui croiroit que les caillous et fougere se peussent transmuer et convertir en verre ?]

1. Factice, quoique étant le même mot, ne serait pas une traduction exacte, en ce qu'il signifierait plutôt imité et qu'ici faictis veut dire seulement fabriqué. Le même mot est mis souvent pour bien fait.

FIN DU PREMIER VOLUME.

TABLE DES MATIÈRES

CONTENUES EN CE PREMIER VOLUME

DES

ŒUVRES FACÉTIEUSES DE NOËL DU FAIL

INTRODUCTION	V-XXXVj
DISCOURS D'AUCUNS PROPOS RUSTIQUES.	
Epistre	1
I D'où sont pris ces propos rustiques	11
II De la diversité des temps	15
III Banquet rustique	19
IV Harangue rustique	26
V De Robin Le Clerc, compagnon charpentier de la Grand'Dolouëre	39
VI La différence du coucher de ce temps et du passé et du gouvernement de l'amour au village	46
VII De Thenot du Coin	58
VIII De Tailleboudin, filz de Thenot du Coin, qui devint bon et savant gueux	64
IX De la grande bataille des habitans de Flameaux et de Vindelles, où les femmes se trouverent	77
X Mistoudin se venge de ceux de Vindelles qui l'avoient battu, allans à Haguillenneuf	90
XI Querelles entre Guillot le Bridé et Philipot l'Enfumé	101
XII De Perrot Claquedent	106
XIII De Gobemousche	110

XIV Les Propos de la seconde journée, par Thibaud Monsieur et Fiacre Sire, neveuz de maistre Huguet.................. 117
XV La délibération de Guillot sur l'ordre de la Hemee ou banquet de la dedicace de Borneu, feste annuelle de toute la chatellenie de Vaudevire.................. 133

BALIVERNERIES ET CONTES NOUVEAUX..... 139
 L'autheur à son grand amy H. R......... 141
I Eutrapel amene un villageois coqu à Polygame. 147
II Eutrapel ayant assisté à une luite, desespere de fain..................... 170
III Eutrapel conte d'une compagnie de gens ramassez...................... 179
IV Eutrapel mene Polygame voir la maison d'un païsant et pourquoy la Goute habite les Cours des grands Seigneurs et l'Hyraigne la maison des Pauvres............ 184
V Lupolde conte de quelques harangues dites par un se mescognoissant et voulant muer son naturel................ 194

LES CONTES ET DISCOURS D'EUTRAPEL.... 201
 L'imprimeur au lecteur................ 205
I De la justice.................... 209
II N'entreprendre trop haut et hanter peu les grands..................... 243
III De ceux qui prennent en refusant........ 253
IV Que les fautes s'entresuivent........... 262
V De la Goute.................... 271
VI L'accord entre deux gentils hommes...... 282
VII Jugemens et suytes de procés.......... 292
VIII Des pages et un capitaine............ 301
IX Que les juges doivent rendre justice sur les lieux..................... 309
X Des bons larrecins................ 319

FIN DE LA TABLE DU Ier VOLUME.

Nogent-le-Rotrou, imprimerie de A. Gouverneur.

CATALOGUE

DE

LA BIBLIOTHÈQUE

ELZÉVIRIENNE

(Ce Catalogue annule les précédents.)

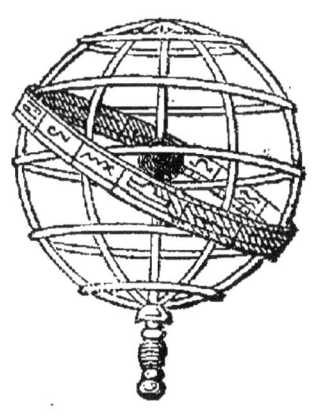

PARIS

PAUL DAFFIS, LIBRAIRE-ÉDITEUR

7, rue Guénégaud, 7

1873

CATALOGUE

DE LA

BIBLIOTHÈQUE ELZÉVIRIENNE

———>>>✷<<<———

VOLUMES IN-16, PAPIER VERGÉ, AVEC FLEURONS ET LETTRES ORNÉES, RELIURE EN PERCALINE.

VOLUMES EN VENTE

L'Internelle Consolation, première version françoise de l'*Imitation de Jésus-Christ*. Nouvelle édition, publiée par MM. L. MOLAND et CH. D'HÉRICAULT. 1 vol. Prix.............................. 5 fr.

Gérard de Rossillon, poëme provençal, publié d'après le manuscrit unique, par M. FRANCISQUE MICHEL. 1 vol. Prix.. 5 fr.

Recueil de poésies françoises des XVe et XVIe siècles, morales, facétieuses, historiques, revues sur les anciennes éditions et annotées par M. A. DE MONTAIGLON. T. I-IX. Chaque vol.................. 5 fr.

Œuvres de G. Coquillart. Nouvelle édition, revue et annotée par M. CH. D'HÉRICAULT. 2 vol. Prix .... 10 fr.

Œuvres complètes de Pierre Gringore, revues et annotées par CH. D'HÉRICAULT et A. DE MONTAIGLON. T. I. Prix........... 5 fr.

Œuvres de Roger de Collerye. Nouvelle édition, avec une préface et des notes, par M. CH. D'HÉRICAULT. 1 volume. Prix..................................... 5 fr.

Œuvres complètes de Ronsard, avec les variantes et des notes, par M. PROSPER BLANCHEMAIN. 8 vol. Chaque volume. 5 fr.

La Famille de Ronsard, par ACHILLE DE ROCHAMBEAU. 1 vol. in-16, cart. Prix. 5 fr.

La Famille de Ronsard et l'Album (gravures et portraits). 1 vol. gr. in-8, papier de Hollande. Prix........................... 20 fr.

Œuvres complètes de Melin de Sainct-Gelays, avec un commentaire inédit de B. DE LA MONNOYE, etc., édition revue, annotée et publiée par M. PROSPER BLANCHEMAIN. 3 vol. Prix............... 15 fr.

Il a été tiré 20 exemplaires sur papier de Chine. Chaque vol.............. 20 fr.

Quelques exemplaires sur papier fort de Hollande. Chaque vol............. 10 fr.

Les Tragiques, de Théodore Agrippa d'Aubigné. Edit. annotée par LUDOVIC LALANNE. 1 vol. Prix............... 5 fr.

Le Plaisir des champs, poëme en quatre livres, par CLAUDE GAUCHET, revu et annoté par M. PROSPER BLANCHEMAIN. 1 vol. Prix................ 5 fr.

Le Panthéon et Temple des oracles, par FR. D'HERVÉ. 1 vol. Prix......... 5 fr.

Œuvres complètes de Racan, revues et annotées par M. TENANT DE LATOUR. 2 vol. Prix.................. 10 fr.

Œuvres complètes de Théophile, revues, annotées et précédées d'une Notice biographique, par M. ALLEAUME. 2 vol. Prix...................... 10 fr.

Le Livre des peintres et graveurs, par MICHEL DE MAROLLES, abbé de Villeloin. Seconde édition dans la Bibliothèque elzévirienne, revue et annotée par M. GEORGES DUPLESSIS. 1 vol. Prix.. 4 fr.

Papier de Chine, tiré à 20 exemplaires. Prix...................... 15 fr.

Œuvres complètes de Saint-Amand. Nouv. édit., revue et annotée par Ch.-L. Livet. 2 vol. Prix.................... 10 fr.

Œuvres choisies de Senecé. Nouv. édition, publiée par MM. Emile Chasles et P.-A. Cap. 1 vol. Prix................ 5 fr.

Œuvres posthumes de Senecé, publiées par MM. Emile Chasles et P.-A. Cap. 1 vol. Prix............................. 5 fr.

Œuvres de Chapelle et de Bachaumont, publiées par M. Tenant de Latour. 1 vol. Prix................................. 4 fr.

Chans... de Gaultier Gargaille, revues et annotées par M. Ed. Fournier. 1 vol. Prix................................. 5 fr.

Histoire de la vie et des ouvrages de Corneille, par M. J. Taschereau. 1 vol. Prix................................. 5 fr.

Œuvres complètes de Pierre Corneille, revues et annotées par M. J. Taschereau. T. I et II. Chaque vol............. 5 fr.

Le Roman de Jehan de Paris. Nouv. édit., revue et annotée par M. Emile Mabille. 1 vol. Prix..................... 3 fr.

Le Roman comique, par Scarron, revu et annoté par M. Victor Fournel. 2 vol. Prix................................. 10 fr.

Histoire amoureuse des Gaules, par Bussy-
  Rabutin, revue et annotée par M. Paul
  Boiteau; suivie des Romans historico-
  satiriques du xviie siècle, recueillis et
  annotés par M. Ch.-L. Livet. T. I-III.
  Prix .... 15 fr.

Les Aventures de don Juan de Vargas, ra-
  contées par lui-même, traduites de
  l'espagnol par Charles Navarin. 1 vol.
  Prix .... 5 fr.

Nouvelles françoises en prose du XIIIe siècle,
  avec notices et notes par MM. Moland
  et Ch. d'Héricault. 1 vol. Prix.... 5 fr.

Nouvelles françoises en prose du XIVe siècle,
  par les mêmes. 1 vol. Prix......... 5 fr.

Les Cent Nouvelles nouvelles, publiées d'a-
  près le seul manuscrit connu, avec une
  introduction et des notes. 2 vol. Prix.. 10 fr.

Le Grand Parangon des Nouvelles nouvelles,
  par Nicolas de Troyes, publié d'après
  le manuscrit original, par Emile Mabille. 1 vol. Prix.................. 5 fr.

Le Violier des histoires romaines, ancienne
  traduction française des *Gesta Romano-
  rum*, revue et annotée par M. G. Brunet. 1 vol. Prix................... 5 fr.

Les Facétieuses Nuits de Straparole, traduites par Jean Louveau et Pierre de
  Larivey. 2 vol. Prix............... 10 fr.

Morlini Novelleæ, Fabulæ et Comedia. 1 vol. Prix .... 5 fr.

Les Evangiles des Quenouilles. 1 vol. Prix. 3 fr.

Œuvres complètes de Rabelais, seule édition conforme aux derniers textes revus par l'auteur, avec les variantes des anciennes éditions et des notes. 2 vol. Prix .... 10 fr.

Papier de Chine, les 2 vol.............. 40 fr.

La Nouvelle Fabrique des excellents traits de vérité, par Philippe d'Alcrippe, sieur de Neri en Verbos. 1 vol. Prix..... 4 fr.

Œuvres complètes de Tabarin, publiées par M. G. Aventin. 2 vol. Prix.......... 10 fr.

Le Dictionnaire des Précieuses, par le sieur de Somaize. Nouv. édit., augmentée de divers opuscules relatifs aux Précieuses, et d'une clef historique et anecdotique, par M. Ch.-L. Livet. 2 vol. Prix.. 10 fr.

Œuvres de Bonaventure des Périers, revues et annotées par M. Louis Lacour. 2 vol. Prix.. 10 fr.

Relations des trois ambassades du comte de Carlisle, de la part de Charles II, en Russie, en Suède et en Danemark. Nouv. édit., avec préface, notes et glossaire par le prince Augustin Galitzin. 1 vol. Prix..................... 5 fr.

Histoire du Pérou, par le P. ANELLO OLIVA, traduite de l'espagnol sur le manuscrit inédit par M. H. TERNAUX-COMPANS. 1 vol. Prix.................................. 3 fr.

Chronique de Charles VII, par JEAN CHARTIER, publiée par M. VALLET DE VIRIVILLE. 3 vol. Prix..................... 15 fr.

Mémoires de la reine Marguerite, suivies des Anecdotes tirées de la bouche de M. du Vair. Notes par M. LUDOVIC LALANNE. 1 vol. Prix................................ 5 fr.

Mémoires de Henri de Campion, annotés par M. C. MOREAU. 1 vol. Prix............ 5 fr.

Les Courriers de la Fronde, en vers burlesques, par SAINT-JULIEN, annotés par M. C. MOREAU. 2 vol. Prix............ 10 fr.

Mémoires du comte de Tavannes, suivis de l'Histoire de la guerre de Guienne, par BALTHAZAR. Notes par M. C. MOREAU. 1 vol. Prix................................ 5 fr.

Mémoires de la marquise de Courcelles, publiés avec une notice et des notes par M. P. POUGIN. 1 vol. Prix............... 5 fr.

Mémoires de madame de La Guette. Nouv. édit., revue et annotée par M. C. MOREAU. 1 vol. Prix.......................... 5 fr

Mémoires et Journal du marquis d'Argenson, ministre des affaires étrangères sous

Louis XV, annotés par M. le marquis d'Argenson. 5 vol. Chaque vol...... 5 fr.

Œuvres complètes de La Fontaine, revues et annotées par M. Marty-Laveaux. T. I-IV. Prix................ 20 fr.

Variétés historiques et littéraires, recueil de pièces volantes, rares et curieuses, en prose et en vers, revues et annotées par M. Edouard Fournier. 10 vol. Chaque vol................ 5 fr.

Œuvres complètes de Branthôme, avec une introduction par M. Mérimée et des notes par M. Louis Lacour. T. I-III. Prix................ 15 fr.

Catalogue raisonné de la Bibliothèque elzévirienne, 1853-1865. 1 vol. Prix.. 2 fr.

<blockquote>Il a été tiré de chaque volume des exemplaires en papier fort, qui se vendent le double du prix des exemplaires ordinaires.</blockquote>

VOLUMES ÉPUISÉS

QUI SE VENDENT PRIX NET.

Les Caractères de Théophraste, traduits du grec, avec les Caractères et les Mœurs de ce temps, par La Bruyère. Nouv. édition, par M. A. Destailleur. 2 vol. Prix................ 30 fr.

Œuvres de François Villon, publiés par P.-L. Jacob, bibliophile. 1 vol. Prix.... 15 fr.

Œuvres complètes de Mathurin Régnier, précédées d'une histoire de la satire en France, par M. Viollet-le-Duc. 1 vol. Prix.................. 12 fr.

Le Livre du chevalier de la Tour-Landry, pour l'enseignement de ses filles, publié par M. A. de Montaiglon. 1 vol. Prix.................. 15 fr.

Les Caquets de l'accouchée. Nouv. édit., revue sur les pièces originales et annotée par M. Edouard Fournier, avec une introduction par M. Le Roux de Lincy. 1 vol. Prix.................. 12 fr.

Mélusine, par Jehan d'Arras. Nouv. édit., publiée par M. Ch. Brunet. 1 vol. Prix.................. 10 fr.

Hitopadesa, ou l'instruction utile, recueil d'apologues et de contes, traduits du sanscrit, par M. Ed. Lancereau. 1 vol. Prix.................. 10 fr.

Six Mois de la vie d'un jeune homme (1797), par Viollet-le-Duc. 1 vol. Prix.... 8 fr.

Chansons, Ballades et Rondeaux, de Jehannot de Lescurel. Prix.............. 4 fr.

Floire et Blanceflor, poëme du XIIIe siècle, avec une introduction, des notes et un glossaire, par M. EDÉLESTAND DU MÉRIL. 1 vol. Prix.................... 10 fr.

VOLUMES PRESQUE ÉPUISÉS
AUGMENTÉS DE PRIX.

Œuvres complètes de Remy Belleau, avec notices et portraits, publiées d'après les éditions originales, par A. GOUVERNEUR. 3 vol. Prix............... 30 fr.

Les Aventures du baron de Fœneste, par D'AUBIGNÉ. Edition revue et annotée par M. PROSPER MÉRIMÉE, de l'Académie française. 1 vol. Prix............ 8 fr.

Réflexions, Sentences et Maximes morales de La Rochefoucauld. Nouv. édit., par G. DUPLESSIS. Préface par SAINTE-BEUVE. 1 vol. Prix...................... 8 fr.

Le Dolopathos, recueil de contes en vers du XIIe siècle, par HEBERS, publiés d'après les manuscrits par MM. Ch. BRUNET et A. DE MONTAIGLON. 1 vol. Prix 8 fr.

Les Quinze Joyes de mariage. 2e édit. 1 vol. Prix...................................... 5 fr.

Ancien Théâtre françois, ou Collection des ouvrages dramatiques les plus remarquables, depuis les Mystères jusqu'à Corneille, publiés avec des notices et éclaircissements. 10 vol. Prix....... 60 fr.

Les tomes I à IV ne se vendent pas séparément.

Messieurs les amateurs peuvent se procurer, à la *Bibliothèque elzévirienne*, des volumes reliés aux prix suivants :

Demi-chagrin, tête dorée, non rogné. Le vol................................. 2 fr.
Demi-maroquin du Levant, tête dorée, non rogné. Prix................... 3 fr.
Demi-maroquin à coins, tête dorée. Prix. 4 fr.
Reliure antique, maroquin plein du Levant, doré sur tranche. Le vol...... 12 fr.

Ces dernières reliures sont d'un fini irréprochable.

POUR PARAITRE PROCHAINEMENT

Œuvres complètes de Pierre Gringore, revues et annotées par CH. D'HÉRICAULT et A. DE MONTAIGLON. T. II. Prix... 5 fr.

Œuvres complètes de La Fontaine, revues et annotées par M. MARTY-LAVEAUX. T. V et VI. Prix de chaque vol............ 5 fr.

Histoire amoureuse des Gaules. T. IV et dernier, contenant la fin et les tables. Prix .... 5 fr.

Recueil de Poésies françaises des XVᵉ et XVIᵉ siècles, réunies et annotées par A. DE MONTAIGLON. T. X et dernier, contenant le glossaire. Prix............ 5 fr.

Des divers ouvrages à paraître, il sera tiré 20 exemplaires sur papier de Chine, au prix de 20 francs le volume.

Un catalogue ultérieur fera connaître les ouvrages en préparation, destinés à la *Bibliothèque elzévirienne*. Voir aussi, pour plus de renseignements, le catalogue raisonné.

Les nouveaux volumes de la Collection, publiés sous la direction typographique ~~de M. G—— L——~~, seront imprimés avec les caractères elzéviriens de Paul Daffis, fondus sur les types créés par Pierre Jannet.

AUTRES PUBLICATIONS

DE LA

LIBRAIRIE PAUL DAFFIS

BIBLIOGRAPHIE

Les Supercheries littéraires dévoilées, par J.-M. QUÉRARD, seconde édition considérablement augmentée par les soins de MM. GUSTAVE BRUNET et PIERRE JANNET. 3 vol. gr. in-8, en six livraisons. Prix.................... 60 fr.

Grand papier de Hollande. Prix...... 120 fr.

   Ouvrage terminé.

Dictionnaire des ouvrages anonymes, par ANT.-ALEX. BARBIER, troisième édition revue et très-augmentée, par MM. OLIVIER BARBIER, RENÉ et PAUL BILLARD, de la Bibliothèque nationale, faisant suite aux *Supercheries littéraires*. Quatre livraisons ont paru. Prix de la livraison, pour les souscripteurs aux *Supercheries littéraires*................. 10 fr.

Pour les non-souscripteurs. Prix....... 12 fr.

Exemplaire grand papier de Hollande. Prix............................. 24 fr.

<small>L'ouvrage, y compris la table des noms réels, aura environ huit livraisons.</small>

La France littéraire, ou Dictionnaire bibliographique des savants, historiens et gens de lettres de la France, ainsi que des littérateurs étrangers qui ont écrit en français, plus particulièrement pendant les XVIIIe et XIXe siècles, par J.-M. QUÉRARD. *Paris*, 1827-1839, 10 forts volumes in-8 à deux colonnes. Prix................... 120 fr.

<small>Il ne reste qu'un petit nombre d'exemplaires.</small>

La Littérature française contemporaine. 1827-1849, continuation de la *France littéraire*, par MM. FÉLIX BOURQUELOT, ALFRED MAURY et CHARLES LOUANDRE. *Paris*, 1852-1857, 6 vol. in-8 à deux colonnes. Prix........... 120 fr.

<small>Épuisé.</small>

Bibliographie historique et topographique de la France, par A. GIRAULT DE SAINT-FARGEAU. *Paris*, 1843, 1 vol. in-8 à deux colonnes..................... 6 fr.

Autres Ouvrages de Bibliographie qui se trouvent à la Librairie de PAUL DAFFIS.

Manuel du libraire et de l'amateur de livres, par J.-CH. BRUNET, cinquième édition originale, entièrement refondue par l'auteur. 6 vol. en 12 tomes, grand in-8 à deux colonnes. Prix.... 250 fr.
Ouvrage épuisé. — Quelques exemplaires seulement.

Dictionnaire de géographie ancienne et moderne, à l'usage du libraire et de l'amateur de livres, supplément au *Manuel du libraire*, par *un bibliophile*. 1 fort vol. in-8 à deux colonnes. Prix..... 40 fr.
Sur grand papier de Hollande. Prix... 80 fr.

Bibliographie des Beaux-arts, répertoire raisonné des ouvrages les plus utiles sur l'architecture, la sculpture, la peinture, la gravure, les arts industriels, l'histoire de l'art et des artistes, accompagné de quatre tables méthodiques, par M. ERNEST VINET, bibliothécaire de l'École nationale des beaux-arts. Ouvrage complétant le *Manuel du libraire* pour la partie artistique. 1 vol. grand in-8, divisé en quatre fascicules.

<small>Publié sous les auspices du ministère de l'Instruction publique et des Beaux-arts.</small>

Bibliographie historique et critique de la presse périodique française, par M. EUGÈNE HATIN ; catalogue systématique et raisonné de tous les écrits périodiques de quelque valeur publiés ou ayant circulé en France depuis l'origine du journal jusqu'à nos jours, avec extraits, notes historiques, critiques et morales, indication des prix que les principaux journaux ont atteints dans les ventes publiques, etc., précédé d'un Essai sur la naissance et les progrès de la presse périodique, et contenant le portrait de Renaudot et diverses figures. 1 fort vol. grand in-8 deux colonnes. Prix............ 20 fr.

Sur très-grand papier de Hollande. Prix. 40 fr.

Catalogue général de la librairie française, pendant 25 ans (1840-1865), rédigé par OTTO LORENZ, libraire. 4 vol. grand in-8 à deux colonnes, broché. Prix........................... 80 fr.

Relié. Prix...................... 96 fr.

<small>Faisant suite à la *France littéraire* de QUÉRARD et à la *Littérature française*</small>

contemporaine de BOURQUELOT, MAURY et LOUANDRE.

Bibliographie des ouvrages relatifs à l'amour, aux femmes, du mariage, et des livres facétieux, pantagruéliques, scatologiques, satiriques, etc., par M. le comte d'I...., troisième édition, refondue et augmentée. 6 volumes sur papier de Hollande. Prix............ 72 fr.

Le Bibliophile fantaisiste, ou choix de pièces désopilantes et rares, réimprimées en 1869. Douze fascicules en 1 vol. in-18. Prix...................... 40 fr.

<small>Cet ouvrage, tiré à 175 exemplaires numérotés, est épuisé. — Trois exemplaires seulement.</small>

Guide de l'amateur de livres à vignettes du XVIIIe siècle, seconde édition augmentée, avec frontispice à l'eau-forte, par HENRY COHEN. Vol. in-8, papier vergé. Prix............................... 15 fr

Bibliographie romantique, catalogue anecdotique et pittoresque des éditions originales des œuvres de VICTOR HUGO, ALFRED DE VIGNY, PROSPER MÉRIMÉE, DUMAS, JANIN, etc., par CHARLES ASSELINEAU, avec eau-forte de Bracquemont. 1 vol. in-8. Prix............ 10 fr.

Grand papier de Hollande. Prix....... 20 fr.

Nouvelle publication de la Librairie PAUL DAFFIS.

Histoire des Français des divers états, par ALEXIS MONTEIL ; 5 volumes parus : Industrie (2 vol.). Agriculture. Finances. Magistrature. Chaque vol. ...... 6 fr.

Cette édition, sur très-beau papier vélin, n'a été tirée qu'à 150 exemplaires.

OUVRAGES DIVERS

Jolies éditions destinées aux Amateurs.

Le Moyen de parvenir, par BEROALDE DE VERVILLE, nouvelle édition, collationnée sur les textes anciens, avec notes, variantes, index, glossaire et notice bibliographique, par un bibliophile campagnard. 2 vol. petit in-8, papier vergé, avec gravures, fleurons et lettres ornées. Prix.................. 25 fr.

Quelques exemplaires sur papier de Chine. Prix..................... 50 fr.

Reliure demi-maroquin à coins tête dorée, non rognée. Le volume......... 6 fr.

Reliure pleine maroquin du Levant, dorée sur tranche. Le volume......... 15 fr.

Apulée, l'Ane d'or, traduction française de Savalète, avec de nombreuses figures dessinées et gravées par Racinet et Bénard, chef-d'œuvre d'impression, 1 vol. in-8. Prix.............. 20 fr.

Publications imprimées par L. Perrin, *à Lyon.*

Clément Marot. Les Œuvres de Clément Marot de Cahors, vallet de chambre du roy. Plus amples, et en meilleur ordre que paravant. 2 vol. pet. in-8, br., papier vergé teinté. Prix....... 50 fr.
Papier Wathman. Prix............. 90 fr.
Papier de Hollande. Prix........... 80 fr.

   Edition revue scrupuleusement sur celle de Lyon de 1544, à *l'enseigne du Rocher.*

Troupe de Molière. Galerie historique des portraits des comédiens de la troupe de Molière, gravés à l'eau-forte, sur des documents authentiques, par Fréd. Hillemacher, avec des détails biographiques succincts relatifs à chacun d'eux. 2ᵉ édition. Vol. in-8, papier vergé teinté, petit format. Prix..... 35 fr.

Troupe de Nicolet. Galerie historique des Comédiens de la troupe de Nicolet, notices sur certains acteurs et mimes qui se sont fait un nom dans les annales des scènes secondaires, depuis 1760 jusqu'à nos jours, par E. DE MANNE et C. MÉNÉTRIER, avec une vignette et 29 portraits gravés à l'eau-forte, par FRÉD. HILLEMACHER. 1 vol. in-8 sur papier teinté vergé, br. Prix....... 40 fr.

Troupe de Talma. Galerie historique des Comédiens de la troupe de Talma. Notices sur les principaux sociétaires de la Comédie-Française de 1789 jusqu'aux trente premières années de ce siècle (ouvrage faisant suite à la troupe de Voltaire), par E. DE MANNE, avec une vignette et 41 portraits gravés à l'eau-forte, par FRÉD. HILLEMACHER. 1 vol. in-8 sur papier teinté vergé. Prix.............................. 40 fr.

www.ingramcontent.com/pod-product-compliance
Lightning Source LLC
Chambersburg PA
CBHW060556170426
43201CB00009B/799